“十三五”应用型本科旅游管理专业精品规划教材

旅游规划与开发

主　编　李　辉　舒　畅

副主编　王淑珍　郭进辉

中国财富出版社

图书在版编目（CIP）数据

旅游规划与开发／李辉，舒畅主编．—北京：中国财富出版社，2015.4

（“十三五”应用型本科旅游管理专业精品规划教材）

ISBN 978－7－5047－5591－9

Ⅰ.①旅… Ⅱ.①李…②舒… Ⅲ.①旅游规划—高等学校—教材②旅游资源开发—高等学校—教材 Ⅳ.①F590

中国版本图书馆 CIP 数据核字（2015）第 050104 号

策划编辑	王淑珍	责任印制	何崇杭
责任编辑	王淑珍	责任校对	饶莉莉

出版发行	中国财富出版社		
社　址	北京市丰台区南四环西路 188 号 5 区 20 楼	邮政编码	100070
电　话	010－52227568（发行部）		010－52227588 转 307（总编室）
	010－68589540（读者服务部）		010－52227588 转 305（质检部）
网　址	http：//www. cfpress. com. cn		
经　销	新华书店		
印　刷	北京京都六环印刷厂		
书　号	ISBN 978－7－5047－5591－9/F·2328		
开　本	787mm×1092mm 1/16	版　次	2015 年 4 月第 1 版
印　张	16	印　次	2015 年 4 月第 1 次印刷
字　数	341 千字	定　价	36.00 元

"十三五"应用型本科旅游管理专业
精品规划教材编审委员会

前 言

进入21世纪，伴随着我国旅游业的迅猛发展，旅游专业人才需求量越来越大，促使旅游教育规模不断扩大，教育水平不断提高。

《旅游规划与开发》作为高等院校旅游管理专业主干课，教材建设越来越受到关注，不同版本的教材不断涌现，我们在参考前人研究成果的基础上，结合多年教学经验，编写了本书。

本书注重理论与实践相结合，力求在系统地阐述旅游规划与开发基础理论的同时，及时反映学界及业界的新观点、新动态，突出实用性和可操作性。本书共十章，主要内容包括旅游规划与开发基础知识，基础理论，旅游资源分类、调查与评价，旅游市场分析与预测，旅游区规划与旅游环境容量，旅游规划主题形象定位及旅游项目创意设计，旅游规划的功能分区与布局，旅游环境保护规划，旅游规划产品设计与保障体系，旅游专题规划。每章通过简短的教学目的、教学内容、重点难点提示导入所学相关内容，从而调动学生的学习积极性；每章结尾布置思考题，以督促学生牢固掌握已学知识，加强实践能力的培养。

本书可作为高等院校旅游管理专业的教材，也可作为旅游从业人员的参考书。为方便教学，本书配备电子课件，凡选用本书作为教材的教师均可登录中国财富出版社网站（http：//www. cfpress. com. cn）免费进行下载。

本书由长春师范大学李辉主编并统稿，第一、第六、第九章由李辉编写，第五、第七、第八章由长春师范大学舒畅编写，第二、第三章由中国财富出版社王淑珍编写，第四、第十章由武夷学院郭进辉编写。本书在编写过程中，得到了旅游一线资深经理人李雪松先生的鼎力支持，在此一并表示感谢。对本书所引参考文献、阅读资料的作者诚表谢意！

由于时间和编者水平限制，书中疏漏和不足在所难免，恳请专家学者和广大读者批评指正。

编　者

2015年1月于长春

目 录

第一章　旅游规划与开发基础知识

【教学目的】

掌握旅游开发与规划的概念体系与基本内容，理解旅游规划的编制审批过程，了解旅游规划国内外的发展历程。

【教学内容】

1. 旅游规划与开发的基本概念
2. 旅游发展规划、旅游区规划的内容
3. 旅游规划主体与编制、评审及报批

【重点难点】

教学重点：旅游规划的基本概念，旅游发展规划、旅游区规划的内容

教学难点：旅游规划的编制、评审

旅游规划是一套法定的规范程序，是对目的地或景区长期发展的综合平衡、战略指引与保护控制，从而使其实现有序发展的目标。旅游规划是为旅游的发展设计的一个框架，所以这个框架必须是长期、稳定、必要的。

第一节　旅游规划与开发概述

一、旅游规划与开发的概念

（一）旅游规划

1. 规划

规划在《现代汉语词典》里的解释是：比较全面的长远的发展计划。也有的解释为：对要进行的事业或具体工作进行的总体部署与安排。总之，我们可以理解为规划就是部署和安排的全部过程。

2. 旅游规划

（1）概念。关于旅游规划国外很多学者都有所总结，如墨菲（1985）、盖茨

(1987) 分别给出了概念，我国孙文昌和邹统钎在1999年也分别都有阐述，其中，孙文昌的观点为我国很多旅游规划教材普遍采用。

孙文昌认为，旅游规划是指以旅游市场的变化和发展为出发点，以旅游项目设计为重点，按国民经济发展的要求和当地旅游发展的基础，对旅游消费的六大要素和相关行业进行科学地安排和部署。

(2) 分类。旅游规划按《旅游规划通则》分为两大类：一类是旅游发展规划，另一类是旅游区规划。

旅游发展规划按规划的范围和政府管理层次分为全国旅游业发展规划、区域旅游业发展规划和地方旅游业发展规划（如图1-1所示）。

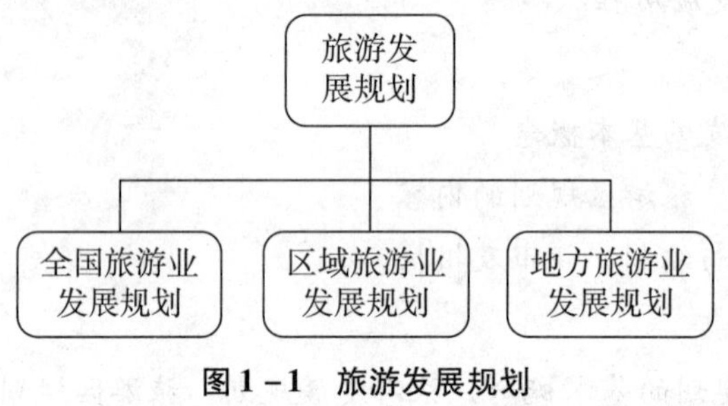

图1-1 旅游发展规划

旅游区规划按规划层次分总体规划、控制性详细规划、修建性详细规划等，及某一方面的专项规划（如图1-2所示）。

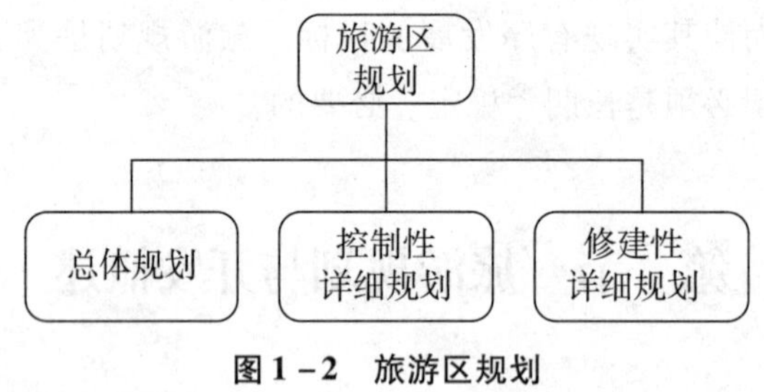

图1-2 旅游区规划

（二）旅游开发

1. 含义

第一，开发的主体是任何组织或企业。在中国目前的体制下，旅游开发的主体不完全是旅游企业，更多时候是政府在主导旅游开发，以及其他企业介入旅游开发。

第二，旅游开发的对象是各种旅游开发要素。这些要素可能是旅游资源，也可能是旅游市场潜力，也可能是与旅游相关的各种社会和经济关系。

第三，与旅游者构建起旅游经济关系。使人们成为旅游者，就要让人们走出家门，离开自己惯常的活动圈，并在离家旅行中尽可能多地消费。

第四，旅游开发是以获取最大的经济利益为目的。任何的旅游开发或经营行为都要有利润回报，即使经营不善的旅游项目，它的最终目的也是获取利润回报。

2. 特点

第一，多元性。即旅游是由多要素组成的复杂的物质体系。在开发时，要对旅行、游览、住宿、餐饮、娱乐、购物等各消费要素进行充分考虑，搞好各要素之间的综合。

第二，层次性。即旅游开发空间由范围大小不同的区域、景区和景点组成，因而在规划、设计内容与标准上有不同的要求。

第三，动态性。即开发是一个动态的过程。旅游业发展是由小到大，由单一到综合，由粗放到集约化的过程。所以在时间段上有着不同的要求和规定。陈传康先生提出：近期开发要搞好可行性论证，中期开发要注重可靠性规划，远期开发要有科学性预测。

（三）旅游资源开发

1. 含义

①主要目的是发展旅游业；②以市场为导向，以发挥、改善和提高旅游资源为着力点，通过生产加工使旅游资源变成旅游吸引物是旅游资源开发的实质；③是一项有组织、有计划的经济技术系统工程。

2. 旅游资源开发程序

①旅游资源的调查与评价；②旅游资源开发的可行性分析与论证；③开发导向模式与定位策略的制定；④开发方案的设计；⑤方案的实施；⑥市场反馈及方案的进一步修正。

二、旅游规划的发展史

第二次世界大战后，国际政治经济环境有着较长时期的相对稳定性，社会与科学技术的进步促进了世界经济的长足发展。使人们的收入水平和可自由支配收入大幅度提高；生产力水平的巨大进步又提高了生产效率，从而增加了人们的闲暇时间，这些对旅游的迅速发展和普及起到了巨大的推动作用。旅游的发展进程又规律性地、自然而然地要求对旅游业进行科学的规划与开发，进而促进了旅游规划的发展并逐渐形成一门相对独立、科学性较强的学科。国外的旅游业发展较快与其经济发展水平密切相关，因此旅游开发与规划的研究和实践工作起步也较早。

（一）国外旅游开发与规划的发展历程

1. 初始阶段（20 世纪 30 年代至 50 年代）

第二次世界大战后，旅游进入了大众化的现代旅游阶段，经济发达地区旅游业的发展促使了旅游规划的初步成型。20 世纪 30 年代，英国、法国等发达国家出现了旅游规划的雏形，即为一些旅游项目或旅游接待设施做基础性的市场评估、场地选址和设计等工作。其中，具有较完整旅游规划形态的是 1959 年夏威夷州的规划。这一规划至今被看作现代旅游规划的先驱。它使旅游规划第一次成为区域规划的一个主要组成部分。

这一时期的主要理论基础是旅游经济学、旅游地理学等，旅游规划者大多从旅游活动的经济性角度进行研究。旅游规划研究领域中的主要代表性人物是加拿大的地理学家罗奥艾·沃尔夫。

2. 扩展阶段（20 世纪 60 年代至 70 年代）

20 世纪 60 年代，随着英国、法国正式旅游规划的出现和联合国大会强调了旅游规划的重大意义后。美国、加拿大、澳大利亚以及马来西亚、中国台湾和斐济等国家和地区均兴起了制定旅游规划的热潮。世界范围内的旅游规划发展总体上是由发达国家向欠发达国家和地区推进。这一趋势显然与旅游业的区域发展形势相一致。

3. 快速发展阶段（20 世纪 70 年代至 90 年代）

20 世纪 70 年代以后，旅游需要规划的观念开始为许多国家和国际组织所认同和重视。例如，世界旅游组织、世界银行等国际组织都积极推动旅游规划的发展，并参与了菲律宾、斯里兰卡等国家的旅游规划编制工作。在这个阶段，旅游规划的边缘学科性质日渐显现，更多其他学科的方法被引入到了旅游规划之中，如旅游心理学、旅游社会学等理论已成为旅游规划中重要的理论基础。旅游规划从传统上静态的、确定性的规划向动态的、不确定性的规划转变，从物质环境规划向物质环境、社会、经济规划转变。

20 世纪 80 年代以后，旅游规划进一步普及和深化，并出现了对旅游规划的修编。如 1959 年编制的夏威夷旅游规划于 1980 年作了修编。这个阶段，旅游地理学、旅游生态环境学等理论逐渐被引入到旅游规划中并起到了重要的作用。加拿大的史密斯、英国的波利费斯和库泊尔等在这方面做了大量的工作。

4. 深入发展阶段（20 世纪 90 年代至今）

尽管旅游规划与开发的理论和实践经验经多年发展后已比较丰富。而旅游规划标准程序框架的建立直到 20 世纪 90 年代初才完成。美国著名旅游规划学家爱德华·因斯凯普（Edward Inskeep）的《旅游规划：一种综合性的可持续的开发方法》和《国家和地区旅游规划》，为建立旅游规划标准程序作出了杰出的贡献。同时，世界旅游组织也出版了《可持续旅游开发：地方规划师指南》和《旅游度假区的综合模式》等。这些著作的问世，使旅游规划的内容、方法和程序日渐成熟。

与此同时，旅游规划界开始对旅游资源开发与保护的关系加以关注，力求在旅游规划与开发的过程中体现可持续发展的思想。市场的重要性也引起了旅游规划编制者的注意，旅游规划开始注重旅游市场的营销规划。罗杰·格里芬（Roger Griffin）就提出了创造市场营销与旅游规划的统一的观点。

（二）我国旅游规划与开发的历史回顾

我国的旅游规划与开发研究起步较晚，但发展较为迅速。其发展历程大体可分为萌芽阶段、急速发展阶段、重新整合阶段和科学规划发展阶段。

1. 萌芽阶段

1991 年以前，旅游规划总体上属于单体项目规划。1986 年国家将旅游业写进了“七五”规划。在旅游开发工作上，最具代表性的是国家旅游局全部或部分投资进行了西安、桂林、苏南、杭州、三亚、北京、上海 7 个重点旅游地区的系列建设工程，这些工程在开发规划过程中有了旅游主管官员和旅游研究者的介入，如慕田峪长城作为八达岭游人的分流项目，其复建和策划就充分地吸收了北京旅游经济学会（北京旅游学会前身）和北京旅游学院专家的意见，并在景区的建设安排上充分注意旅游活动的特征，避免了早期旅游开发的盲目性和随意性。

此外，一些重点旅游城市也开始旅游城市规划的制定，如 1986 年北京市委研究室与市计委制定的《北京市旅游发展战略规划》。这一时期旅游规划总体上还没有迈出城市规划的空间布局套路，但远比附属计划经济数字指标体系的规划更具有科学性和可操作性。

与此同时，相关学科的专家，特别是城市规划和地理专家已经开始把研究的目光投向旅游区域规划的制定。其中以北京大学、清华大学、同济大学和中国科学院地理科学与资源研究所的工作最为突出。

2. 急速发展阶段

急速发展阶段有两个显著的标志：一是地方政府以工作计划的形式把旅游规划列入政府的工作日程；二是经过初步规划后投入建设的人造旅游吸引物在金国大量涌现。1990 年的《海南省旅游发展规划》是我国真正省级旅游规划概念的开始。海南省的规划经过省人民政府的批准，最后以地方性法规的形式予以实施。它最显著的特征是充分体现了海南旅游资源的潜力和旅游市场的走向。规划所确定的发展方向是正确的。

20 世纪 90 年代初期，人造旅游吸引物和主题公园受到深圳锦绣中华和无锡唐城等的成功所鼓舞，在全国遍地开花。早期确有不同程度的成功者，但后起的却因策划或规划时对市场预测的失误而大多造成亏损。也正是这一失误引起了有关部门和专家对旅游规划的重视和对旅游规划科学方法的使用。这一时期的标志性事件有：1992 年由国家旅游局委托中国科学院专家制定的《中国旅游资源调查规范》试行稿的出台，使旅游资源的评价有了全国统一的较为科学的指标体系。1993 年《旅游学刊》和北京旅游学会联合召开了“旅游规划理论与实践”学术研讨会，对旅游规划的理论和实践进行了卓有成效的研究和讨论。同时还成立了一个松散的科研联合体——北京旅游规划与开发联合研究中心。其后，由北京第二外国语学院科研所与中国旅游协会合作，成立了中国旅游协会旅游咨询中心。这是一个负责旅游规划工作的实体。这两个中心的成立，表明学术界和工程界对旅游规划的综合性已有更深一层的认知并产生了联合携手的共识。

20 世纪 90 年代中期，旅游度假区的建设如火如荼，促进了旅游规划在全国范围大规模地进行。1996 年"中国休闲度假游"主题的确立和 12 个国家级旅游度假区的兴建，把大规模的旅游规划工作推向了高峰。这一时期，各省市和地县都纷纷把地区规划列上日程，进入旅游规划编制工作的单位，在数量和专业覆盖面上均出现了增加和扩展的趋势。学界、业界对实现规划的规范化和科学化开始探索。代表性事件是 1995—1996 年中国旅游未来研究会两次与海南省旅游局、江苏省旅游局、无锡市旅游局和《旅游学刊》编辑部合作举办全国性的有关旅游规划的研讨会。

3. 重新整合阶段

1997—1999 年是我国旅游规划编制的低潮期。由于此前我国经济发展的泡沫现象已有显现，加之亚洲金融风暴的波及。旅游业除了游客与收入滞胀外，还有人造旅游吸引物、主题公园、度假区建设失误的负效应，所以人们对旅游业的投入一般都持观望的态度。这些观望有各种表现：一是规划数量不多；二是学界对规划的失误开始反思；三是国家旅游局在杭州举办了培训和研讨会。这些反思和调整引起了不少省市局的高度重视，它们纷纷采取了相应的措施。如北京市就在 1998 年发布了 18 个区县必须编制地方性旅游规划的要求。这是低潮时酝酿着高潮的前期。

4. 科学规划发展阶段

经过 1997—1999 年的低潮反思和调整准备，加之 2000 年宏观经济走势趋强（亚洲经济的复苏、1999 年国庆期间中国第一个"旅游黄金周"的井喷现象），旅游业是国民经济新的增长点的理念已被普遍接受。"大发展"的前景促进了各地对编制地方旅游规划的需求。同时，不同的投资主体也增强了投资的信心，从而加快了旅游目的地的开发进程。

2000 年是旅游规划发展的里程碑，中国的旅游规划从此进入了一个新的发展阶段。这一时期的显著特征有：地方性旅游规划和旅游目的地规划的需求数量激增；旅游规划队伍的不断扩大；外国人参与省级旅游规划的编制引起了各方面的关注；出现了旅游规划的规范化趋向。1999 年 3 月国家旅游局颁布了《旅游发展规划管理办法》，又于 2000 年 11 月 22 日颁布了旅游划设计单位资质认定暂行办法。并于 2003 年 2 月颁布《旅游规划通则》，这些是我国旅游规划走向规范化的重要步骤。

尽管人们对这些标准和要求可能还有一些不同的意见，而且有可能今后还会向更合理的方向修改，这种规范化的趋向却是很明确的，这是中国旅游规划前进的新里程，也是中国旅游规划进步的新希望。

第二节　旅游发展规划

一、旅游发展规划

旅游发展规划是根据旅游业的历史、现状和市场要素的变化所制定的目标体系，以及为实现目标体系在特定的发展条件下对旅游发展要素所做的安排。

旅游发展规划按规划的范围和政府管理层次分为全国旅游业发展规划、区域旅游业发展规划和地方旅游业发展规划。

地方旅游业发展规划又可分为省级旅游业发展规划、地市级旅游业发展规划和县级旅游业发展规划等。

地方各级旅游业发展规划均依据上一级旅游业发展规划，并结合本地区的实际情况进行编制。

二、旅游发展规划期限

旅游发展规划按时期划分包括：

近期发展规划，一般3～5年；

中期发展规划，一般5～10年；

远期发展规划，一般10～20年。

三、旅游发展规划任务

旅游发展规划的主要任务是明确旅游业在国民经济和社会发展中的地位与作用，提出旅游业发展目标，优化旅游业发展的要素结构与空间布局，安排旅游业发展优先项目，促进旅游业持续、健康、稳定发展。

四、旅游发展规划的主要内容

（1）全面分析规划区旅游业发展历史与现状、优势与制约因素，以及与相关规划的衔接。

这里所说的与相关规划衔接是指与当地国民经济发展规划、城乡规划以及上一级旅游发展规划相衔接。

（2）分析规划区的客源市场需求总量、地域结构、消费结构及其他结构，预测规划期内客源市场需求总量、地域结构、消费结构及其他结构。

（3）提出规划区的旅游主题形象和发展战略。

（4）提出旅游业发展目标及其依据。

（5）明确旅游产品开发的方向、特色与主要内容。

（6）提出旅游发展重点项目，对其空间及时序做出安排。

（7）提出要素结构、空间布局及供给要素的原则和办法。

要素结构是指旅游产业的内部各种要素之间的构成比例和结构关系；空间布局是指各种要素之间的空间分布；供给要素是指旅游业发展的各种支持要素和旅游服务设施。

（8）按照可持续发展原则，注重保护开发利用的关系，采取合理的措施。

（9）采取规划实施的保障措施。

（10）对规划实施的总体投资分析，主要包括旅游设施建设、配套基础设施建设、旅游市场开发、人力资源开发等方面的投入与产出的分析。

五、旅游发展规划成果

旅游发展规划成果包括规划文本、规划图表及附件。

1. 规定文本

2. 规划图表

（1）区位分析图；

（2）旅游资源分析图；

（3）旅游客源市场分析图；

（4）旅游业发展目标图表；

（5）旅游产业发展规划图等。

3. 附件

规划说明和基础资料等。

第三节　旅游区规划

一、旅游区规划

旅游区规划是指为了保护、开发、利用和经营管理旅游区，使其发挥多种功能和作用而进行的各项旅游要素的统筹部署和具体安排。

旅游区规划按规划层次分总体规划、控制性详细规划、修建性详细规划等。旅游区可根据实际需要，编制项目开发规划、旅游线路规划和旅游地建设规划、旅游营销规划、旅游区保护规划等功能性专项规划。

二、旅游区总体规划

旅游区在开发、建设之前，原则上应当编制总体规划。小型旅游区可直接编制控制性详细规划。

（一）旅游区总体规划期限

旅游区总体规划的期限一般为 10～20 年，同时可根据需要对旅游区的远景发展做出轮廓性的规划安排。对于旅游区近期的发展布局和主要建设项目，亦应做出近期规划，期限一般为 3～5 年。

（二）旅游区总体规划任务

旅游区总体规划的任务是分析旅游区客源市场，确定旅游区的主题形象，划定旅游区的用地范围及空间布局，安排旅游区基础设施建设内容，采取开发措施。

（三）旅游区总体规划内容

（1）对旅游区的客源市场的需求总量、地域结构、消费结构等进行全面分析与预测。

（2）界定旅游区范围，进行现状调查和分析，对旅游资源进行科学评价。

（3）确定旅游区的性质和主题形象。

（4）确定规划旅游区的功能分区和土地利用，提出规划期内的旅游容量。

（5）规划旅游区的对外交通系统的布局和主要交通设施的规模、位置；规划旅游区内部的其他道路系统的走向、断面和交叉形式。

（6）规划旅游区的景观系统和绿地系统的总体布局。

（7）规划旅游区其他基础设施、服务设施和附属设施的总体布局。

（8）规划旅游区的防灾系统和安全系统的总体布局。

（9）研究并确定旅游区资源的保护范围和保护措施。

（10）规划旅游区的环境卫生系统布局，提出防止和治理污染的措施。

（11）提出旅游区近期建设规划，进行重点项目策划。

（12）提出总体规划的实施步骤、措施和方法，以及规划、建设、运营中的管理意见。

（13）对旅游区开发建设进行总体投资分析。

（四）旅游区总体规划的成果要求

旅游区总体规划的成果要求主要有如下三点：

1. 规划文本

2. 图件

（1）旅游区区位图（如图 1－3 所示）；

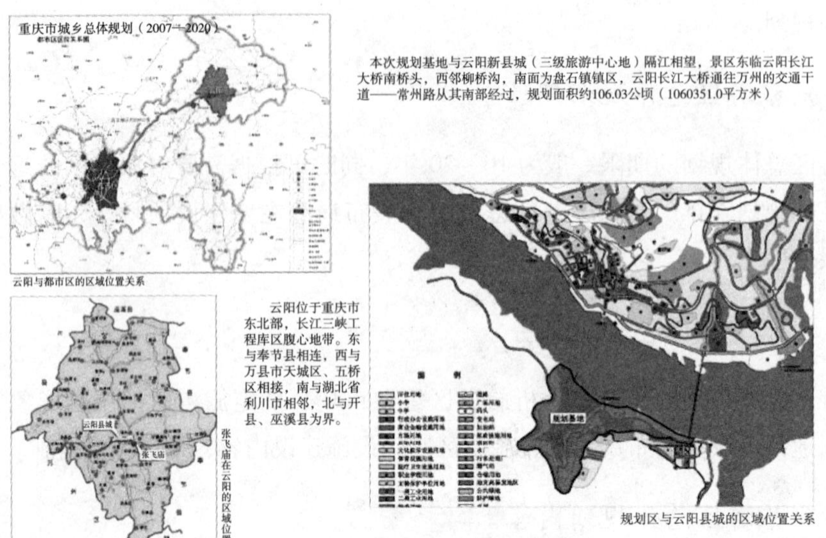

图1－3　旅游区区位

（2）综合现状图；

（3）旅游市场分析图；

（4）旅游资源评价图；

（5）总体规划图；

（6）道路交通规划图；

（7）功能分区图等其他专业规划图；

（8）近期建设规划图等；

（9）图纸比例，可根据功能需要与可能确定。

3. 附件

包括规划说明和其他基础资料等。

三、旅游区控制性详细规划

在旅游区总体规划的指导下，为了近期建设的需要，可编制旅游区控制性详细规划。

（一）旅游区控制性详细规划的任务

旅游区控制性详细规划的任务是以总体规划为依据，详细规定区内建设用地的各项控制指标和其他规划管理要求，为区内一切开发建设活动提供指导。

（二）旅游区控制性详细规划的主要内容

（1）详细划定所规划范围内各类不同性质用地的界线，规定各类用地内适建、不适建或者有条件地允许建设的建筑类型。

（2）规划分地块，规定建筑高度、建筑密度、容积率、绿地率等控制指标，并根据各类用地的性质增加其他必要的控制指标。

（3）规定交通出入口方位、停车泊位、建筑后退红线、建筑间距等要求。

（4）提出对各地块的建筑体量、尺度、色彩、风格等要求。

（5）确定各级道路的红线位置、控制点座标和标高。

（三）旅游区控制性详细规划的成果要求

（1）规划文本。

（2）图件。包括旅游区综合现状图，各地块的控制性详细规划图，各项工程管线规划图等。图纸比例一般为1/1000～1/2000。

（3）附件。包括规划说明及基础资料。

四、旅游区修建性详细规划

对于旅游区当前要建设的地段，应编制修建性详细规划。

（一）旅游区修建性详细规划任务

旅游区修建性详细规划的任务是在总体规划或控制性详细规划的基础上，进一步深化和细化，用以指导各项建筑和工程设施的设计和施工。

（二）旅游区修建性详细规划的主要内容

（1）综合现状与建设条件分析。

（2）用地布局。

（3）景观系统规划设计。

（4）道路交通系统规划设计。

（5）绿地系统规划设计。

（6）旅游服务设施及附属设施系统规划设计。

（7）工程管线系统规划设计。

（8）竖向规划设计。

（9）环境保护和环境卫生系统规划设计。

（三）旅游区修建性详细规划的成果要求

（1）规划设计说明书。

（2）图件。包括综合现状图、修建性详细规划总图、道路及绿地系统规划设计图、工程管网综合规划设计图、竖向规划设计图、鸟瞰或透视效果图等。图纸比例一般为

1/500～1/2000。

五、总体规划、控制性详细规划、修建性详细规划区别

总体规划到控制性详细规划然后到修建性详细规划，是由宏观到微观、由浅到深、由粗到细、由抽象到具体、由概念到表象的过程。

以景区大门为例：在总体规划中，只是用文字简要描述大门的风格、大概位置等，没有大门的图纸；在控制性详细规划中，具体说明大门的位置、形状、尺寸、颜色等，并制作大门轮廓的示意图；在修建性详细规划中，大门的细节如材料、花纹、文字等都涉及了，并会制作大门的标准图纸，图纸上看到的大门与以后造好的大门几乎完全一致。也就是说，修建性详细规划上的大门图纸再经过施工图设计，建筑施工后就会出现真实的大门。

第四节　旅游规划的编制主体

一、旅游规划编制主体

旅游规划主体又称旅游规划单位。

凡是在中华人民共和国境内注册，从事旅游规划设计业务的独立法人，均可申请旅游规划设计单位资质等级。

二、从事旅游规划设计任务

（1）编制各级旅游发展规划，包括全国旅游发展规划、区域旅游发展规划、地方各级旅游发展规划。

（2）编制各类旅游专项规划，包括旅游景区规划、景观设计、活动策划、营销策划、资源开发方案等。

（3）提供与旅游规划设计相关的其他服务。

三、分级制度

旅游规划设计单位资质等级分为甲级、乙级和丙级。

国家旅游局负责制定旅游规划设计单位资质等级认定管理办法，负责对全国旅游规划设计单位资质等级认定工作进行监督管理。

国家旅游局组织设立全国旅游规划设计单位资质等级认定委员会，负责全国旅游规划设计单位资质等级认定工作的组织和管理。

各省级旅游行政管理部门组织设立省级旅游规划设计单位资质等级认定委员会，

并报全国旅游规划设计单位资质等级认定委员会备案。省级旅游规划设计单位资质等级认定委员会根据全国旅游规划设计单位资质等级认定委员会的委托，负责本辖区内的旅游规划设计单位资质等级认定工作的组织和管理。

旅游规划设计单位资质等级每两年复核一次。

四、分级条件

（一）甲级资质旅游规划设计单位

（1）获得乙级资质一年以上，且从事旅游规划设计三年以上。

（2）规划设计机构为企业法人的，其注册资金不少于 100 万元人民币；规划设计机构为非企业法人的，其开办资金不少于 100 万元人民币。

（3）具备旅游经济、市场营销、文化历史、资源与环境、城市规划、建筑设计等方面的专职规划设计人员，其中至少五名人员从业经历不低于三年。

（4）完成过省级以上（含省级）旅游发展规划，或至少完成过五个具有影响的其他旅游规划设计项目。

（5）项目委托方对其成果和信誉普遍评价优秀。

（二）乙级资质旅游规划设计单位

（1）从事旅游规划设计一年以上。

（2）规划设计机构为企业法人的，其注册资金不少于 50 万元人民币；规划设计机构为非企业法人的，其开办资金不少于 50 万元人民币。

（3）具备旅游经济、市场营销、文化历史、资源与环境、城市规划、建筑设计等方面的专职规划设计人员，其中至少三名人员从业经历不低于三年。

（4）至少完成过三个具有影响的旅游规划设计项目。

（5）项目委托方对其成果和信誉普遍评价良好。

（三）丙级资质旅游规划设计单位

（1）从事旅游规划设计一年以上。

（2）规划设计机构为企业法人的，其注册资金不少于 10 万元人民币；规划设计机构为非企业法人的，其开办资金不少于 10 万元人民币。

（3）具备旅游经济、市场营销、文化历史、资源与环境、城市规划、建筑设计等方面的专职规划设计人员，其中至少一名人员从业经历不少于三年。

（4）至少完成过一个具有影响的旅游规划设计项目。

（5）项目委托方对其成果和信誉普遍评价好。

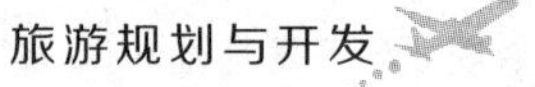

第五节 旅游规划的编制、评审与报批

一、旅游规划编制的要求

（1）旅游规划编制要以国家和地区社会经济发展战略为依据，以旅游业发展方针、政策及法规为基础，与城市总体规划、土地利用规划相适应，与其他相关规划相协调；根据国民经济形势，对上述规划提出改进的要求。

（2）旅游规划编制要坚持以旅游市场为导向，以旅游资源为基础，以旅游产品为主体，经济、社会和环境效益可持续发展的指导方针。

（3）旅游规划编制要突出地方特色，注重区域协同，强调空间一体化发展，避免近距离不合理重复建设，加强对旅游资源的保护，减少对旅游资源的浪费。

（4）旅游规划编制鼓励采用先进方法和技术。编制过程中应当进行多方案的比较，并征求各有关行政管理部门的意见，尤其是当地居民的意见。

（5）旅游规划编制工作所采用的勘察、测量方法与图件、资料，要符合相关国家标准和技术规范。

（6）旅游规划技术指标，应当适应旅游业发展的长远需要，具有适度超前性。

（7）旅游规划编制人员应有比较广泛的专业构成，如旅游、经济、资源、环境、城市规划、建筑等方面。

二、旅游规划的编制程序

（一）任务确定阶段

1. 委托方确定编制单位

委托方应根据国家旅游行政主管部门对旅游规划设计单位资质认定的有关规定确定旅游规划编制单位。通常有公开招标、邀请招标、直接委托等形式。

公开招标：委托方以招标公告的方式邀请不特定的旅游规划设计单位投标。

邀请招标：委托方以投标邀请书的方式邀请特定的旅游规划设计单位投标。

直接委托：委托方直接委托某一特定规划设计单位进行旅游规划的编制工作。

2. 制订项目计划书并签订旅游规划编制合同

委托方应制订项目计划书并与规划编制单位签定旅游规划编制合同。

（二）前期准备阶段

1. 政策法规研究

对国家和本地区旅游及相关政策、法规进行系统研究，全面评估社会、经济、文化、环境及政府行为等方面对规划的影响。

2. 旅游资源调查

对规划区内旅游资源的类别、品位进行全面调查，编制规划区内旅游资源分类明细表，绘制旅游资源分析图，具备条件时可根据需要建立旅游资源数据库，确定其旅游容量，调查方法可参照《旅游资源分类、调查与评价》（GB/T 18972—2003）。

3. 旅游客源市场分析

在对规划区的旅游者数量和结构、地理和季节性分布、旅游方式、旅游目的、旅游偏好、停留时间、消费水平进行全面调查分析的基础上，研究并提出规划区旅游客源市场未来的总量、结构和水平。

4. 对规划区旅游业发展进行竞争性分析

确立规划区在交通可进入性、基础设施、景点现状、服务设施、广告宣传等各方面的区域比较优势，综合分析和评价各种制约因素及机遇。

（三）规划编制阶段

（1）规划区主题确定。在前期准备工作的基础上，确立规划区旅游主题，包括主要功能、主打产品和主题形象。

（2）确立规划分期及各分期目标。

（3）提出旅游产品及设施的开发思路和空间布局。

（4）确立重点旅游开发项目，确定投资规模，进行经济、社会和环境评价。

（5）形成规划区的旅游发展战略，提出规划实施的措施、方案和步骤，包括政策支持、经营管理体制、宣传促销、融资方式、教育培训等。

（6）撰写规划文本、说明和附件的草案。

（四）征求意见阶段

规划草案形成后，原则上应广泛征求各方意见，并在此基础上，对规划草案进行修改、充实和完善。

三、旅游规划的评审

（一）评审方式

（1）旅游规划文本、图件及附件的草案完成后，由规划委托方提出申请，上一级旅游行政主管部门组织评审。

（2）旅游规划的评审采用会议审查方式。规划成果应在会议召开五日前送达评审人员审阅。

（3）旅游规划的评审，需经全体评审人员讨论、表决，并有3/4以上评审人员同意，方为通过。评审意见应形成文字性结论，并经评审小组全体成员签字，评定意见方为有效。

（二）规划评审人员的组成

（1）旅游发展规划的评审人员由规划委托方与上一级旅游行政主管部门商定；旅游区规划的评审人员由规划委托方与当地旅游行政主管部门确定。旅游规划评审组由7人以上组成。其中行政管理部门代表不超过1/3，本地专家不少于1/3。规划评审小组设组长1人，根据需要可设副组长1~2人。组长、副组长人选由委托方与规划评审小组协商产生。

（2）旅游规划评审人员应由经济分析专家、市场开发专家、旅游资源专家、环境保护专家、城市规划专家、工程建筑专家、旅游规划管理官员、相关部门管理官员等组成。

（三）规划评审重点

旅游规划评审应围绕规划的目标、定位、内容、结构和深度等方面进行重点审议，包括：

（1）旅游产业定位和形象定位的科学性、准确性和客观性。

（2）规划目标体系的科学性、前瞻性和可行性。

（3）旅游产业开发、项目策划的可行性和创新性。

（4）旅游产业要素结构与空间布局的科学性、可行性。

（5）旅游设施、交通线路空间布局的科学合理性。

（6）旅游开发项目投资的经济合理性。

（7）规划项目对环境影响评价的客观可靠性。

（8）各项技术指标的合理性。

（9）规划文本、附件和图件的规范性。

（10）规划实施的操作性和充分性。

四、旅游规划的报批

旅游规划文本、图件及附件，经规划评审会议讨论通过并根据评审意见修改后，由委托方上报旅游管理部门，同时交由地方人民代表大会审议，获得通过后，按着法律法规形式实施。

知识链接

北京市旅游发展总体规划（大纲）

第一章　产业分析与发展目标

一、北京旅游发展 20 年综述

二、北京市旅游业现状分析

三、发展目标与发展指标

第二章　客源市场分析与促销规划

一、市场背景分析

二、客源市场分析

三、旅游市场预测

四、北京市旅游形象构建

五、北京市旅游形象的宣传和推广

第三章　旅游资源评价与功能区规划

一、北京市旅游资源形成的区域背景

二、北京市旅游资源的功能分类和评价

三、北京市旅游功能分区规划

第四章　旅游产品与开发项目规划

一、观光旅游规划

二、会展旅游规划

三、其他专项旅游规划

第五章　旅游接待设施与服务发展规划

一、旅游住宿设施规划

二、旅游者的餐饮服务规划

三、旅游者出行服务规划

四、旅游购物品开发与旅游购物服务

第六章　旅游环境建设规划

一、改善软环境、提高好客度

二、物质环境质量现

三、防治旅游环境污染的基本途径

四、旅游环境建设

第七章　旅游规划的实施与保障

一、旅游行业管理

二、旅游人力资源发展规划

三、旅游产业的科技保障

资料来源：吴必虎主编，北京市旅游发展总体规划，北京大学旅游研究与规划中心，1995年版。

思考题

1. 旅游发展规划的内容有哪些?
2. 旅游区总体规划的内容有哪些?
3. 旅游区修建性详细规划有哪些?
4. 旅游规划的编制过程如何?
5. 旅游规划主体分成哪些级别？有何区别?

第二章　旅游规划与开发基础理论

【教学目的】

了解区位理论、增长极理论以及系统论的产生背景及其在旅游规划与开发中的应用途径；理解可持续发展理论含义、目标、作用；掌握生态旅游开发注意事项。

【教学内容】

1. 区位理论的发展与应用
2. 增长极理论与系统论的发展与启示
3. 可持续发展理论的发展与启示
4. 旅游地生命周期理论及生态旅游

【重点难点】

教学重点：相关理论的产生、发展与内涵

教学难点：相关理论在旅游规划与开发中的运用

旅游规划与开发的理论基础是进行科学规划的基础，涉及多学科的典型理论，对区位理论、增长极理论、可持续发展理论、旅游社会人类学等理论在旅游规划中的作用有一定的认识，运用相关理论解释旅游规划与开发过程中的一些现象和问题。

第一节　区位论

一、区位理论

区位一词来源于德语“standort”，英文于1886年译为“location”，即定位置、场所之意，我国译成区位。

区位论主要内容是探讨人类经济活动的空间法则及一般规律，寻找工业、农业、商业等经济活动的最佳地点，即研究各种经济活动布局在什么地方最好。

传统区位论研究的实质是生产的最佳布局问题，即如何通过科学合理的布局，使得生产能以较少的投入获得较大的收益。

在经济发展的初级阶段，生产地往往也就是消费者的聚居点和定居地，那时还没有在生产的布局问题和区位理论研究方面产生需求。工业革命以后，生产企业在市场上的竞争日益激烈。产品的运输成本和劳动力成本很大程度上决定着产品在市场上的竞争力水平，于是生产的最佳区位的选择就成为市场竞争的重要条件之一，区位论就在这样的情势下应运而生。主要包括：杜能的农业区位论、韦伯的工业区位论、克里斯泰勒的中心地理论和廖什的市场区位论。

19 世纪末 20 世纪初，区位理论的研究从生产布局的成本最小化转到了生产布局的市场范围最大化。这一时期的学者着重研究了空间布局对争夺市场的影响。其中较为著名的学者有德国地理学家克里斯泰勒（Christaller）、德国经济学家廖什（Losch）、瑞典的帕兰德（T. Palander）等，其中克里斯泰勒的中心地理论和廖什的市场区位论是最具影响力的研究成果。

第二次世界大战以后，区位理论研究的特点主要表现在对多种成本因素的综合分析，既包括各种经济性成本要素，也包括其他的非经济性的成本要素（如制度、文化、心理、军事等因素）。代表性的学者有美国经济学家艾萨德（W. Lsader）、斯哥勒（W. Schoolder）等，他们大量借用计量学的方法，使用数学模型对区位问题进行预测性的分析。美国的著名经济学家库兹涅茨（S. Kuznets）就利用投入—产出模型对影响生产布局的投资、就业和货币的变动情况进行了预测分析，以指导预定地区未来的发展规划。

二、旅游区位理论的应用

旅游区位论是研究旅游客源地、目的地和旅游交通的空间格局、地域组织形式的相互关系及旅游场所位置与经济效益关系的理论。

20 世纪 30 年代始于西方，内容侧重影响旅游场所因素的分析。中心地学说的创始人克里斯泰勒（W. Christaller）研究了城市中心地和其周边旅游地的配置关系，认为“旅游必然会使边远区受惠，这种经济现象避开中心地，并避免工业的集中。”他把影响旅游活动的场所因素归为：气候、风景、体育运动、海岸、温泉和疗养地、艺术、古迹和古城、历史纪念碑和具有历史意义的地方、民间传说和节日庆典、文化节日、经济机构、交通中心和中心地 12 类。他的旅游区位研究采用经验和行为研究方法，故未建立起一个理想的中心地模式。德国地理学家鲁彼特（K. Ruppert）和麦伊尔（J. Maier）在《旅游移动的地理区位》一书中，从旅游地与旅游市场间的距离关系来探讨旅游地的区位、规模和形态。

许多西方地理学家还提出过类似“杜能环”的旅游空间模式，如美国旅游学家罗伯特·麦金托什从旅游业利润的地域范围出发，提出旅游推销的区域重点层次是位于旅游区周围的最大利润带。齐瓦丁·乔威塞克（南斯拉夫）提出了中心地的腹地模式；狄西和里格斯（美国）提出旅游吸引周围的同心影响带模式，由于旅游活动的空间组织是在多种因素（如资源、地理、经济、政治和宗教等）相互作用下进行的，不可能将某一因素看成决定因素，故旅游区位理论不能机械地套用其他区位理论。

根据区位论理论，制定旅游资源规划与开发的区位选择策略。

旅游资源按着成因可以是自然形成的、也可以是人造的，其中人造旅游吸引物可以人为地选择地理位置，旅游区的空间布局位置，在旅游交通、旅游设施配套、旅游客源市场等方面的供给，以及经济发展水平都直接关乎旅游投资收益的成败。

位于深圳市深圳湾华侨城的锦绣中华、民俗村、世界公园、未来世界、欢乐谷等主题公园的规划开发，就是区位论在旅游规划与开发应用方面成功的案例。

而对于自然形成的旅游资源或空间位置无法选择的旅游区的开发，市场对该旅游产品的需求状况，直接决定着是否具备规划价值或规划开发后旅游区的经营状况。

如果市场对其需求不大，旅游区投资收益就会不好，就完全可以放弃规划。这一点完全可以依据克里斯泰勒的“中心地理论”中“门槛值”来确定，即旅游市场客流量所需达到的盈亏点。旅游地的旅游资源吸引力、旅游业的社会容量、经济容量、生态容量共同决定的旅游市场游客接待量，其中最小值是旅游接待的最大量，如果达不到“门槛值”就不存在开发价值了。

若市场需求好，就要在规划中依据区位论，充分考虑交通设施、服务配套设施的区位选择，以期获得最大的投资效益。

第二节　增长极理论

一、增长极理论

增长极理论最初由法国经济学家佩鲁（Francois Perroux）提出，后来法国经济学家布代维尔（J. B. Boudeville）、美国经济学家弗里德曼（John Frishman）、瑞典经济学家缪尔达尔（Gunnar Myrdal）、美国经济学家赫希曼（A. O. Hischman）分别在不同程度上进一步丰富和发展了这一理论。

增长极理论（如图2－1所示）认为：一个国家要实现平衡发展只是一种理想，在现实中是不可能的，经济增长通常是从一个或数个“增长中心”逐渐向其他部门或地区传导。因此，应选择特定的地理空间作为增长极，以带动经济发展。

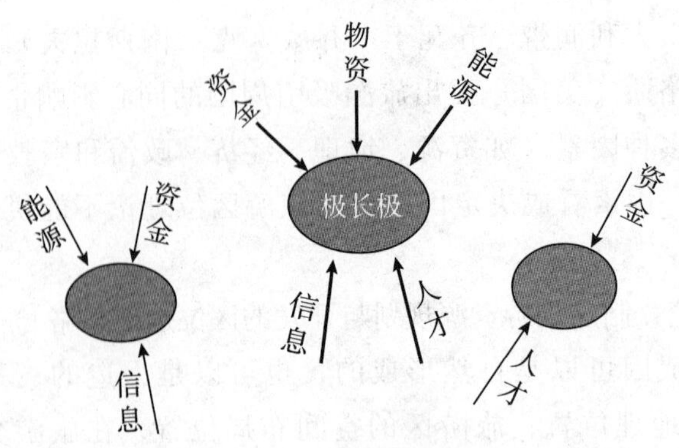

图 2－1　增长极理论

二、增长极作用

区域增长极就是区域经济增长的中心。它是在区域经济全面增长前形成的，它的中心作用可以带动区域内经济的快速稳定增长，这个过程是通过区域增长极的极化作用和扩散作用来实现的。

（一）极化作用

极化作用因其作用类似磁极对铁的吸引而得名。它的产生机制是，由于增长极有优越的交通、资源、政策等区位性的特有条件，从而吸引了区域内的资金、物质、信息、能量、人才等生产要素向增长极集聚。在这个聚集的过程中，增长极的生产力水平和生产效率得以提高，使得区域增长极以较快的速率增长。同时，由于增长极吸引了区域内其他地区的生产要素，使其他地区的生产力水平增长缓慢，竞争力下降，因而对这些地区的经济实力综合增长构成了障碍。可见，增长极的极化作用实质上是以牺牲区域内其他地区经济增长为代价的，是在区位条件相对有优势的地方实现经济的快速增长。

（二）扩散作用

扩散作用与极化作用产生的效果完全相反，扩散作用有助于增长极周边地区的发展。在区域经济发展之初，增长极是生产要素聚集的目的地。增长极周边地区的生产要素不断向增长极地区汇集，导致增长极的生产规模逐渐达到最优，但是，生产要素的过度集中又致使增长极的基础设施等不能满足经济增长的需求，致使成本升高，经济增长的效率下降。在这种情况下，为了避免对资源设施的过度竞争而产生的高额成本，部分企业外迁，于是造成劳动力、资金、技术、设备信息等要素在一定程度上从增长极向外扩散，流向周边较不发达地区。

一般说来。在增长极发展的初级阶段以极化作用为主，当增长极发展到一定规模后则极化作用削弱，扩散作用不断加强并逐渐占主导地位。极化和扩散机制相互作用，推动了整个地域的经济发展。

三、增长极理论在旅游规划与开发中的作用

根据增长极理论，制定旅游资源规划与开发的优先顺序策略。

旅游规划与开发的目的在于利用当地的优势旅游资源，将潜在的经济效益现实化，以促进当地国民经济的发展。增长极理论为旅游规划与开发提供了重要的理论基础，主要表现在以下两个方面：

（一）经济发展的“产业增长极”

区域制定经济发展的增长极时，不仅要确定某一地区成为其经济发展的“空间增长极”，同时也要确定某一产业作为经济发展的“产业增长极”。应当充分考察、分析当地适宜发展的优势产业，同时结合旅游业的关联带动作用，将旅游业作为地区经济发展的产业增长极。旅游规划与开发的一大目的，就是在综合考虑地区经济发展的各种资源的基础上，将旅游业的优先发展作为规划与开发的基础和前提。确定旅游业作为产业增长极的过程，就是增长极理论在旅游规划与开发中的应用领域之一。

（二）旅游业发展的“空间增长极”

当确定了旅游业作为地区经济发展的“产业增长极”之后，还应当站在全局旅游业发展的角度，遵循增长极理论，寻找地区旅游业发展的空间增长极。即选择一个或几个旅游资源条件较好、短期内可以得到发展的地区作为整个区域优先发展的地区；同时利用增长极的极化作用和扩散作用带动整个地区旅游产业的发展，从而进一步大到地区整个经济的发展。旅游规划与开发的另一重要目标就是在考察并分析旅游资源优劣的情况下，利用增长极理论选出旅游业发展的“空间增长极”。

区域经济发展的“产业增长极”与旅游业发展的“空间增长极”的确定，都是增长极理论在旅游规划与开发中的应用。可以说，增长极理论同样也是旅游规划与开发的重要基础理论之一。

第三节 系统论

一、系统论

系统思想源远流长，作为一门科学的系统论，人们公认是美籍奥地利人、理论

生物学家L. V. 贝塔朗菲（L. Von. Bertalanffy）创立的。他在1952年发表“抗体系统论”，提出了系统论的思想。1973年提出了一般系统论原理，奠定了这门科学的理论基础。但是他的论文《关于一般系统论》，到1945年才分开发表，他的理论到1948年在美国再次讲授“一般系统论”时，才得到学术界的重视。确立这门科学学术地位的是1968年贝塔朗菲发表的专著：《一般系统理论基础、发展和应用》（《General System Theory; Foundations, Development, Applications》），该书被公认为是这门学科的代表作。

系统论的核心思想是系统的整体观念。贝塔朗菲强调，任何系统都是一个有机的整体，它不是各个部分的机械组合或简单相加，系统的整体功能是各要素在孤立状态下所没有的新质。他用亚里士多德的“整体大于部分之和”的名言来说明系统的整体性，反对那种认为要素性能好，整体性能一定好，以局部说明整体的机械论的观点。同时认为，系统中各要素不是孤立地存在，每个要素在系统中都处于一定的位置上，起着特定的作用。要素之间相互关联，构成了一个不可分割的整体。要素是整体中的要素，如果将要素从系统整体中割离出来，它将失去要素的作用。

系统论的基本思想方法，就是把所研究和处理的对象，当作一个系统，分析系统的结构和功能，研究系统、要素、环境三者的相互关系和变动的规律性，并优化系统观点看问题，世界上任何事物都可以看成一个系统，系统是普遍存在的。

二、系统论在旅游中的应用

根据系统论，制定旅游资源最优规划与开发结构体系。

系统论的基本思想是：把研究或处理的对象看成一个系统，从整体上考虑问题，特别注重各子系统、要素之间的有机联系，以及系统与外部环境之间的相互联系和相互制约。一般认为，旅游资源系统包括两个子系统即自然旅游资源子系统和人文旅游资源子系统。各旅游资源子系统又由低一级的子系统或要素组成。

系统论不仅为旅游资源开发提供了认识论基础，即旅游资源是一个系统，具有系统本身的各种性质和功能，而且还应从系统的观点出发来看待旅游资源，同时又为旅游资源的开发提供了方法论基础，运用系统的方法开发旅游资源。因此，旅游资源的开发必须要通盘考虑旅游资源的价值、功能、规模、空间布局、开发的难易程度、社区状况、市场状况等诸多因素，合理配置，使其产生最佳的综合效益。同时，必须使旅游资源与旅游服务设施配套协调发展，使资源的功能与游客的需求紧密结合，做到系统内各要素之间相互支持、相互配合，系统与外部环境协调一致。

第四节　旅游地生命周期理论

一、帕洛格理论

1973 年，帕洛格（Plog）也提出了一种获得普遍认可的生命周期模式。他从旅游心理学的角度，把旅游景点景区的周期与吸引不同类型的旅游者群体的变化联系起来，提出了旅游市场学假说，并认为旅游景点景区的兴衰取决于不同类型旅游者（如图 2 - 2 所示）的旅游活动。

（1）多中心型：爱旅游、猎奇、欣赏；

（2）近多中心型：有些爱旅游、猎奇、欣赏，但表现不强烈；

（3）中间型：介于多中心型和近自我中心型中间；

（4）近自我中心型：有些不喜欢旅游，个别情况下有自己的行为方式；

（5）自我中心型：不喜欢旅游，有自己的行为方式。

一个旅游地开始的时候，尚未开发，去的人为多中心型人，多中心型具有探险精神，喜欢新鲜经历，旅游区进入初始发展阶段。

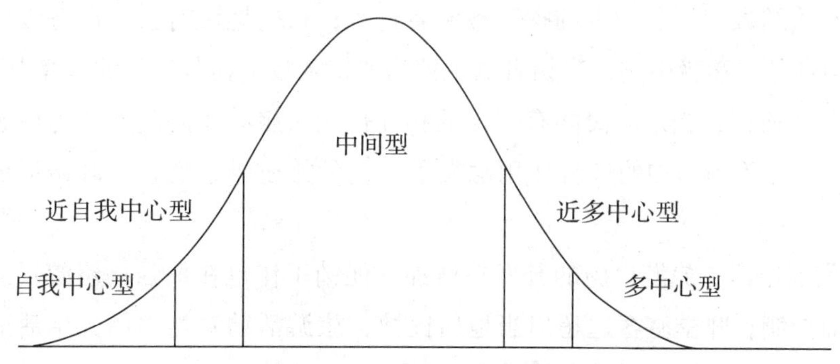

图 2 - 2　帕洛格心理类型模式

资料来源：Sumley Plog. Why Doolination Areaa Rise and Fell in Popularity. a paper preaented to the Southern California Chapter of the Travel Research Association（Oct. 10，1972）

后来，去的人越来越多，多中心型、近多中心型的旅游者不断加入，旅游区发展趋于完善，旅游设施和旅游接待服务日趋完善，这时，旅游者绝大多数的构成是中间型。

最后，旅游区开发完善，成为大众型旅游目的地后，以自我为中心的人也参加进来，但在旅游地衰落的时候，首先退出的人是多中心型人，那么这个旅游地便走向衰落了。

由此可以得出结论：一个旅游地要保持旅游者的人数，必须保留自己的特点，不能让其自然发展，要进行系统的规划开发，形成新的市场循环。

二、巴特勒模型

1980 年，加拿大地理学家巴特勒（Butler）建立了旅游地生命周期理论，他认为，旅游地的发展和演化要经过六个阶段，即探索阶段—起步阶段—发展阶段—巩固阶段—停滞阶段—衰落阶段或复苏阶段（如图 2－3 所示）。

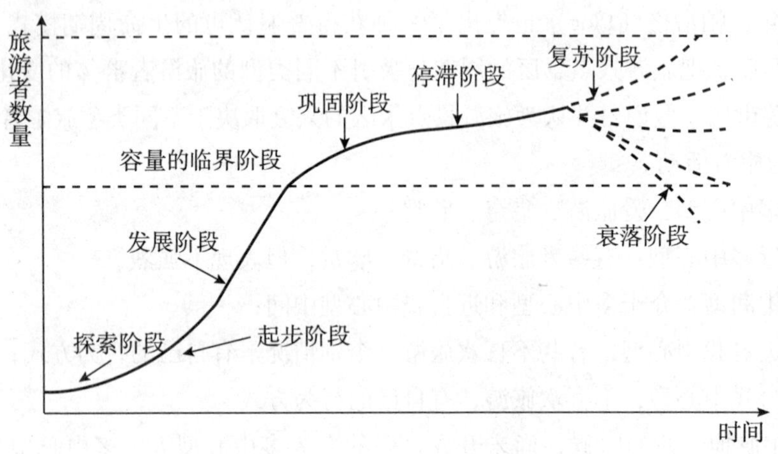

图 2－3　巴特勒模型

（1）探索阶段：只有很少的探险旅游者进入；目的地没有公共服务设施；吸引来访者的是当地的自然吸引物；来访者属于被当地特定吸引物所吸引的游客类型。

（2）起步阶段：当地居民间有一定的相互作用，旅游业的发展能为旅游者提供一些基本的服务；不断增加的广告作用触发了特定的旅游季节变化；开始形成一定的地区性市场。

（3）发展阶段：旅游设施的开发在增加，促销工作也在加强；旅游贸易业务主要由外地客商控制；旺季游客远超出当地居民数，旅游活动对当地居民生活造成一些不利影响，诱发了当地居民对游客的反感。

（4）巩固阶段：旅游业成为当地经济的主体，但是增长速率在下降；形成了较好的商业区；一些老设施沦为二流水准；当地人们力争延长旅游的季节。

（5）停滞阶段：游客的数量和旅游地的容量达到高峰；产生了一系列的经济、环境、社会问题，旅游业发展受到来自诸多方面的阻力；旅游设施老化，资产变动频繁。

（6）衰落阶段或复苏阶段：旅游者受到其他新兴旅游吸引景物影响，减少来该旅游区，旅游业在当地国民经济中的重要性日益下降，致使旅游区迅速进入衰落阶段；若积极进行旅游开发创新，也或者可能快速复兴，进入新一轮旅游发展浪潮。

旅游地生命周期理论虽然是针对旅游地提出来的，但是对于具体旅游区的发展同样具有重要的指导意义，利用旅游地生命周期理论，不难形成旅游区生命周期理论。

根据巴特勒模型可以得到结论：一个旅游地当发展到最后，如果没有新的景观，人们会逐渐减少，和普通商品一样，会走向衰落，如何才能够保持旺盛的活力，只有进行逐步的开发建设，有自己的特色，才能够留住游客，突出自己的形象，使旅游地永远处在产品的成熟期。

三、旅游地生命周期理论应用

根据旅游地生命周期理论，制定旅游资源规划与再规划、开发与再开发策略。

帕洛格理论和巴特勒模型分别从游客和旅游地两个方向，应用旅游心理学、旅游市场学揭示了旅游区发展规律。从而使我们认识到旅游资源的规划与开发并非是一个简单的、孤立的过程，而需要循环往，才能为旅游区注入新的附属主题与创意，才能使一个景区保持旺盛活力，才能确保投资的收益。在这方面有很多成功的案例：美国的迪士尼乐园、中国香港的海洋公园等，每年都要推出很多新开发的旅游产品，以使景区保持新鲜与活力。

第五节　可持续发展理论

一、可持续发展理论

（一）可持续发展的历史进程

可持续发展现在已经成为全世界制定一些纲领性文件的最常用词汇，但什么叫作可持续发展，没有很多人一直明白其确切含义，同时也是世界上很多学者正在研究的问题。下面对它的历史做一个简述，这也是理解旅游可持续发展的前提。

1972 年，联合国在斯德哥尔摩通过了《联合国人类环境会议纲要》，第一次提出了环境与发展的主题。1982 年联合国大会成立了三个高级专家委员会，发表了《我们共同的危机》、《我们共同的安全》、《我们共同的未来》三个纲领性的文件。提出了保障安全、克服危机和创造未来都必须实施的可持续发展战略。只是可持续发展一词得到世界各国公认的体现。

1992 年，联合国又召开了环境与发展会议，发布了《关于环境与发展的里约热内卢宣言》和《21 世纪议程》等文件，可持续发展战略成为会议的中心议题和文件的主导思想。中国政府在此次会议上发表了《中国 21 世纪议程》。

（二）可持续发展的概念

1987 年由世界环境与发展委员会发布的《我们共同的未来》文件中提出：“既满

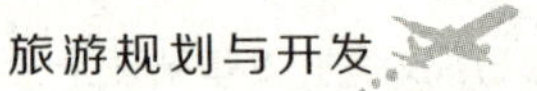

足当代人的需求，又不对后代人满足其自身需求的能力构成危害的发展。”

它包括三个方面的含义：

（1）满足需要：尤其是世界上贫穷人民的基本需要。对于发展中国家来说，可持续发展首先要求实现长期稳定的经济增长并改变增长的质量；

（2）考虑环境和资源的承受限度：要注意不可更新资源的数量、可更新资源的承载力和自然环境的容量都是有限的，不能无限制的浪费；

（3）平等：就是考虑后人的需要，在资源分配问题上，要做到各代人之间的平等利用。

（三）可持续发展的内容

可持续发展一般包括生态、经济、社会三个方面。

生态可持续发展是指维持健康的自然过程，保护生态系统的生产力和功能，维持自然资源基础和环境。

经济可持续发展是指保证稳定的增长，尤其是迅速提高发展中国家的人均收入，同时用经济手段管理资源和环境。

社会可持续发展是指长期满足社会的基本需要，保持资源与收入在各代人之间的公平分配。

二、旅游可持续发展理论

在全世界可持续发展的理论推动下，旅游业在可持续发展中占有重要地位，在1990年加拿大温哥华举行的全球持续发展旅游组行动策划委员会会议上，与会专家提出了旅游持续发展行动战略草案。1992年，联合国召开的环境与发展会议发表的《21世纪议程》中共有七处直接提到了旅游业。这些都是旅游业可持续发展理论的前提条件。

（一）旅游业可持续发展定义

参考《我们共同的未来》提出的观点，旅游可持续发展可以被认为是在保持和增强未来发展机会的同时满足游客和旅游地居民当前的各种需求，其实质是指要求旅游与自然、文化和人类的生存环境成为一个整体。（《可持续旅游发展宪章》）以协调和平衡彼此之间的关系，在全球范围内实现经济发展目标和社会发展目标的统一。

（二）旅游可持续发展的三重含义

1. 满足需要

发展旅游业首先是通过适度利用环境资源，实现经济创收，满足当地社区的需要，改善当地居民的生活水平，满足旅游者对更高生活质量的渴求，满足其发展享乐等更高层次的需要。在发展中国家考虑旅游业可持续发展时，都把旅游业作为“可持续”财富增长的概念。在中国旅游业的地位来自他创汇的多少。

2. 环境限制

资源满足人类目前和未来需要的能力是有限的，这种限制体现在旅游业中的旅游环境承载力。可持续旅游的首要标志就是旅游开发与环境的协调，旅游环境承载力（又叫旅游容量）就成为判断旅游业是否能够可持续增长的重要指标。只有寻找到旅游承载力的一个最优值，并将旅游开发控制在这一范围内，才能够保证环境系统自我调节功能的正常发挥，对于可再生资源必须保证其利用与该资源的可持续生产一致，否则会使该物种灭绝；对于不可再生资源，强调资源的节约利用，再利用再循环。

3. 平等

包括同代人之间的平等和上下代人之间的平等，在同代人之间要保持经济收益的平等，作为发展中国家发展旅游业是好的，但是如果盲目提高对外接待人数，虽然表面上看经济增长了，但是实际上造成的污染、疾病从另一方面抵消了旅游所带来的经济效益，这就是一种同代人之间利益分派不平等。各代人之间的不平等是指虽然现存一代获得了利益，但这是牺牲了资源的隐藏价值而取得的，对于下一代就是应该利用的资源价值一种损失，由于盲目利用，导致上下代之间的不平等，这也是可持续发展中的一个中心问题。

（三）旅游可持续发展的目标

（1）让人们更加明白和理解旅游能给环境和经济带来的好处；

（2）在发展中维持公平；

（3）提高旅游地居民的生活水平；

（4）为游客提供高质量的旅游感受；

（5）保持上述几个目标所依赖的环境质量。

三、旅游可持续发展理论的作用

旅游可持续发展理论，制定旅游资源规划与开发的最终原则。

根据可持续发展理论，在对于一个地区的旅游规划中，要做到经济、社会、生态三者的协调统一。

制定的旅游规划在经济上要保证旅游地的经济增长，但同时又不能够破坏环境，造成生态失衡，同时又要兼顾社会文化因素，保证在外来人员进入的情况下，不会造成本地区文化的流失，使本地区固有的民俗、传统文化遭到破坏，要做到三者的统一。

从我国旅游发展现状来看：

首先，旅游的可持续发展思想还未成为旅游业的管理者和投资者及旅游者的共识，在旅游发展的宏观上未能达到有效的平衡和持续发展。很多旅游地旅游景观正在被破坏，民俗和文化正在消亡，这与旅游地超大型负荷开放，游人过多，保护不当等因素有关。

其次，人为因素。如景区建造规划不尽合理，旅游区客流量超载；城市的酒店设施设备过剩，交通拥挤，人造景观泛滥。某地区政府为短期和局部利益不惜耗费那些不可再生、不可替代的旅游资源和人类文化遗产。

中国旅游业在总量持续增长的情况下，旅游业的发展机构不合理，发展的指导思想不明确，产业规划薄弱。要是旅游业得到持续发展，我们就要从旅游业可持续发展的基本原则出发，认真研究旅游发展规划，使旅游业以人类赖以生存的自然和社会环境所能承受的规模和速度来发展旅游。

第六节　生态旅游

近些年，生态一词在各种媒体上频繁出现，如生态食品、生态农业、生态汽车等。旅游业出现了“生态旅游”一词，中国把 1999 年定为生态旅游年，使得全国各地都在搞自己意义上的“生态旅游”。

一、生态旅游的产生背景

（一）旅游业对人类社会的影响引起了广泛关注

进入 20 世纪 90 年代，人们认识到旅游业的巨大经济价值，在大力发展旅游业的同时，人们看到虽然旅游业对目的地所产生的积极影响较多，但负面影响越来越严重。尤其是发展中国家在大力发展的同时，有些人提出反对意见，认为旅游业与吸毒、吸烟等恶果一样，并不是“无烟工业”。

（二）人类社会对环境质量普遍重视

人们随着对环境的保护加剧，一方面人民非常重视旅游地的环境质量追求洁净、清静，达到最大的满意度；另一方面可持续发展的提出、各大旅游组织提出的可持续性旅游日益受到人们的重视。

（三）颇为成熟的旅游市场对特种兴趣旅游更感兴趣

一些成熟的市场，特别是经济发达国家的旅游者，一些来自收入殷实、受教育水平高的旅游者，不愿意循规蹈矩，重复别人的做法，要追求新奇、追求知识、追求新的体验、崇尚自然、寻求刺激，再加上媒体的炒作，不少人把眼光投到了以生态旅游为代表的特种旅游上，开发生态旅游成为一种时尚。

实际上真正开始生态旅游的并不是研究生态旅游的学者，而是旅游经营开发商，后来得到学者们及政府的注意，在此基础上日渐深入才形成生态旅游。

关于生态旅游的名称也有很多，如自然旅游、绿色旅游、负责任的旅游、讲道德的旅游、软旅游、炭补偿旅游等，都是对生态旅游的不同称呼。

二、生态旅游的概念（Ecotourism-Ecological Tourism）

（一）美国世界自然基金会(WWF)研究人员伊丽莎白·布(1990 年)的定义

生态旅游必须以自然为基础，涉及为学习、研究、欣赏、享受风景和那里的野生动植物等特定目的而到受干扰比较少、又没有受到污染的自然区域所进行的旅游活动。在 1992 年伊丽莎白·布对此定义进行了修订，提出：以欣赏和研究自然景观、野生动物及相关文化特征为目标，为保护区筹集资金，为当地居民创造就业机会，为社会公众提供环境教育、有助于自然保护和可持续发展的自然旅游。

比较这两个定义可以看出，前者只从旅游者的角度强调了旅游活动的性质与目的，而后者另外突出了这项旅游活动应当对旅游目的地所产生的积极作用。

（二）生态旅游学会（1992 年）对生态旅游的定义

为了解当地环境的文化与自然历史知识有目的的到自然区域所作的旅游，这种旅游活动的开展在尽量不改变生态系统完整的同时，创造经济发展机会，让自然资源的保护在财政上使当地居民受益。

从以上几个定义来看，生态旅游是一种旅游形式，它是一种“有目的的旅游活动”，一般来说，生态旅游者的目的地是“自然区域”或“某些特定的文化区域”；而从事这种旅游活动的目的是“了解当地环境的文化与历史自然知识”“欣赏和研究自然景观、野生动物及相关文化特征”等，从事该项旅游活动的原则是“不改变生态系统的完整”“保护自然资源使当地居民经济上受益”。

据此有人提出：Ecotourism 的词冠 ECO 应代表两层含义：一是代表 Ecology（生态）就是从生态平衡角度表述；二是代表 Ecomomy（经济），也就是说从经济角度表述。

三、生态旅游与其他旅游的区别

（一）生态旅游与大众旅游的区别

生态旅游从其本质上说是针对大众旅游而提出来的，在旅游吸引物的资源基础、

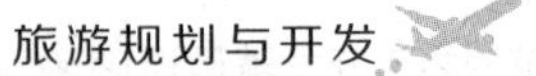

旅游者的需求和旅游经营者的经营等方面，生态旅游与大众旅游有巨大的区别。大众旅游的主要特点是旅游者人数众多，旅游线路为大家所熟悉，产品标准化程度高，旅游经营者往往采取薄利多销的方针。而生态旅游则完全相反，其突出特点是特殊涉及的产品以满足对生态环境有特殊兴趣的旅游者的需求。几乎是全新的产品，经营者以组织的旅游产品质量而不是数量来增加旅游收入。

（二）生态旅游与自然旅游的区别

生态旅游是在自然旅游的基础上发展而来的，其共同点在于大自然属于这两种旅游形式的资源基础，但是，后者主要强调的是利用自然资源来吸引旅游者，而前者，更强调在享受自然的同时要对自然保护作出贡献。例如，狩猎旅游可以是一种自然旅游，但不符和生态旅游的标准，而观鸟旅游则是一种生态旅游，其前提是鸟类的生存环境不被破坏和干扰。

（三）生态旅游与可持续旅游的区别

生态旅游是一种旅游形式，所以也称为特种兴趣旅游，但是可持续旅游是从可持续发展的概念而引申出来的旅游业发展的原则，适用于所有能够在长期发展过程中与自然、社会及文化环境保持和谐发展的旅游形式，生态旅游可以作为实现可持续旅游的一种工具，但绝不仅局限于生态旅游，当然做不到可持续发展的旅游不能构成生态旅游。

四、生态旅游在我国要注意的问题

（一）生态环境旅游

1999 年国家提出这一口号，但真正作为旅游管理者对于什么叫作生态旅游都没有搞清确切含义，便把一个世界上很多国家都还在继续研究的问题过早地抛出来，操之过急。在 1999 年，为了相应这一号召，大量国家自然保护区对外开放，《光明日报》发表文章指出，目前有 22% 的自然保护区因开展生态旅游而造成破坏，11% 出现旅游资源退化。中国的现状是为了满足旅游者的需要和获得经济效益，各地的旅游根本没有把生态环境保护作为首要前提，这种生态环境游起了很大的负面作用。在现阶段，中国虽然拥有丰富的自然资源与文化资源，具备很多开展生态旅游的优势，但同时中国目前开展生态旅游受到很大的限制，从全国来看，环境污染，生态遭到破坏的情况非常严重，仅存的未被破坏的地方实在是珍惜资源，绝不能用现在的思路来发展生态旅游，如果旅游管理者缺乏生态旅游保护意识，缺乏管理和经营人才，真正的生态旅游无法开展。

（二）开展生态旅游的范围

生态旅游最初只是限定在到自然保护区的旅游。由于人们对生态学的概念向社会生态学的概念发展，于是生态旅游的概念也逐渐向自然和社会生态学的概念扩展。所以谈到生态旅游，往往包括社会、环境、文化的独特区域。以为他们都属于人类宝贵的遗产，而且都比较脆弱需要人们去保护，因此原来只针对自然区域的旅游的原则同样适用于特定区域的社会文化领域。

（三）如何正确处理保护与利用的矛盾

这个问题仍在全世界引起争议，在利用的同时，自然会触及该地区的文化和民俗，在利用自然资源的同时，必然会导致资源进入该区域，即使加以保护，和原始环境也有一定的区别。如何处理这对矛盾，仍然是一个值得探讨的问题。

五、生态旅游的意义

生态旅游，是旅游资源规划与开发的形式和标准。

生态旅游应该保护自然资源和生物的多样性、维持资源利用的可持续性，同时，还应保护特定的文化与风俗，实现旅游业的可持续发展。

为了更好地实现这一目标，生态旅游应该促进地方经济的发展，唯有经济发展之后才能真正切实地重视和保护自然；同时，生态旅游还应该突出对旅游者的环境教育意义，生态旅游的经营管理者也更应该重视和保护自然。

六、生态旅游开发注意事项

虽然生态旅游的实践在不断地进行，但是针对我国目前的生态旅游开发，许多专家和学者仍存有异议。大多数研究者认为真正意义上的生态旅游应当把生态保护作为既定的前提，把环境教育和自然知识普及作为核心内容，是一种求知的高层次的旅游活动。因而生态旅游的开发应注意以下三个方面：

首先，在旅游资源开发方面，应提高科技含量。

生态旅游是科技含量很高的产业，应该加大科研投入，在科学技术的指导下开发，旅游开发者和经营者必须要对所处地区生态系统有专门的研究，具备相关的生态环境保护的专业知识。

其次，在旅游市场经营方面，要求旅游管理者具有较高的环保意识。

旅游管理者只有具备强烈的环保意识，才能有利于推广真正意义上的生态旅游。目前我国很多生态旅游实践并没有达到生态旅游的本质要求，着重强调了生态旅游“认识自然、走进自然”的一面，而忽略了生态旅游“保护自然”的目标，是一种严

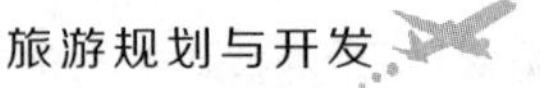

重不负责任的旅游。

最后，在旅游教育培训方面，要求全面普及生态旅游知识。

加强对旅游者的生态旅游知识的培训，使旅游者在享受自然的同时，受到教育，减少碳排放，减少对不可再生资源的利用，最大限度地减少对环境的损害，主动实施负责任的旅游。

知识链接

可持续旅游发展宪章

（一九九五年四月二十八日由“可持续旅游发展世界会议”通过）

我们参加“可持续旅游发展世界会议”的全体代表，于1995年4月27日至28日汇聚在西班牙加那利群岛的兰沙罗特岛。旅游是一种世界现象，也是许多国家社会经济和政治发展的重要因素，是人类最高和最深层的愿望。

旅游具有两重性。旅游能够促进社会经济和文化的发展；同时，旅游也加剧了环境的损耗和地方特色的消失，对旅游应该用综合方法进行探讨。

旅游业赖以发展的旅游资源是有限的，因此要求改善环境质量的呼声越来越高。旅游能够提供旅行和了解其他文化的机会，发展旅游有助于密切人际关系，促进人类和平，使人类理解并尊重文化和生活方式的多样性。

会议代表回顾了联合国全体会议通过的《世界人权宣言》，关于旅游、环境和保护文化遗产等方面的联合国宣言，包括1963年召开的旅游与国际旅行联合国会议以及生物多样性国际会议、世界遗产会议、拉姆萨尔会议和与旅游有关的地区性会议。

本宪章遵循《环境与发展里约宣言》提出的原则和《21世纪议程》推荐的方法。会议代表回顾了其他旅游宣言，如《世界旅游马尼拉宣言》、《海牙宣言》、《旅游宪章》、《旅游准则》以及《后代人权宣言》提出的原则。

我们认识到旅游发展目标要符合经济期望目标和环境要求，不仅要尊重当地的社会与自然结构，而且要尊重当地的居民。

需要建立由旅游界主要参与者参加的有效联盟，使旅游能够对我们共同的遗产担负起更多的责任，这是旅游业的希望所在。

我们呼吁国际社会，特别是各国政府、公共当局、旅游界的决策者和专业人士，以及与旅游和旅游者有关的公众与私人社会团体、研究机构，接受本宪章提出的下列原则和目标：

1. 旅游发展必须建立在生态环境的承受能力之上，符合当地经济发展状况和社会道德规范。可持续发展，是对资源进行全面管理的指导性方法，目的是使各类资源免遭破坏，使自然和文化资源得到保护。旅游作为一种强有力的发展形式，能够并应积极参与可持续发展战略。健全的旅游管理应该保证旅游资源的可持续性。

2. 可持续旅游发展的实质，就是要求旅游与自然、文化和人类生存环境成为一个整体；自然、文化和人类生存环境之间的平衡关系使许多旅游目的地各具特色，特别是在那些小岛屿和环境敏感地区，旅游发展不能破坏这种脆弱的平衡关系。考虑到旅游对自然资源、生物多样性的影响，以及消除这些影响的能力，旅游发展应当循序渐进。

3. 必须考虑旅游对当地文化遗产、传统习惯和社会活动的影响。在制定旅游发展战略过程中，要充分认识当地传统习惯和社会活动，要注意维护地方特色、文化和旅游胜地，尤其在发展中国家更是如此。

4. 为了使旅游对可持续发展做出积极贡献，所有从事这项事业的人们必须团结一致、互相尊重和积极参与。团结一致、互相尊重和积极参与要以在各个层次上（包括当地、全国、区域及国际）的有效合作机制为基础。

5. 保护自然和文化资源，并评定其价值为我们提供了一个特殊的合作领域。在这一领域的合作，意味着我们将面临一场由文化与职业变革所带来的真正挑战。我们必须尽最大的努力创造出一套完整的规划与管理方法，将所有行之有效的合作与管理方法统一起来，包括技术革新方法。

6. 有关各方共同协商之后认为，地方政府要下决心，保持旅游目的地的质量和满足旅游者需求的能力。二者应为旅游发展战略和旅游发展规划项目的主要目标。

7. 为了与可持续发展相协调，旅游必须以当地经济发展所提供的各种机遇作为发展的基础。旅游与当地经济应该有机地结合在一起，对当地经济发展起到积极的促进作用。

8. 所有可供选择的旅游发展方案都必须有助于提高人民的生活水平；有助于加强与社会文化之间的相互联系，并产生积极的影响。

9. 各国政府和政府机构应该加强与当地政府和环境方面非政府组织的协作，完善旅游规则，实现可持续旅游发展。

10. 可持续发展的基本原则，是在全世界范围内实现经济发展目标和社会发展目标相结合。为此，迫切需要提出一些方法，以便更加合理地分配旅游收益和旅游费用。这意味着消费模式的改变和在价格制定过程中增加生态环境费用的新定价方法的引进。希望各国政府和多边组织停止那些对环境产生不良影响的财政援助，研究和探讨国际通用经济方法的可操作性，保证资源的可持续利用。

11. 环境和文化易受破坏的地区，无论现在还是将来，在技术合作和资金援助方面要给予优先考虑，以实现可持续旅游发展。那些被落后的、影响严重的旅游方式降低了档次的地区同样需要特别对待。旅游活动每年持续很长时间，客观上需要深入研究和探讨以保证资源可持续利用为出发点的经济方法在当地和整个区域的使用效果，保证资源的可持续利用。法律手段的重要作用必须得到充分发挥。

12. 提供选择那些与可持续发展原则相协调的旅游形式，以及各种能够保证中期和长期可持续发展的旅游形式。在这方面，需要开展广泛的地区合作，特别是那些小岛屿和环境敏感地区。

13. 对旅游和环境负有责任的政府、政府机构和非政府组织应当支持并参与建立一个开放式信息网络，以便交流信息，开展科学研究，传播适宜的旅游和环境知识，转移环境方面的可持续发展技术。

14. 需要加强可行性研究，支持普及性强的科学试点工作，落实可持续发展框架中的旅游示范工程，扩大国际合作领域的合作范围，引进环境管理系统。

15. 对旅游发展负有责任的政府机构、协会、环境方面的非政府组织要拟定可持续旅游发展框架，并将建立实施这些方案的项目，检查工作进展情况，报告结果，交流经验。

16. 要注意旅游中交通工具的作用和环境的影响，运用经济手段减少对不可再生资源的使用。

17. 旅游活动的主要参与者，特别是旅游从业人员坚决遵守这些行为规范，是旅游持续发展的根本所在。这些行为规范，是形成有责任感的旅游活动的有效方法。

18. 应当采取一切必要措施，使旅游行业的所有团体，无论是地区的、国家的，还是国际的，重视“可持续旅游发展世界会议”的内容和目标，执行由全体会议代表一致通过的《可持续旅游发展行动计划》。

建议将《可持续旅游发展行动计划》作为本宪章的附件。《行动计划》提出了具体的行动方针，并推荐了一些特殊的方法，以便克服工作中的障碍，促进旅游与可持续发展战略相结合。

本次大会的与会代表委托大会委员会来确保这一精神得以发扬，监督“宪章”和“行动计划”的实施，保证信息的传播，促进各界对此的认可，采取与宣言相适应的特殊行动，并提出有助于巩固倡导目标的合作方法。

思考题

1. 区位论各时期代表理论有哪些？
2. 增长极在旅游规划方面有哪些应用？
3. 帕洛格理论在旅游区规划与开发方面的价值？
4. 可持续发展理论的渊源？
5. 生态旅游在我国旅游业发展过程中有哪些价值？

第三章　旅游资源分类、调查与评价

【教学目的】

掌握旅游资源分类原则和分类方法；理解旅游资源评价基本要求、评价内容、评价方法；了解旅游资源调查类型、调查内容、调查程序、调查方法。

【教学内容】

1. 旅游资源的分类
2. 旅游资源综合评价
3. 旅游资源调查方法

【重点难点】

教学重点：中国旅游资源的分类体系与评价体系（国标）

教学难点："旅游资源单体调查表"详解

旅游资源分类、调查与评价是旅游资源规划与开发的前提，是旅游发展规划基础工作的一部分，是旅游区总体规划工作的一个重要内容。

对旅游资源的类型划分、调查、评价的实用技术和方法进行较深层次的探讨，是为了更加适用于旅游资源开发与保护、旅游规划与项目建设、旅游行业管理与旅游法规建设、旅游资源信息管理与开发利用。

第一节　旅游资源分类

旅游资源是指自然界和人类社会凡能对旅游者产生吸引力，可以为旅游业开发利用，并可产生经济效益、社会效益和环境效益的各种事物和因素。旅游资源是构成旅游业发展的基础，我国旅游资源非常丰富，具有广阔的开发前景，在旅游研究、区域开发、资源保护等各方面受到广泛的应用，越来越受到重视。

一、旅游资源的特征

旅游资源，应具有三个方面的基本特征，即旅游资源的景观属性原则、旅游资源的特征分类原则和旅游资源的差异性原则（如图 3 – 1 所示）。

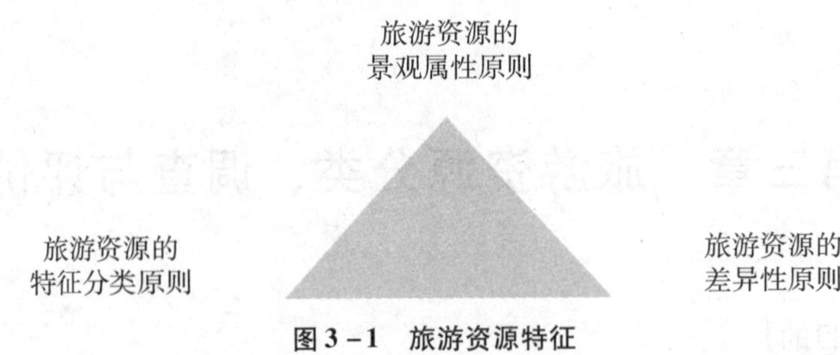

图 3 – 1　旅游资源特征

（一）旅游资源的景观属性原则

旅游业开发利用的旅游资源往往不是单独的某一要素或景象，而是由一定数量和特色的各种旅游资源在一定地域空间组合成的综合景观。因此，旅游资源的分类应从旅游资源的基本概念及内涵出发，在确定旅游资源分类的范围和内容的前提下，以旅游资源景观属性、吸引价值等作为主要指标，对旅游资源进行科学的分类。根据景观属性，首先是对旅游资源构成的景观的天然（自然）属性或非天然（如人工遗迹）属性的划分，它是旅游资源科学分类系统中的一级（最高级）指标。

（二）旅游资源的特征分类原则

旅游资源范围、内容的广泛与复杂，决定了影响旅游资源的分类因素的复杂和多重性。因此，在旅游资源分类时除了要突出旅游资源的景观属性等主导因素外，还应充分根据旅游资源的成因、形态、年代等基本特征确定旅游资源的基本类型差异，进一步对旅游资源的类型进行更细的划分。

（三）旅游资源的差异性原则

在五花八门的旅游资源中，资源的形态、美学等各种属性必然存在一定的差异性和相似性，我们可以根据它们的差异性和相似性尽量地进行区分和归并，首先，把具有共同属性的旅游资源划归一类，同一级同一类型的旅游资源应该具有一定的相似性；其次，较大类别的旅游资源中，必然存在一定的差异性，再根据差异性进行区分，将它们分别划分为不同的类型；最后，使每一种旅游资源经过集合归类后，在旅游资源分类表中占据一个准确的位置。这样也就可以将纷繁复杂的旅游资源区分为具有一定从属关系的不同等级类别的系统，从而做到旅游资源分类（如图 3 – 2 所示）的系统化和规范化。

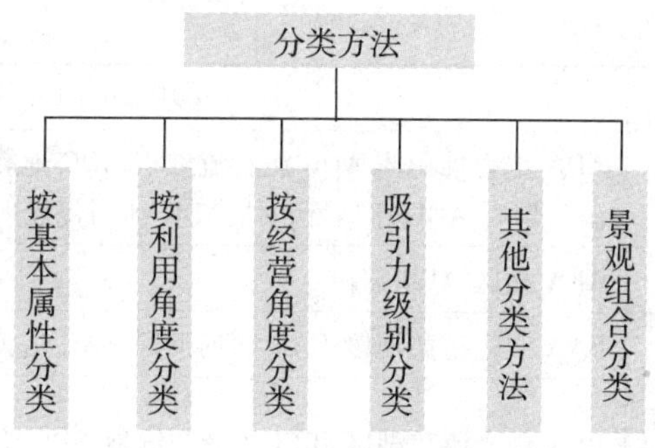

图 3－2　旅游资源分类方法

二、旅游资源的分类

（一）分类标准

依据旅游资源的性状，即现存状况、形态、特性、特征划分。

（二）分类对象

稳定的、客观存在的实体旅游资源；不稳定的、客观存在的事物和现象。

（三）分类结构

分为 3 个层次：即 8 个“主类”、31 个“亚类”、155 个“基本类型”。每个层次的旅游资源类型有相应的汉语拼音代号（如表 3－1 所示）。如果发现本分类没有包括的基本类型时，使用者可自行增加。增加的基本类型可归入相应亚类，置于最后，最多可增加 2 个。编号方式为：增加第 1 个基本类型时，该亚类 2 位汉语拼音字母＋Z、增加第 2 个基本类型时，该亚类 2 位汉语拼音字母＋Y。

表 3－1　　旅游资源分类

主类	亚类	基本类型
A 地文景观	AA 综合自然旅游地	AAA 山丘型旅游地 AAB 谷地型旅游地 AAC 沙砾石地型旅游地 AAD 滩地型旅游地 AAE 奇异自然现象 AAF 自然标志地 AAG 垂直自然地带
	AB 沉积与构造	ABA 断层景观 ABB 褶曲景观 ABC 节理景观 ABD 地层剖面 ABE 钙华与泉华 ABF 矿点矿脉与矿石积聚地 ABG 生物化石点
	AC 地质地貌过程形迹	ACA 凸峰 ACB 独峰 ACC 峰丛 ACD 石（土）林 ACE 奇特与象形山石 ACF 岩壁与岩缝 ACG 峡谷段落 ACH 沟壑地 ACI 丹霞 ACJ 雅丹 ACK 堆石洞 ACL 岩石洞与岩穴 ACM 沙丘地 ACN 岸滩

续 表

主类	亚类	基本类型
A 地文景观	AD 自然变动遗迹	ADA 重力堆积体 ADB 泥石流堆积 ADC 地震遗迹 ADD 陷落地 ADE 火山与熔岩 ADF 冰川堆积体 ADG 冰川侵蚀遗迹
	AE 岛礁	AEA 岛区 AEB 岩礁
B 水域风光	BA 河段	BAA 观光游憩河段 BAB 暗河河段 BAC 古河道段落
	BB 天然湖泊与池沼	BBA 观光游憩湖区 BBB 沼泽与湿地 BBC 潭池
	BC 瀑布	BCA 悬瀑 BCB 跌水
	BD 泉	BDA 冷泉 BDB 地热与温泉
	BE 河口与海面	BEA 观光游憩海域 BEB 涌潮现象 BEC 击浪现象
	BF 冰雪地	BFA 冰川观光地 BFB 长年积雪地
C 生物景观	CA 树木	CAA 林地 CAB 丛树 CAC 独树
	CB 草原与草地	CBA 草地 CBB 疏林草地
	CC 花卉地	CCA 草场花卉地 CCB 林间花卉地
	CD 野生动物栖息地	CDA 水生动物栖息地 CDB 陆地动物栖息地 CDC 鸟类栖息地 CDE 蝶类栖息地
D 天象与气候景观	DA 光现象	DAA 日月星辰观察地 DAB 光环现象观察地 DAC 海市蜃楼现象多发地
	DB 天气与气候现象	DBA 云雾多发区 DBB 避暑气候地 DBC 避寒气候地 DBD 极端与特殊气候显示地 DBE 物候景观
E 遗址遗迹	EA 史前人类活动场所	EAA 人类活动遗址 EAB 文化层 EAC 文物散落地 EAD 原始聚落
	EB 社会经济文化活动遗址遗迹	EBA 历史事件发生地 EBB 军事遗址与古战场 EBC 废弃寺庙 EBD 废弃生产地 EBE 交通遗迹 EBF 废城与聚落遗迹 EBG 长城遗迹 EBH 烽燧
F 建筑与设施	FA 综合人文旅游地	FAA 教学科研实验场所 FAB 康体游乐休闲度假地 FAC 宗教与祭祀活动场所 FAD 园林游憩区域 FAE 文化活动场所 FAF 建设工程与生产地 FAG 社会与商贸活动场所 FAH 动物与植物展示地 FAI 军事观光地 FAJ 边境口岸 FAK 景物观赏点
	FB 单体活动场馆	FBA 聚会接待厅堂（室）FBB 祭拜场馆 FBC 展示演示场馆 FBD 体育健身馆场 FBE 歌舞游乐场馆
	FC 景观建筑与附属型建筑	FCA 佛塔 FCB 塔形建筑物 FCC 楼阁 FCD 石窟 FCE 长城段落 FCF 城（堡）FCG 摩崖字画 FCH 碑碣（林）FCI 广场 FCJ 人工洞穴 FCK 建筑小品

续 表

主类	亚类	基本类型
F 建筑与设施	FD 居住地与社区	FDA 传统与乡土建筑 FDB 特色街巷 FDC 特色社区 FDD 名人故居与历史纪念建筑 FDE 书院 FDF 会馆 FDG 特色店铺 FDH 特色市场
	FE 归葬地	FEA 陵区陵园 FEB 墓（群）FEC 悬棺
	FF 交通建筑	FFA 桥 FFB 车站 FFC 港口渡口与码头 FFD 航空港 FFE 栈道
	FG 水工建筑	FGA 水库观光游憩区段 FGB 水井 FGC 运河与渠道段落 FGD 堤坝段落 FGE 灌区 FGF 提水设施
G 旅游商品	GA 地方旅游商品	GAA 菜品饮食 GAB 农林畜产品与制品 GAC 水产品与制品 GAD 中草药材及制品 GAE 传统手工产品与工艺品 GAF 日用工业品 GAG 其他物品
H 人文活动	HA 人事记录	HAA 人物 HAB 事件
	HB 艺术	HBA 文艺团体 HBB 文学艺术作品
	HC 民间习俗	HCA 地方风俗与民间礼仪 HCB 民间节庆 HCC 民间演艺 HCD 民间健身活动与赛事 HCE 宗教活动 HCF 庙会与民间集会 HCG 饮食习俗 HGH 特色服饰
	HD 现代节庆	HDA 旅游节 HDB 文化节 HDC 商贸农事节 HDD 体育节

第二节　旅游资源调查

一、基本要求

（1）保证成果质量，强调整个运作过程的科学性、客观性、准确性，并尽量做到内容简洁和量化。

（2）充分利用与旅游资源有关的各种资料和研究成果，完成统计、填表和编写调查文件等工作。调查以收集、分析、转化、利用这些资料和研究成果为主，并逐个对旅游资源单体进行现场调查核实，包括访问、实地观察、测试、记录、绘图、摄影，必要时进行采样和室内分析。

（3）旅游资源调查分为旅游资源详查和旅游资源概查两个类型，其调查方式和精度要求不同。

二、旅游资源详查

（一）适用范围和要求

（1）适用于了解和掌握整个区域旅游资源全面情况的旅游资源调查。

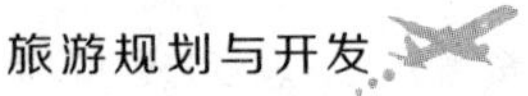

（2）完成全部旅游资源调查程序，包括调查准备、实地调查。

（3）要求对全部旅游资源单体进行调查，提交全部“旅游资源单体调查表”（如表3-2所示）。

（二）调查步骤

1. 调查准备

（1）成立调查组。① 调查组成员构成。具备与该调查区旅游环境、旅游资源、旅游开发有关的专业知识，一般应吸收旅游、环境保护、地学、生物学、建筑园林、历史文化、旅游管理等方面的专业人员参与。② 进行技术培训。③ 准备实地调查所需的设备。如定位仪器、简易测量仪器、影像设备等。④ 准备多份“旅游资源单体调查表”。

（2）资料收集。① 与旅游资源单体及其附存环境有关的各类文字描述资料。包括地方志书、乡土教材、旅游区与旅游点介绍、规划与专题报告等。② 与旅游资源调查区有关的各类图形资料。重点是反映旅游环境与旅游资源的专题地图。③ 与旅游资源调查区和旅游资源单体有关的各种照片、影像资料。

2. 实地调查

实地调查阶段最重要的事情就是要掌握调查程序与方法。

（1）确定调查区内的调查小区和调查线路

为便于运作和此后旅游资源评价、旅游资源统计、区域旅游资源开发的需要，将整个调查区分为“调查小区”。调查小区一般按行政区划分（如省级一级的调查区，可将地区一级的行政区划分为调查小区；地区一级的调查区，可将县级一级的行政区划分为调查小区；县级一级的调查区，可将乡镇一级的行政区划分为调查小区），也可按现有或规划中的旅游区域划分。

调查线路按实际要求设置，一般要求贯穿调查区内所有调查小区和主要旅游资源单体所在的地点。

（2）选定调查对象

选定下述单体进行重点调查：具有旅游开发前景，有明显经济、社会、文化价值的旅游资源单体；集合型旅游资源单体中具有代表性的部分；代表调查区形象的旅游资源单体。

对下列旅游资源单体暂时不进行调查：①明显品位较低，不具有开发利用价值的；②与国家现行法律法规相违背的；③开发后有损于社会形象的或可能造成环境问题的；④影响国计民生的或某些位于特定区域内的。

（3）填写《旅游资源单体调查表》

对每一调查单体分别填写一份“旅游资源单体调查表”。调查表各项内容填写要求如下：① 单体序号：由调查组确定的旅游资源单体顺序号码。② 单体名称：旅游资源单体的常用名称。③“代号”项：代号用汉语拼音字母和阿拉伯数字表示，即“表示单体所处位置的汉语拼音字母－表示单体所属类型的汉语拼音字母－表示单体在调查区内次序的阿拉伯数字”。如果单体所处的调查区是县级和县级以上行政区，则单体代号按“国家标准行政代码（省代号 2 位－地区代号 2 位－县代号 2 位，参见 GB/T 2260—1999 中华人民共和国行政区代码）－旅游资源基本类型代号 3 位 －旅游资源单体序号 2 位”的方式设置，共 5 组 11 位数，每组之间用短线“－”连接。如果单体所处的调查区是县级以下的行政区，则旅游资源单体代号按“国家标准行政代码（省代号 2 位－地区代号 2 位－县代号 2 位，参见 GB/T 2260—1999 中华人民共和国行政区代码）－乡镇代号（由调查组自定 2 位）－旅游资源基本类型代号 3 位－旅游资源单体序号 2 位”的方式设置，共 6 组 13 位数，每组之间用短线“－”连接。如果遇到同一单体可归入不同基本类型的情况，在确定其为某一类型的同时，可在“其他代号”后按另外的类型填写。操作时只需改动其中“旅游资源基本类型代号”，其他代号项目不变。填表时，一般可省略本行政区及本行政区以上的行政代码。④“行政位置”项：填写单体所在地的行政归属，从高到低填写政区单位名称。⑤“地理位置”项：填写旅游资源单体主体部分的经纬度（精度到秒）。⑥“性质与特征”项：填写旅游资源单体本身个性。包括单体性质、形态、结构、组成成分的外在表现和内在因素，以及单体生成过程、演化历史、人事影响等主要环境因素，提示如下：a. 外观形态与结构类：旅游资源单体的整体状况、形态和突出（醒目）点；代表形象部分的细节变化；整体色彩和色彩变化、奇异华美现象，装饰艺术特色等；组成单体整体各部分的搭配关系和安排情况，构成单体主体部分的构造细节、构景要素等。b. 内在性质类：旅游资源单体的特质，如功能特性、历史文化内涵与格调、科学价值、艺术价值、经济背景、实际用途等。c. 组成成分类：构成旅游资源单体的组成物质、建筑材料、原料等。d. 成因机制与演化过程类：表现旅游资源单体发生、演化过程、演变的时序数值；生成和运行方式，如形成机制、形成年龄和初建时代、废弃时代、发现或制造时间、盛衰变化、历史演变、现代运动过程、生长情况、存在方式、展示演示及活动内容、开放时间等。e. 规模与体量类：表现旅游资源单体的空间数值如占地面积、建筑面积、体积、容积等；个性数值如长度、宽度、高度、深度、直径、周长、进深、面宽、海拔、高差、产值、数量、生长期等；比率关系数值如矿化度、曲度、比降、覆盖度、圆度等。f. 环境背景类：旅游资源单体周围的境况，包括所处具体位置及外部环境如目前与其共存并成为单体不可分离的自然要素和人文要素，如气候、水文、生物、文物、民族等；影响单体存在与发展的外在条件，如特殊功能、雪线高度、重要战事、主要矿物质等；单体的旅游价值和社会地位、级别、知名度等。g. 关联事物类：与旅游资源单体形成、演化、存在有密切关系的典型的历史人物与事件等。⑦“旅游区域及进出条件”项：包括旅游资源单体所在地区的具体部位、进出交通、与周边旅游集散地和主要旅游区（点）之间的关系等。⑧“保护与开发现状”项：旅游资源单体保存现状、保护措施、开发情况等。⑨“共有因子评价问答”项：旅游资源单体的观赏游憩价值、历史文化科学艺术价值、珍稀或奇特程度、规模、丰度与概率、完整性、知名度和影响力、适游期和使用范围、污染状况与环境安全。旅游资源共有因子评价是指按照旅游资源基本类型所共同拥有的因子对旅游资源单体进行的价值和程度评价。

三、旅游资源概查

（一）适用范围和要求

（1）适用于了解和掌握特定区域或专门类型的旅游资源调查。

（2）要求对涉及的旅游资源单体进行调查。

（二）调查技术要点

（1）参照“旅游资源详查”中的各项技术要求。

（2）简化工作程序。

如不需要成立调查组，调查人员由其参与的项目组织协调委派；资料收集限定在与专门目的所需要的范围；可以不填写或择要填写“旅游资源单体调查表”等。

表 3-2　　旅游资源单体调查

代号		名称	
行政位置			
地理位置			
性质与特征			
区位条件			
保护与开发现状			

四、调查成果

全部文（图）件包括《旅游资源调查区实际资料表》、《旅游资源图》、《旅游资源调查报告》。

旅游资源详查和旅游资源概查的文（图）件类型和精度不同，旅游资源详查需要完成全部文（图）件，包括填写《旅游资源调查区实际资料表》，编绘《旅游资源地图》，编写《旅游资源调查报告》。旅游资源概查要求编绘《旅游资源地图》，其他文件可根据需要选择编写。

（一）《旅游资源调查区实际资料表》的填写

（1）调查区旅游资源调查、评价结束后，由调查组填写。

（2）按照本标准附录 C 规定的栏目填写。

栏目内容包括：调查区基本资料、各层次旅游资源数量统计、各主类、亚类旅游资源基本类型数量统计、各级旅游资源单体数量统计、优良级旅游资源单体名录、调查组主要成员、主要技术存档材料。

（3）本表同样适用于调查小区实际资料的填写。

（二）《旅游资源图》的编绘

"旅游资源图"，表现五级、四级、三级、二级、一级旅游资源单体。

"优良级旅游资源图"，表现五级、四级、三级旅游资源单体。

编绘程序与方法：

（1）准备工作底图。① 等高线地形图：比例尺视调查区的面积大小而定，较大面积的调查区为 1∶50000 ~ 1∶200000，较小面积的调查区为 1∶5000 ~ 1∶25000，特殊情况下为更大比例尺。②调查区政区地图。

（2）在工作底图的实际位置上标注旅游资源单体（部分集合型单体可将范围绘出）。各级旅游资源使用下列图例（如表 3 – 3 所示）。

（3）单体符号一侧加注旅游资源单体代号或单体序号。

表 3 – 3　　旅游资源图例

旅游资源等级	图例	使用说明
五级旅游资源	■	1. 图例大小根据图面大小而定，形状不变 2. 自然旅游资源（旅游资源分类表中主类 A、B、C、D）使用蓝色图例；人文旅游资源（旅游资源分类表中主类 E、F、G、H）使用红色图例
四级旅游资源	●	
三级旅游资源	◆	
二级旅游资源	□	
一级旅游资源	○	

五、《旅游资源调查报告》的编写

各调查区编写的旅游资源调查报告，基本篇目如下：

前言

第一章　调查区旅游环境

第二章　旅游资源开发历史和现状

第三章　旅游资源基本类型

第四章　旅游资源评价

第五章　旅游资源保护与开发建议

主要参考文献

附图（《旅游资源图》或《优良级旅游资源图》）

第三节　旅游资源评价

一、基本要求

（1）按照旅游资源分类体系对旅游资源单体进行评价。

（2）采用打分评价方法。

（3）评价主要由调查组完成。

二、评价体系

1. 依据“旅游资源共有因子综合评价系统”赋分

旅游资源共有因子评价：旅游资源共有因子评价是指按照旅游资源基本类型所共同拥有的因子对旅游资源单体进行的价值和程度评价。

2. 本系统设“评价项目”和“评价因子”两个档次

3. 评价项目为“资源要素价值”“资源影响力”“附加值”

其中：“资源要素价值”项目中含“观赏游憩使用价值”“历史文化科学艺术价值”“珍稀奇特程度”“规模、丰度与概率”“完整性”5项评价因子。

“资源影响力”项目中含“知名度和影响力”“适游期或使用范围”2项评价因子。

“附加值”含“环境保护与环境安全”1项评价因子。

三、计分方法（如表3－4所示）

1. 评价项目和评价因子用量值表示

资源要素价值和资源影响力总分值为100分，其中：

“资源要素价值”为85分，分配如下：“观赏游憩使用价值”30分、“历史科学文化艺术价值”25分、“珍稀或奇特程度”15分、“规模、丰度与几率”10分、“完整性”5分。

“资源影响力”为15分，其中，“知名度和影响力”10分、“适游期或使用范围”5分。

2. “附加值”中“环境保护与环境安全”，分正分和负分

3. 每一评价因子分为4个档次，其因子分值相应分为4档

表3－4　　旅游资源评价赋分标准

评价项目	评价因子	评价依据	赋值
资源要素价值（85分）	观赏游憩使用价值（30分）	全部或其中一项具有极高的观赏价值、游憩价值、使用价值	30～22
		全部或其中一项具有很高的观赏价值、游憩价值、使用价值	21～13
		全部或其中一项具有较高的观赏价值、游憩价值、使用价值	12～6
		全部或其中一项具有一般的观赏价值、游憩价值、使用价值	5～1
	历史文化科学艺术价值（25分）	同时或其中一项具有世界意义的历史价值、文化价值、科学价值、艺术价值	25～20
		同时或其中一项具有全国意义的历史价值、文化价值、科学价值、艺术价值	19～13
		同时或其中一项具有省级意义的历史价值、文化价值、科学价值、艺术价值	12～6
		同时或其中一项具有地区意义的历史价值、文化价值、科学价值、艺术价值	5～1
	珍稀奇特程度（15分）	有大量珍稀物种，或景观异常奇特，或此类现象在其他地区罕见	15～13
		有较多珍稀物种，或景观奇特，或此类现象在其他地区很少见	12～9
		有少量珍稀物种，或景观突出，或此类现象在其他地区少见	8～4
		有个别珍稀物种，或景观比较突出，或此类现象在其他地区较多见	3～1

续 表

评价项目	评价因子	评价依据	赋值
资源要素价值（85分）	规模、丰度与概率（10分）	独立型旅游资源单体规模、体量巨大；集合型旅游资源单体结构完美、疏密度优良级；自然景象和人文活动周期性发生或频率极高	10～8
		独立型旅游资源单体规模、体量较大；集合型旅游资源单体结构很和谐、疏密度良好；自然景象和人文活动周期性发生或频率很高	7～5
		独立型旅游资源单体规模、体量中等；集合型旅游资源单体结构和谐、疏密度较好；自然景象和人文活动周期性发生或频率较高	4～3
		独立型旅游资源单体规模、体量较小；集合型旅游资源单体结构较和谐、疏密度一般；自然景象和人文活动周期性发生或频率较小	2～1
	完整性（5分）	形态与结构保持完整	5～4
		形态与结构有少量变化，但不明显	3
		形态与结构有明显变化	2
		形态与结构有重大变化	1
资源影响力（15分）	知名度和影响力（10分）	在世界范围内知名，或构成世界承认的名牌	10～8
		在全国范围内知名，或构成全国性的名牌	7～5
		在本省范围内知名，或构成省内的名牌	4～3
		在本地区范围内知名，或构成本地区名牌	2～1
	适游期或使用范围（5分）	适宜游览的日期每年超过300天，或适宜于所有游客使用和参与	5～4
		适宜游览的日期每年超过250天，或适宜于80%左右游客使用和参与	3
		适宜游览的日期每年超过150天，或适宜于60%左右游客使用和参与	2
		适宜游览的日期每年超过100天，或适宜于40%左右游客使用和参与	1
附加值	环境保护与环境安全	已受到严重污染，或存在严重安全隐患	-5
		已受到中度污染，或存在明显安全隐患	-4
		已受到轻度污染，或存在一定安全隐患	-3
		已有工程保护措施，环境安全得到保证	3

四、等级划分

1. 计分

根据对旅游资源单体的评价，得出该单体旅游资源共有综合因子评价赋分值。

2. 旅游资源评价等级指标

依据旅游资源单体评价总分，将其分为五级，从高级到低级为：

五级旅游资源，得分≥90 分。

四级旅游资源，得分 = 75 ~ 89 分。

三级旅游资源，得分 = 60 ~ 74 分。

二级旅游资源，得分 = 45 ~ 59 分。

一级旅游资源，得分 = 30 ~ 44 分。

此外还有：

未获等级旅游资源，得分≤29 分。

其中：

五级旅游资源称为“特品级旅游资源”；

五级、四级、三级旅游资源被通称为“优良级旅游资源”；

二级、一级旅游资源被通称为“普通级旅游资源”。

动脑筋

以下为针对福建省马尾区琅岐岛的调查及共有因子所做的评价表：

主类	亚类	基本类型
A 地文景观	AA 综合自然旅游地	AAA 山丘型旅游地：鼓尾山 AAD 滩地型旅游地：龙鼓度假村海滨
	AC 地质地貌过程形迹	ACN 岸滩：龙鼓岸滩
B 水域风光	BB 天然湖泊与池沼	BBA 观光游憩湖区：砚池湖
	BD 泉	BDA 冷泉：天竺听泉
	BE 河口与海面	BEA 观光游憩海域：龙王洞、长堤观潮 BEB 涌潮现象：龙王洞、龙鼓海滩、云龙潮音
C 生物景观	CA 树木	CAA 林地：朴树林
	CD 野生动物栖息地	CDC 鸟类栖息地：芦洲宿雁
D 天象与气候景观	DA 光现象	DAA 日月星辰观察地：白云观日
E 遗址遗迹	EB 社会经济文化活动遗址遗迹	EBB 军事遗址与古战场：金牌山炮台 EBC 废弃寺庙：释伽寺

续 表

主类	亚类	基本类型
F 建筑与设施	FA 综合人文旅游地	FAA 教学科研实验场所：海丰阁 FAB 康体游乐休闲度假地：龙鼓度假村 FAC 宗教与祭祀活动场所：基督教所、四大宗祠、白云寺、天竺寺、天安寺、南山寺、天后宫 FAH 动物与植物展示地：绿丰农业基地、万叶葡萄园 FAK 景物观赏点：金鸡报晓、五虎守门、白猴镇江
	FC 景观建筑与附属型建筑	FCG 摩崖字画：摩崖石刻 10 余处 FCH 碑碣（林）：石牌坊
	FD 居住地与社区	FDB 特色街巷 ：宗祠一条街
	FE 归葬地	FEB 墓（群）：驸马墓
	FF 交通建筑	FFA 桥：琅岐大桥 FFC 港口渡口与码头：琅岐码头、双龟把口
	FG 水工建筑	FGB 水井：宋、明古井 10 余口 FGD 堤坝段落 ：拦海大堤
G 旅游商品	GA 地方旅游商品	GAB 农林畜产品与制品：甜瓜、琅蚑葡萄、西瓜 GAC 水产品与制品：文蛤、缢蛏、花跳鱼、鲟
H 人文活动	HA 人事记录	HAA 人物：赵罡、周德兴、朱以海、王祖道、林存、陈文肃、江文沛、董廷钦等 HAB 事件：中法甲午马江海战
	HC 民间习俗	HCB 民间节庆：迎神游神 HCF 庙会与民间集会：天后宫庙会
	HD 现代节庆	HDD 体育节：赛艇

各级旅游资源数量：

级别	旅游资源类型		数量
	自然旅游资源	人文旅游资源	
四级	龙鼓度假村海滨、砚池湖、长堤观潮、龙王洞、朴树林、绿丰农业基地、万叶葡萄园、金鸡报晓、五虎守门、白猴镇江	驸马墓、天竺寺、天后宫	13
三级	鼓尾山、天竺听泉、云龙潮音、芦洲宿雁、双龟把口、宋明古井、文蛤、缢蛏、花跳鱼、鲟	金牌山炮台、海丰阁、四大宗祠、白云寺、摩崖石刻、石牌坊	16

续　表

级别	旅游资源类型		数量
	自然旅游资源	人文旅游资源	
二级	白云观日、琅岐大桥、琅岐码头	释伽寺、基督教所、天安寺、南山寺、中法甲午马江海战、迎神游神、天后宫庙会、赛艇	12
一级	甜瓜、琅蚊葡萄、西瓜		3

1. 你认为这份调查的结果是否真实有效，有哪些优点和缺点？

2. 请结合所在地区旅游资源状况，试调查你所在区域的旅游资源情况，为后期进行规划和开发打好基础。

3. 除了表格集中体现的方式外，还需要哪些补充？

1. 我国旅游资源的分类标准是什么？
2. 现场调查过程中可以对旅游资源进行何种方式的描写？
3. 旅游资源评价依据是什么？如何打分？

第四章　旅游市场分析与预测

【教学目的】

了解旅游者分析，竞争对手分析，宏观环境分析的内容；理解旅游市场调研的方法；掌握旅游市场预测的相关方法。

【教学内容】

1. 旅游市场细分
2. 旅游市场分析主要内容
3. 旅游市场调研与预测的相关方法

【重点难点】

教学重点：旅游市场细分，旅游市场分析主要内容

教学难点：旅游市场预测的方法

旅游规划区客源市场的分析与预测是旅游规划区投入产出分析的前提，直接关系到规划区的未来发展状况。

旅游发展规划主要内容的第二条：分析规划区的客源市场需求总量、地域结构、消费结构及其他结构，预测规划期内客源市场需求总量、地域结构、消费结构及其他结构。

旅游区规划也可以视其需要编制旅游营销专项规划；旅游区总体规划内容第一条：对旅游区的客源市场的需求总量、地域结构、消费结构等进行全面分析与预测。

因而，无论是旅游发展规划，还是旅游区规划，对客源市场的分析与预测都显得尤为重要。

第一节　旅游市场细分

一、旅游市场细分

旅游市场细分就是从旅游者需求出发，根据不同的标准将客源市场划分成若干个分市场的过程。因为使用的标准不同，所反映市场内容也各不相同。

二、旅游市场细分目的

对旅游市场的细分，有助于简化市场调研，预测市场规模，把握市场需求，了解旅游者消费结构，帮助旅游规划者选中目标市场，开发出符合市场需要的旅游区域或旅游目的地。

三、旅游市场细分标准

使用的标准不同，所反映市场内容也各不相同。

（一）按旅游作业机构划分

（1）按旅行社作业方式划分：国内市场、海外入境市场、出境市场等；
（2）按市场规模的层次、目标市场的数量划分：一级市场、二级市场、三级市场。

（二）按人口统计方法划分（如表4－1所示）

（1）年龄细分法：学龄市场、青年市场、中年市场、老年市场；
（2）家庭结构细分法：情侣市场、蜜月市场、老年夫妇市场、家庭市场；
（3）职业细分法：公务市场、商务市场、职业旅游、农民旅游、学生旅游。

表4－1　人口统计市场细分

细分标准	具体细分变量因素列举
人口统计变量	年龄、性别、职业、收入、家庭生命周期、家庭规模、教育程度、宗教、种族、国籍等

（三）按地理概念划分（如表4－2所示）

（1）区域细分法：亚洲市场、欧洲市场、东北市场、华南市场；
（2）距离细分法：近程场、中程市场、远程市场；
（3）气候细分法：避暑市场、避寒市场、冬季市场、夏季市场。

表4－2　地理概念市场细分

细分标准	具体细分变量因素列举
地理变量	综合地理区域（如洲别、国别、地区等）
	空间位置（距离）（如近程、中程、远程等）
	气候与自然地理环境（如热带、寒带、高原、沙漠地区等）
	聚落与人文地理环境（如人口密度、各类城镇等）
	经济地理环境（如发达国家、发展中国家等）

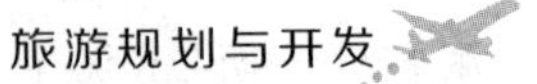

（四）按心理划分（如表4-3所示）

（1）心理需求法：安逸市场、冒险市场、痴迷市场、购物市场；

（2）生活方式法：基本需求者市场、自我完善者市场、开拓扩张者市场。

表4-3　心理市场细分

细分标准	具体细分变量因素列举
心理变量	生活方式、气质性格、社会阶层、价值取向、购买动机、偏好、态度等

（五）按消费行为划分（如表4-4所示）

（1）旅游动机法：度假市场、观光市场、会议商务市场、奖励旅游市场、教育旅游市场、探亲访友旅游市场；

（2）组织方式法：组团市场、散客市场；

（3）价格敏感度法：豪华型市场、工薪层市场、节约型市场、温和型市场；

（4）频率分类法：随机性市场、选择性市场、重复性市场。

表4-4　消费行为市场细分

细分标准	具体细分变量因素列举
行为变量	购买目的（如观光、度假、会议商务、奖励、探亲访友等）
	购买时机（如旺季、淡季、节假日）
	追求的利益（地位、经济、新体验、良好的服务、刺激、交友）
	购买频率（很少旅游者、经常旅游者）
	购买方式（按组织形式：团体、散客）
	购买渠道（如旅行社、航空公司等）
	营销因素的敏感度（如对服务、广告、价格等敏感程度）
	待购状态（如不知道、感兴趣者、计划出游者等）
	产生使用状态（如未乘过飞机、初次或经常乘机者）
	品牌忠诚度（完全忠诚、部分忠诚、不忠诚）
	对产品的态度（满意、冷淡、反感等）

四、旅游市场细分变量与出游力的关系

旅游市场特征分析（质的方面分析）：①旅游市场的人口学特征：年龄、性别、收入、客源地来源、教育水平等（如九寨沟游客调查问卷）；②旅游者在目的地的消费特

征：如滞留特征、平均日消费、旅游消费在食住行游购娱等方面的分配，出游一次的总消费额、满意度等。

1. 收入与出游力：两者存在明显的正相关

美国户外游憩管理局统计资料证明：旅游者的家庭收入与游憩活动的参与率成正比。注意：收入对游憩活动参与率的影响并非一成不变，当收入增加到一定程度后，由于最高收入层的人士往往是事务十分繁忙的人物，他们反而没有时间参与更多的户外游憩，因而参与率又有一定程度的下降。

2. 闲暇时间与出游力

闲暇是社会的必需，是现代人日常生活的一个有机组成部分。南京大学张捷等人提出：闲暇的定义不仅仅局限在时间概念上，它还涉及了社会学、心理学及经济学等多学科内容，我们可以分别从时间、作为一种活动、作为一种心态或者综合的角度来定义闲暇。从时间的角度看，闲暇在很大程度上决定居民出游力的高低，是与收入同样重要的两大因素之一。调查分析客源市场的闲暇时间及利用方式，是进行市场分析时不可忽视的一个方面。不同市场，其闲暇时间利用方式是不同的，不同人的闲暇时间长度和结构也是不同的。

3. 年龄与出游力

（1）年龄与出游需求。总规律：年龄与游憩活动的参与率之间存在负相关，即年轻人比年老者更趋向于参加旅游活动。对不同类型的游憩活动，不同年龄层的人，参与概率不同；不同年龄段的人，出游率不同。

（2）年龄与游憩动机。自然风景观赏为各个年龄组的首要出游动机，但 20～49 岁的人所占比重高于其他年龄组，年龄较大的人偏好于选择文史类景点。在 10～19 岁年龄层中，爱好娱乐游戏类的占了 41.25%。总的趋势是：年龄越大，对娱乐游戏类的偏好越低。

（3）年龄与出游影响因素。大于 30 岁，特别是 30～50 岁的人群应孩子的要求而出游的占较大比重，10～30 岁的人随自己计划而出游的人占大多数。旅游规划者应充分考虑青少年的旅游需求，配套设施家庭化，将有助于产品推销。

（4）年龄与消费。总体 30～50 岁的中年游客消费水平最高。

（5）银发市场。蒋祖云等曾就具体目的地的老年市场的需求特征进行了分析：行之安全、居之舒适、食之有味、游之悠闲、购之称心、娱之喜乐。影响老龄人出游力的主要因素是：可自由支配收入和健康状况，闲暇时间不再起多大作用。

4. 职业与出游力

职业不同，收入、时间和受教育程度不同，旅游的倾向和需求也不同。就业情况与出游力的关系表现为：已就业的多以公务员、科技人员、工人、公司职员和商业从业人员为主；未就业的多以学生为主。不同职业的旅游者，对目的地的选择有一定的不同；不同职业的旅游者，消费水准、购物等都有较大差异。

5. 教育程度与出游力

出游行为在很大程度上是一种精神消费，因此受教育程度越高，对旅游的需求越大。据调查，初中以下的人，出游率为35%，大专及以上则为72%。教育程度与旅游活动类型、与旅游购物消费水平都有相关关系。

6. 家庭结构与出游力

家庭生命周期影响出游力：

空巢A—空巢B—满巢A—满巢B—满巢C—空巢A—空巢B。

一般而言，单身家庭的游憩活动参与率要小于已婚夫妇家庭，尤其小于1～4个子女的家庭，但随着家庭内孩子数量的进一步增加，参与率又将下降。

余道红总结家庭出游行为模式的特征：

（1）时间多选择在寒暑假；

（2）孩子对家庭出游决策的影响显著；

（3）对旅游价格反应敏感；对安全和卫生相当关注；家庭出游的决策往往由15～44岁的妻子（母亲）做出；

（4）出游障碍主要是难以协调家庭成员共同的休闲时间，有近60%的家庭由于缺乏共同的出游时间而不能经常出游；

（5）近50%的家庭自行安排出游活动而不是参加旅行社或其他形式的团队。

第二节　旅游市场分析

旅游规划与开发市场分析内容可以归纳为三个方面，即旅游规划与开发的市场宏观环境分析、旅游规划与开发的市场竞争者分析、旅游者分析。

一、旅游规划与开发的市场宏观环境分析

旅游规划与开发的市场宏观环境分析是指利用调查统计等分析方法对本地的社会经济环境等相关信息进行调查和分析，并为旅游规划与开发提供必要的指导。市场宏观环境包含的内容很多，如旅游地的人口状况、社会文化、经济发展现状乃至政策法规、国际形势、双边关系等均属于市场宏观环境的范畴。具体而言，可以将旅游规划与开发的市场宏观环境分析的内容分解为以下六个方面，即人口、经济、社会、政治、文化与区位。

（一）人口因素

人口是形成市场的一个先决条件，没有人口就没有购买力。因此，人口因素是市

场分析的基础性内容。其调查的范围不仅限于本地，旅游地的腹地人口因素也属于调查的范围。人口因素分析的内容主要包括人口总量规模以及人口增长速度。

1. 人口总量规模

从一般意义上说，市场发展潜力和人口总量规模成正比，人口基数大就意味着社会购买力总量大。因此，对旅游地人口规模的考察是对本地旅游市场开发规模的一个大致认识。

2. 人口增长速度

人口总量规模这个指标只是静态地反映当地的人口规模现状，但是，随着时间的推移，该地人口总量规模会发生变化。对人口总量规模的变化进行动态修正以更加准确地获取相关信息，就需要对人口的增长速度进行考察。

（二）经济因素

国民经济发展状况是市场宏观环境分析的另一个内容。国民经济发展现状不仅决定了该地区旅游业发展的市场前景，还决定了旅游发展硬件和软件的基础。其分析的主要内容包括：国民经济总量发展状况、个人收入增长情况等。

1. 国民经济总量发展状况

对于国民经济总量发展的总体情况主要关注以下三个方面：

（1）国民经济总量的增长速度。在旅游规划与开发中，国民经济总量的增长速度一般用该地区近年来国内生产总值（GDP）等指标来衡量。这些指标数值高则说明该地区的经济发展态势良好，具有坚实的旅游开发经济基础。

（2）国民经济总量的增长效率。我们在考察旅游地国民经济总量增长速度的同时还要进一步探明国民经济总量增长背后的效率问题。从可持续发展的角度来看，只有高效率的经济增长才具有发展空间。在评价国民经济增长效率时可以使用单位产出的能源耗费或借用绿色 GDP 等经济指标。

（3）国民经济总量的产业结构。分析旅游开发地的产业结构有利于旅游业在该区域国民经济中找准自己的定位，使旅游业与区域经济发展同步。在分析时常用的指标为第一、第二、第三产业增加值的比重或三产业从业人员的数量之比。

2. 个人收入增长状况

关于个人收入的增长情况。主要考察的指标如下：

（1）个人收入。个人收入（PI）是指一个国家或地区的所有个人、家庭和私人非营利性机构，在一定时期（通常是一年内）从各种来源所得到的收入总和。其计算公式为：个人收入 = 工资 + 业主收入 + 个人租金收入 + 股息 + 个人利息收入 + 社会保险金。

个人收入状况是反映居民购买力强弱的重要指标。据世界旅游组织 WTO 统计，在经济发达国家，国民的旅游消费支出占个人收入所得的4%～6%。第二次世界大战后，世界旅游业的大发展与世界经济发达国家国民收入水平不断上升有密切的关联。在国际旅游市场中，国民收入水平较高的国家通常也是主要的客源国，如加拿大、美国、日本等。

（2）个人可支配收入。个人可支配收入是人们将个人收入用于日常基本生活开支后的剩余部分。个人可支配收入是影响旅游者购买力水平的决定性因素。

有研究指出，当人均收入达到300美元时就会兴起国内旅游，而人均收入达到1000美元就会产生出境旅游的需求。特别是当人均收入达到1500美元以上时，旅游增长的速度更是惊人。

可见，旅游者可自由支配的收入越多。其能用于旅游消费的收入份额也相应越高。对此，法国统计学家恩格尔提出了恩格尔系数（Engel Index）的概念。该系数主要表现了人民生活水平的高低，其含义为居民用于基本生活方面的消费占全部消费额的比重，计算公式为：

恩格尔系数（%）=（食品支出总额/家庭或个人消费支出总额）×100%

一个国家或家庭生活越贫困，恩格尔系数就越大；反之，生活越富裕，恩格尔系数就越小。国际上常常用恩格尔系数来衡量一个国家和地区人民生活水平的状况。根据联合国粮农组织提出的标准，恩格尔系数在59%以上为贫困。50%～59%为温饱。40%～50%为小康，30%～40%为富裕，低于30%为最富裕。因此，只有当恩格尔系数足够小时，居民才会产生大量的旅游消费需求。

（三）社会因素

对旅游规划与开发的市场宏观环境产生影响的社会文化条件主要包括文化水平、社会阶层、相关群体和家庭等。

1. 文化水平

文化水平的不同是引起旅游者消费行为差异的重要因素。所谓的文化是指人类从生活实践中建立起来的信仰、价值观念和人生观念。道德、理想等的综合体。不同的世界观和价值观、不同的文化教育水平下。人们的消费需求倾向也会不同。因此，在进行市场分析时要考虑人们的价值观念、生活方式以及购买行为对旅游需求的影响。

2. 社会阶层

社会阶层是根据旅游消费者的职业、收入来源、教育文化水平来进行划分的。不同的阶层具有特定的价值观念和生活方式，因而具有不同的旅游消费行为，如企业中的白领阶层收入较高并且常常享有带薪假期，他们往往倾向于距离较远的度假旅游和消费水平较高的专项旅游产品。

3. 相关群体

相关群体是指旅游者的主要社会关系。旅游者在与相关群体的接触过程中，会逐渐将他们的行为视为自己行为的准绳，从而形成与周围的群体一致的消费和需求行为特征。

4. 家庭

家庭也会对旅游者的消费行为造成直接的影响。例如，家长往往为了让孩子开心而举家前往迪斯尼乐园。可见，家中部分成员的需求可能会具有一定的关联带动性。

（四）政治因素

政治因素包括两个方面的内容：一是政府对旅游发展的态度和制定的相应政策；二是当地的政治氛围和社会稳定状况。

政府制定的政策法规会对社会购买力和旅游需求产生影响。因此，旅游开发地政府制定的法规，尤其是那些针对旅游经济发展的法规。如旅游产业的发展政策、居民休假的政策等都会在很大程度上影响旅游市场的规模和发展方向。我国政府在 1999 年将旅游业列为第三产业中重点发展的产业，部门对于我国旅游业的促进作用相当大。

此外，旅游规划与开发市场分析的政治因素还应包括客源地的政府政策和行为，如客源地政府对出境旅游征税的政策就会在一定程度上减少出境游客的旅游需求。

与此同时，旅游地的政治氛围和社会稳定程度对旅游发展也有较大的影响。严重的恐怖事件和政治变革都会对旅游业的发展造成强烈的冲击。如在危机频繁、反恐形势紧张的国家和地区。入境旅游者的人数也相应减少，旅游者都不愿冒生命危险去旅游。

（五）文化因素

文化影响着人们的日常行为，不同文化背景下成长的人在生活方式、意识形态、消费行为等方面均存在较大的差异。可见，文化背景对旅游者的消费行为和旅游地的市场营销都具有一定的影响。如美国人在西方文化的影响下，崇拜自由和自我，因此，美国人喜爱探险性的旅游活动，如登山、露营等；而日本人则较其他国家的旅游者更加喜好文化旅游和购物旅游。

此外，文化背景对于旅游地形象的塑造也具有决定性的意义。旅游地形象的建立与其历史文化息息相关，如山东与孔孟文化密不可分，楚文化又是湖北旅游的精髓。因此，对旅游地文化因素的研究还有利于规划者准确树立当地的旅游市场形象。

（六）区位因素

对旅游规划与开发市场环境产生影响的区位因素主要包括：自然区位、经济区位、

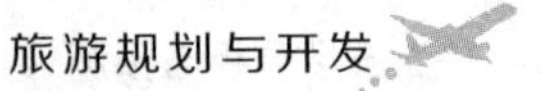

交通区位和旅游区位。

1. 自然区位

自然区位指的是旅游开发地所处的自然地理位置，强调该地与其他区域在空间上的位置关系。旅游开发地所处的自然区位通常决定了该地的自然条件。

2. 经济区位

经济区位描述的是旅游开发地在区域经济中所处的地位以及与周边地区在经济发展中的相互合作与竞争关系。一般经济发达、经济区位优良的地区在基础设施和配套服务方面优于经济欠发达区域。

3. 交通区位

旅游交通作为旅游业的三大传统支柱之一。在旅游业的发展中扮演着十分重要的角色。没有旅游交通，旅游者跨地域的移动就难以实现。克服空间距离的阻力开展旅游活动也成为不可能。在分析交通区位时主要考察陆路、水路、航空等交通要素的覆盖率和通达率等指标。

4. 旅游区位

所谓旅游区位就是指该地在区域旅游发展中的地位以及与周边区域旅游发展的相互关系。对旅游区位的分析能为旅游开发地的发展竞争力评价和制定旅游市场发展战略提供一定的依据。

二、旅游规划与开发的市场竞争者分析

识别与评估市场竞争者能帮助规划者准确判断旅游地及主要竞争者所处的市场地位。

通常情况下，同一市场中的竞争者可大致分为两类：一是按竞争产品的范畴，可划分为同类产品竞争者、同种产品竞争者、同类需求竞争者和同购买力竞争者；二是根据波特（M. E. Porter）提出的行业结构角色，可分为直接竞争者、间接竞争者和潜在竞争者。

（一）竞争者的识别

识别竞争者是进行竞争者分析的第一步。识别旅游市场竞争者主要从三个方面入手，即明确主要竞争者（直接竞争者）、识别竞争者战略以及判断竞争者的目标。

首先，要明确主要竞争者。对于旅游开发者而言，其主要竞争者一般为同种产品或同类产品竞争者。不同的旅游目的地可以提供相同或相似的旅游产品，当旅游者面临对同类产品进行选择时，旅游目的地之间的竞争显得尤为突出和激烈。

其次，识别竞争者战略。识别竞争者战略就是要明白竞争者在干些什么以及能干些什么。为此，规划者应收集相关竞争者的详细资料并对其进行综合分析和判断。这样才能对竞争者所实施的战略做出较为准确的评价。在具体研究时。还可有意识地与旅游者进行访谈、招聘竞争者的高级管理人员或征求行业分析专家的意见等，通过这些渠道进一步了解和掌握竞争对手的竞争策略。

最后，判断竞争者的目标。了解主要竞争者在未来一段时期的发展目标，可以预测竞争者对于本旅游地的市场影响有多大。

（二）评估竞争者的优势与劣势

规划者应从经营业绩、发展潜力等方面对竞争者作全面的分析评价。常用的指标有以下五个：

1. 竞争者的规划开发与经营目标

2. 竞争者的现有市场占有率与市场地位

根据该指标旅游地可以大概了解竞争者的实力，并明确应采取何种策略来与之竞争，以巩固并加强自己的市场地位。

3. 影响竞争者经营与发展的因素

4. 竞争者扩大经营规模或退出行业所面临的障碍

对于竞争者而言，如果扩大经营规模或退出行业比较容易，则表明它所面临的市场竞争不是非常激烈，业界相对稳定。

5. 竞争者的盈利能力及销售增长率

若竞争者一直处于盈利状态或销售额保持持续增长，则表明其实力正在逐步增强。

（三）估计竞争者的反应模式

为了更好地制定旅游地的营销规划，规划者还应分析竞争者对该旅游地的开发做出反应的激烈程度。按照竞争者的反应策略可以将其大致分为以下几种类型：

1. 缓慢反应者

缓慢反应指旅游开发地的竞争者面对竞争行为反应迟缓，且缺乏攻击力。竞争者对竞争行为反应缓慢，可能缘于以下一些原因：一是因为竞争者深信自己已经建立起顾客的品牌忠诚，目前的竞争行为对自身的市场规模不会有太大影响；二是竞争对手缺乏对市场变化的敏感性；三是竞争对手缺乏足够的资源和能力来做出反应，甚至正准备退出该行业。

2. 局部反应者

该类竞争者只对竞争行为中的部分活动做出反应，对其他部分却“视而不见”。这种情形可能是由于旅游地的开发只对竞争者构成了部分威胁，也可能因为竞争者受资金或人力限制，只能采取局部反应。

3. 隐蔽反应者

所谓隐蔽反应，是指从表面上看，竞争者没有对旅游地的开发做出反应，而实际上却暗中实施早已酝酿成熟的应对方案。这种反应模式虽然不那么直接，但容易达到“以假乱真，后发制人”的效果，往往会给竞争对手造成出其不意的攻击，因而规划者须格外提防和谨慎应对。

4. 激进反应者

激进反应指竞争者对任何竞争行为都将做出强烈、快速的回应或反击。竞争者表现出这样的行为特征主要有两种原因：一是开发地的竞争行为涉及竞争者关键产品或市场，甚至对其根本利益造成了威胁；二是竞争者在长期的市场竞争中已经养成了一种争强好胜的习惯，并成为当地文化的一部分。一般说来，这种激进反应者比较少见。

三、旅游者分析

旅游者是旅游市场的主体，对旅游者的分析，有助于深层次的研究旅游市场，是旅游市场调研的一个重要内容。

（一）旅游者特征及行为特点

对于旅游者特征及其行为特点的分析有助于规划者了解目前该区域旅游产品的市场范围和对该区域感兴趣的旅游者类型，能为旅游市场的细分和目标市场选择提供一定的参考依据。对该内容，通常借助以下指标值进行分析：

1. 客源地

客源地指国际旅游者的国籍或常住地、国内旅游者的居住地或城市。客源地是了解规划地市场的最为基础的资料之一，对于掌握该地核心市场的构成现状有一定的作用。

（1）客源产出地与本地区的距离、交通条件及费用。

（2）客源产出地的社会经济水平、居民收入状况、居民的消费习惯和旅游意识、年龄构成。

（3）客源产出地的居民与本客源地的联系（历史现实因素）：政治经济文化联系、民族渊源宗教联系、本地的旅游资源与产品对客源产出地居民的吸引力大小。

2. 出游目的

出游目的基本上包括度假、商务、研修、公务、探亲访友等。该内容对于了解该地目前的吸引力结构有所帮助。

3. 逗留时间

以过夜数作为统计指标的逗留时间与旅游者对当地设施的使用情况和消费情况直接相关，同时也可以对旅游地的吸引力强弱加以刻画。

4. 年龄、性别以及随行家庭成员人数

年龄、性别以及随行家庭成员人数，这些指标在旅游规划和营销策划中都应该有所掌握，是分析旅游者构成的重要依据。但是，为了保证数据的准确性，在具体调查时，对于年龄只能大致分组，大部分的旅游者都不愿意透露其实际年龄。

5. 职业类型和收入水平

职业类型可以大致分为管理人员、职业职员、技术工人、家庭主妇、学生和退休人员。收入水平也只能大致分类，因为这个数据也是个人的隐私数据。

（二）旅游者消费结构和模式

旅游者消费结构和模式是对旅游者在旅游地消费行为的刻画。该部分分析有助于规划者掌握消费结构中可以进一步挖掘的空间，以便更好地创造旅游经济效益。

每个旅游者的总消费和消费构成为旅游经济影响评价提供了基础信息。旅游者的消费主要包括餐饮、购物、当地交通、景点娱乐和其他杂项费用。根据旅游者消费的结构可以发现旅游消费中的增长潜力点。

（三）旅游者对该地旅游接待的满意程度

旅游者对于旅游地接待的满意程度是他们对核区域旅游开发现状的反馈信息，它能够有效指导规划者发现区域旅游发展中存在的问题与完善优化的方向。

1. 旅游者到访次数

旅游者到访次数指标主要记录旅游者重游故地的次数，如初次到访和多次到访等。这个指标体现出旅游者对于该旅游地的总体感觉。一般情况下，旅游者多次到访某个目的地说明他对该旅游地的兴趣是可持续的。对于该指标的调查还可以通过旅游者的预期选择，如“是否打算在未来一年中重游此地”等。

2. 旅游者满意度

了解旅游者对于该地旅游景点或者旅游服务方面的看法和满意程度是对旅游规划与开发和市场营销规划非常有价值的信息，可以使规划者了解在目前的市场构成条件下，哪些条件需要改进，哪些方面需要保留。在调查中，还可以向旅游者就需要改进的地方进行探询。

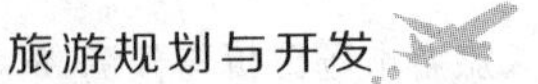

第三节　旅游市场调研与预测

一、旅游市场调研（如表4－5所示）

表4－5　旅游市场调研

<table>
<tr><th></th><th colspan="2">类型名称</th><th>主要用途</th><th>优点</th><th>不足</th></tr>
<tr><td rowspan="6">按资料来源分</td><td rowspan="2">第二手资料调查</td><td>外部资料调查</td><td>宏观背景调查</td><td>较简便</td><td rowspan="2">时效低，难以满足专业性要求</td></tr>
<tr><td>内部资料调查</td><td>历史、内部情况调查</td><td>简便</td></tr>
<tr><td rowspan="4">第一手资料调查</td><td>访谈法</td><td>用于熟知市场行情者调查</td><td>灵活、亲切、易于信息反馈</td><td>知情者主观性、局限性较大</td></tr>
<tr><td>问卷法</td><td>用于问题多、不便面谈的调查</td><td>较明确、客观</td><td>需较多调查人员、返回率不高</td></tr>
<tr><td>观察记录法</td><td>调查市场特征的外在表象</td><td>客观</td><td>难以察觉深层内涵</td></tr>
<tr><td>实验调查法</td><td>用于小规模实验，为推广做准备</td><td>科学性、客观性强</td><td>难以完全控制实验条件</td></tr>
</table>

旅游市场调研时采取的方法主要包括以下四种：

（一）官方统计资料的收集

官方统计资料的收集包括旅游接待系统的统计资料以及旅游有关部门的统计资料。由于上述统计数据由旅游主管部门发布，因此具有权威性和综合性的特征，对于帮助规划者全面了解旅游市场的现状有帮助。

（二）现场观察调查法

现场观察调查法指调研人员到景点大门、饭店大厅、餐厅、旅游商店、娱乐场所、机场、车站、码头等游客集散地进行目测，掌握旅游者的流向、流量、对旅游地的兴趣和逗留状况等。

（三）面谈和电话询问

面谈法包括个别探访、小组探访等，访问对象既可为游客，也可为接待游客的各类旅游企业工作人员。电话询问法的对象通常是饭店宾馆中的外地游客，在某些情况下，也可以对本地居民进行电话询问。在电话询问中，提问者的问题要简单、明确，避免冗长、烦琐而引起被询问者的疑惑与反感。

（四）抽样调查

抽样调查法是对客源市场的需求和反映进行调查的最为常用的方法之一。按选择抽样对象的方法不同而分为随机抽样调查和非随机抽样调查。抽样调查的对象主要是外来的旅游者，调查的对象和范围根据调查的目的和内容确定。

抽样调查表（问卷）是抽样调查的主要工具，其形式和内容可根据调查对象和目的灵活设计，一般应包括旅游者的个人信息、旅游目的和动机、旅游消费结构和对旅游服务的评价等。抽样调查表（问卷）一般在饭店、景点、机场、车站、码头等地散发。为了激励游客填写问卷，可以适当地对填写问卷的游客赠送小纪念品。

此外，旅游市场调查按照不同的标准可以划分为不同的类型。

需求调查的主要指标可分两大类：

衡量来访旅游者实际状况的指标，如旅游人次、人均消费、人均停留时间。

衡量客源市场需求潜力的指标，如出游率、重游率、开支率等。

旅游人次：指一定时期内来到旅游目的地的旅游者人次总数；

人均消费：为一定时期内旅游者消费总额与旅游人次之比，即旅游者消费额的算术平均值；

人均停留时间：指一定时期内旅游者在旅游目的地停留时间的算术平均值；

出游率：指一定时期内一个地区的出游人次与其人口的比率；

重游率：指来旅游地的旅游人次与旅游人数之比，即旅游者来目的地旅游次数的算术平均值；

旅游开支率：指旅游开支与其年均收入之比。

二、旅游市场预测

旅游市场预测是指在大量占有过去和现在旅游市场相关数据的基础上，对旅游市场未来需求发展的展望与推测。旅游市场预测是旅游规划与开发中的重要环节之一，对市场的发展趋势进行预测，可以有效指导规划者进行市场细分，进而选择适宜的目标市场。

旅游市场预测可按不同的标准分成多种类型：如按预测时间，可分为短期预测、中期预测、长期预测；按预测范畴，可分为环境预测、行业市场预测、企业市场预测；按预测的方法，有定性预测（如需求调查法）、推理预测（如成本率法）、定量预测（模型法）等。

这里主要介绍几种常用的市场预测方法：

（一）德尔菲专家咨询法

德尔菲法是由专家们各自单独地作出预测和判断，然后把他们的意见综合后再反馈给各专家，使他们有机会针对他人的意见对自己的预测作出修改。经过几轮的交换意见后，专家组的意见在某种程度上会基本达到一致。其具体工作步骤如下：

（1）确定预测问题，选择征询专家。把富有市场经验且可以互补的专家会集在一起，人数的多少由问题的复杂程度决定，通常为30～50人。

（2）制定和分发第一轮问卷。为了避免相互影响和干扰，通常采用邮寄调查，由专家“背对背”独立填写。第一轮问卷包括两部分内容：一是向专家概括介绍项目；二是请专家鉴定未来可能出现的事件、发生的概率与可能出现的时间等。

（3）整理第一轮回收的问卷，整理包括：计算中位数，指出两个中间四分位数范围，即中位数两旁包含50%总预测数的范围，目的是减少过于乐观或过于保守的极端意见影响。

具体计算过程是：将各位专家的计算结果从小到大排成一个序列，当总数为奇数时，居中的数即为中位数；当总数为偶数时，中位数是位居中两个数据的算术平均值。

（4）把统计整理的结论制成第二轮问卷，并附上第一轮统计总结和专家第一轮答卷，分别寄给每位专家，询问每一个专家在看完小组的平均结果之后是否希望改变自己的预测。如果专家的预测值在两个中间四分位数范围之外，又不改变自己原来的预测，则请专家给出理由。

（5）回收第二轮问卷并整理结果，包括新的预测结果及部分专家不同意第一阶问卷结果的意见。

（6）将第二轮问卷的结果和意见综合进第三轮，问卷的说明与第二轮相似，主要不同之处是加上了部分专家不同意预测结果的意见。

（7）第三轮问卷结果出来之后，要决定是否需要作第四轮问卷调查。如果经两轮问卷之后，绝大多数预测已在中位数附近，就没有必要再做下一轮调查；如果预测差离程度很大，就再继续下一轮问卷调查，以获得比较一致的预测。

最后一轮预测之后综合出来的结果，包括中位数、内四分位数、四分位数范围，正确对待和处理那些尚未统一的预测事项。

（二）简单移动平均法

简单移动平均法主要是通过收集一段时间内（如几个月或者几年）旅游市场的发展数据，把它们相加，计算其移动平均数，从多个时期销售量的数据中，预测未来旅游市场的销售额。

简单移动平均法的计算公式为：

$$Y = R_{n-i} + R_{n-i-1} + R_{n-i-2} + R_n/i$$

式中，Y 为预测值，R 为一年中的旅游收入，i 为期数。

简单移动平均法每计算一个预测期，均以以前若干期的实际数为基础，根据前面一定期数范围内的平均值作为当前的预测值。期数应为一个合适的数值，随时间的不断前进，最早一期的数值被删除，最近一期的数值被加大，滚动计算平均值，若期数过少，随机波动因素无法消除，期数过多，则不能消除前期作用不大数据的影响。

简单移动平均法忽视了近期数值的作用，对于不断发展中的旅游目的地，其旅游接待人数和旅游收入均不断上升，使用该方法进行预测，则显得有些过于保守。

（三）成长率预测法

这是一种最简便、常用的预测方法，其基本立足点是旅游市场的成长率已由其他条件所确定。该方法公式如下：

$$Q = P_i \times T_i \times E_i$$

式中：Q 为市场需求总量，P_i 为预测年份的预测总人口，T_i 为预测年份的预测出游率，E_i 为预测年份的人均旅游消费额。

P_i、T_i、E_i 的数值，有的能直接从政府出版物中查找到，有的可以从相关资料中计算得到。成长率预测法，也可用于一些稍复杂的分析，如主要市场、发展市场、机会市场的各自未来市场总潜力以及与提高市场占有率相关的分析等。

（四）时间序列预测法

时间序列预测法是常用的定量预测方法之一。由于该预测方法容易受一些因素的干扰影响，故又根据条件不同细分为长期趋势、循环变动、季节变动三类专门方法。其中，长期趋势预测法依据旅游市场上的某些“一如既往”规律，将过去的市场数值，通过图解法、移动平均法、最小二平方法（又叫最小平方法）等方法计算，预测其长期发展趋势。这些方法中又以最小平方法的精度最高。

最小平方法的基本原理是，假设长期趋势的方程为 $y=f(x)$，则各点至 $y=f(x)$ 的垂直距离总和应最小，这时的 $y=f(x)$ 的方程才最能代表该预测趋势。这种使偏差平方和变为最小的数学方法，简称为最小平方法。如果最小平方法所研究对象的历史数值逐年增长量基本相同，则可选用直线方程：

$$Y_t = a + bX$$

式中：Y_t 为预测值，a、b 为求解参数。

用最小平方法配合来求解参数 a、b 方程式为：

$$\sum Y = na + b\sum X$$

$$\sum XY = a\sum X + b\sum X(2)$$

通过解二元二次方程，即可得到参数 a、b 从而建立 $Y_t = a + bx$ 的直线方程预测模型。

一般而言：

$$a = \sum Y/n$$

$$b = \sum XY/\sum X(2)$$

其中，n 为所取资料期的数目。

动脑筋

2014 年 11 月入境旅游情况

	计量单位	本月	同比增长（%）	1－本月累计	同比增长（%）
入境旅游人数	万人·次	1094.51	1.4	11691.14	−1.1
外国人	万人·次	222.35	0.6	2397.38	−0.8
香港同胞	万人·次	657.00	2.2	6944.80	−1.3
澳门同胞	万人·次	174.25	0.9	1861.43	−1.6
台湾同胞	万人·次	40.91	−4.1	487.52	2.4
过夜旅游人数	万人·次	471.84	1.3	5062.89	−0.9
外国人	万人·次	176.44	0.8	1894.39	−1.1
香港同胞	万人·次	224.07	3.0	2359.29	−1.2
澳门同胞	万人·次	35.50	0.8	379.51	−1.7
台湾同胞	万人·次	35.83	−5.1	429.70	1.8
国际旅游收入	亿美元	43.48	0.5	471.19	−0.8
外国人	亿美元	27.11	0.8	291.18	−1.1
香港同胞	亿美元	8.96	2.7	94.47	−1.2
澳门同胞	亿美元	2.50	0.8	26.74	−1.6
台湾同胞	亿美元	4.90	−5.0	58.80	1.9

1. 请通过上述我国 2014 年 11 月入境旅游统计情况，分析我国入境旅游特点。

2. 请对比近几年入境旅游发展情况，分析我国入境旅游市场的发展趋势。

3. 针对外国旅游者、港澳台同胞的入境旅游情况，我们可以在旅游行业规划的过程中采取哪些侧重？

1. 我国旅游市场细分标准有哪些？
2. 旅游市场宏观环境因素需关注哪些内容？
3. 我们可以通过哪些定性和定量的方法来进行旅游市场预测？

第五章　旅游区规划与旅游环境容量

【教学目的】

了解旅游区的概念，掌握旅游区体系和分类，理解旅游环境基本容量体系，旅游环境非基本容量体系。

【教学内容】

1. 旅游区构成与体系
2. 旅游区的特点
3. 旅游环境基础容量体系及测定

【重点难点】

教学重点：旅游区的特点与体系

教学难点：旅游环境容量体系的测定

旅游区的规划与开发是整个旅游规划的核心内容之一，它包括空间地域具体的区位选址、旅游项目规划、旅游功能分区规划、有关设施的空间布局以及景观的设计等。

第一节　旅游区概述

一、旅游区的概念

关于旅游区的概念，由于所描述的角度或空间地域规模的差异而存在多种不同的表述，主要有如下几种：

《旅游区（点）质量等级的划分与评定》中的定义是：旅游区（点）是指具有参观游览、休闲度假、康乐健身等功能，具有相应旅游服务设施并提供相应服务的独立管理区，该管理区应有统一的经营管理机构和明确的地域范围。包括风景区、文博馆、寺庙观堂、旅游度假区、自然保护区、主题公园、森林公园、地质公园、游乐园、动物园、植物园及工业、农业、经贸、科教、军事、体育、文化艺术等各类旅游区（点）。

国家质量监督检验检疫总局发布的国家标准《旅游规划通则》对旅游区的定义为：以旅游及其相关活动为主要功能或主要功能之一的空间或地域。

事实上，旅游区有广义和狭义之分。辛建荣认为，旅游区是人们普遍习惯使用的关于旅游空间环境的称谓，为较大的旅游空间环境或旅游地。这一观点包含了广义和狭义的概念。上述“国标”对旅游区（点）的界定可理解为狭义的旅游区，广义的旅游区即为常说的旅游地。我国地理学家郭来喜从开展旅游业的角度考虑，把旅游地定义为：“具有一定经济结构和形态的旅游对象的地域组合。”按照该定义旅游地应包含三方面的含义，一是具有一定空间范围的地域；二是具有一定特色并已开发利用的旅游资源；三是其经济结构主要是旅游业。

二、旅游区的基本条件

王德刚根据《旅游区（点）质量等级的划分与评定》和《风景名胜区管理暂行条例》等文件所作的规定，认为旅游区必须具备以下几个条件：

（一）具有旅游、文化和科学价值

规划和开发旅游区的主要目的之一就是满足人们旅游、休闲生活的需要。对旅游者来说，参观、游览、娱乐等则是最主要的内容。所以，旅游区首先必须具有旅游价值，以满足人们的旅游、休闲、康乐、度假等需要。

随着经济发展和社会进步，人们在物质生活得到满足之余更多地追求精神享受，即更要求增长才智、愉悦身心、提高素养。因此，作为旅游、休闲活动的对象和场所，旅游区还需具有文化价值和科学价值。

文化价值是指旅游区的景观或景物要含有一定的文化知识内容。如地质、地貌景观包含着一定的地理和地质知识，古代建筑能反映一定的建筑学、工程学知识等，使人们在观赏景物、获得美感的同时，还能学到知识、增长见识。

科学价值是指旅游区的景观或景物由于其本身的独特性而具有科学考察或科学研究价值，或者能够为某些领域的科学研究工作提供佐证。例如，古文化遗址就是我们研究古代人类的生产、生活乃至社会结构、生产力发展等的重要依据。

（二）环境优美，景物集中

绝大多数旅游区是以“景”为主要特征的，因而具备一定的景物是旅游区最重要的条件。景物可分为自然景物和人文景物。实践中没有纯粹的自然旅游区或人文旅游区，而只有以自然景观为主的旅游区或以人文景观为主的旅游区。

景物相对集中，也是形成旅游区的必要条件。若景物过于分散，既不易形成旅游区的吸引合力，增加游览活动的时间和难度，也不便于旅游区进行有效的管理。在旅游区的评价中，一般用景物与景物之间或点与点之间的平均距离或平均可达时间来评价景物的分布状况。

环境因素对于旅游区来说也很重要。再美丽的景物，如果没有与之匹配的优美环境，那么其观赏性和吸引力就会大打折扣。需要强调的是，这里所说的环境，既包括旅游区的内部环境，也包括旅游区的周边环境或外部环境。内部环境能直接起到组景、衬景的作用，周边环境则对旅游区的培育和保护、旅游区的整体特色和远视效果等有重要影响，二者缺一不可。

（三）能够供人们参观、游览、度假、康乐、求知和进行科学文化活动

这个条件实际上规定了划定旅游区的主要目的并明确了旅游区的功能。现代旅游活动更多地体现了文化特征，人们往往把旅游观光、休闲娱乐与增长知识、提高修养等精神活动结合在一起，以提高旅游活动的品位。有些旅游活动的直接目的则是科学考察或文化教育。

当然，旅游区种类很多，不同类型的旅游区功能不同、各有侧重。但无论主要功能有何不同，都必须注意增加景观内容的文化内涵，以提高旅游区的文化品位，满足人们日益提高的精神文化生活需要。

上述可理解为狭义的旅游区所具备的条件，即强调了“具有一定的自然或人文景观，能够发挥旅游功能的环境或空间”。

按照《旅游区（点）质量等级的划分与评定》和《风景名胜区管理暂行条例》的规定，只有具备了上述三个条件的地区才能划为旅游区，并由相应级别的人民政府予以公布。

三、旅游区体系

旅游区的体系（地域规模）涉及旅游区划问题。关于旅游区划的等级体系，目前尚无统一看法。黄羊山认为可按如下等级体系划分：旅游地区—旅游洲—旅游国—旅游大区（旅游带）—旅游省—旅游区—旅游业区—旅游小区—旅游地—旅游景区—旅游景点—旅游景物。下面对较常见的旅游区的体系略作介绍。

（一）旅游点

旅游点即相对独立、旅游功能单一、供人们游览的空间环境。一处园林、一座庙宇、一泓清泉、一座峰峦等都可以构成一个旅游点。旅游点一般不具备完整的或配套齐全的旅游设施，而以其自身特有的吸引力招徕游客，如特色园林、著名楼阁、豪华饭店、高级娱乐中心等。

有学者根据旅游点的空间展布和组合特征，将其分为两类。一类是不依附于某一

旅游区或旅游城市，而是自成一体构成“点”式的旅游空间环境，如江南三大名楼黄鹤楼、滕王阁和岳阳楼等；另一类是由“点”和“面”的组合形式存在和构景，即以多个相对独立的旅游点组合成较大的小区——这类旅游点的独立性较弱，或者景观太单调，或者与其他旅游点相距很近，不易截然分割而自成一体。前者如西湖风景区的三潭印月、平湖秋月、苏堤春晓等，它们虽各自景色单调，不足以自成一处，但它们组合在一起便形成丰富多彩的景观点，构成了西湖风景区的主体；后者如北京颐和园中的万寿山、佛香阁、谐趣园等，它们虽独立性较强，但与四周的宫殿、长廊、十七孔桥等整体上相互映衬，密不可分，浑然一体。这类旅游点的复合体即风景区。

综上所述，旅游点有单一型和复合型两类。单一型者相对独立性强，可称为风景点或名胜点；复合型者相对独立性弱或相互依赖性强，可构成风景区或名胜区。旅游点是构成旅游区和旅游路线的基础和基本单元。旅游区规划和旅游路线设计，首先要考虑的就是旅游点的结构、性质、美感形象和功能特征等。

（二）旅游区

旅游区是普遍使用的关于旅游空间环境的称谓，为较大的旅游空间环境或旅游地。一般在旅游区内要有一定数量和品位的旅游点，拥有一定质量的旅游内容，并拥有不同档次和功能的旅游设施，接待能力较强，其空间范围能够满足旅游者在此地逗留一定的时间。

以黄山旅游区为例，其依托黄山市，该市既是登黄山游客的集散枢纽站，又可以为旅游者提供不同层次的食、住、行、购等场所和设施。旅游区时的景观集雄、奇、幻、险、秀于一体，以四绝闻名于世。其旅游点层次分明、特征各异，迎客松、飞来石、百丈泉等景点均为黄山四绝的精品，另有慈光阁、排云亭、松谷禅林等寺庙亭阁和其他景点，从而构成了一个完整的旅游区。

旅游区也可以是一座城市，如意大利的罗马，埃及的开罗，中国的北京、杭州、桂林等。从这个角度看，这个城市就由一定数量和品位的旅游点所构成，从而具备了构成旅游区的三大条件。

（三）旅游区域

旅游区域可以理解为由特有的旅游资源系统构成、规模较大的旅游空间地域。旅游区域的划分需要考虑的因素有：

地域的完整性，即每个旅游大区在地域上必须是相连的，有一定规模的交通网络且交通较便利，并尽可能考虑现行行政区的完整性；

每个旅游大区应该具有相当数量的旅游点或旅游区划以便于安排各种形式和各种功能的旅游活动和设计多种合理的旅游线路；

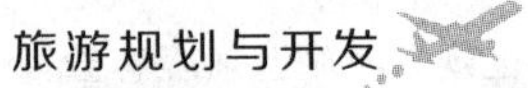

每个旅游大区必须有一个或多个交通枢纽，具有合理和比较完善的旅游集散功能；旅游区域内外要能相互衔接，形成点、线、面紧密联系的“网”式旅游区域系统。

郭来喜依据现行行政区划和旅游资源形成的共同性、形态类型的相似性、历史发展的延续性等，将我国划分为九个旅游区域或旅游带：

①京华古今风貌旅游带（京、津、冀）；②白山黑水北国风光旅游带（辽、吉、黑）；③绝路寻踪民族风情旅游带（新、内蒙、甘、宁）；④华夏文明访古旅游带（陕、晋、豫、鲁）；⑤西南奇山秀水民族风情旅游带（云、黔、桂）；⑥荆楚文化湖山景观旅游带（鄂、湘、赣）；⑦吴越文化江南水乡风光旅游带（苏、皖、沪、浙）；⑧岭南文化亚热带、热带风光旅游带（闽、粤、琼）；⑨世界屋脊猎奇探险旅游带（藏、青）。

雷明德等根据地理特征和旅游资源特征将世界旅游大区划分为七大区域：①欧洲旅游区；②美洲旅游区；③亚太旅游区；④西亚旅游区；⑤南亚旅游区；⑥非洲旅游区；⑦南极洲旅游区。

这种划分方案基本上是以地理隔离和国体为依据的。

有些旅游区域的划分主要考虑地理条件的协调性，从而成为一些旅游地带，如阿尔卑斯旅游地带、地中海旅游地带、海湾旅游地带等。也有以民族习俗和宗教信仰为依据划分的旅游地带，如中东（伊斯兰国家）旅游地带。

四、旅游区（点）分类

旅游区（点）在规划时，也可以根据现时需要，按资源的性质和开发的程度进行分类。

（一）按资源的性质分

1. 自然型旅游区（点）

自然型旅游区（点）是以自然资源为主的旅游景区（点），如美国的科罗拉多大峡谷、我国的张家界等。

2. 历史型旅游景区（点）

历史型旅游区（点）是以历史古迹资源为主的旅游景区，如埃及的金字塔、我国的万里长城、故宫等。

3. 文化型旅游区（点）

文化型旅游区（点）是以文化资源为主的旅游景区或景点，如法国的卢浮宫，我国深圳的民俗文化村，宜昌的屈原文化旅游景区、昭君文化旅游景区等。

4. 特殊型旅游景区（点）

特殊型旅游区（点）如自然灾害遗址（唐山地震遗址、重庆的黔江小南海、三峡的新滩滑坡遗址等)。

（二）按开发的程度分

1. 保护型旅游景区

所谓保护型旅游景区，即美学特征突出、科研价值高、有着深刻的文化内涵和重大历史价值的景区（点）和自然遗产、文化遗产。旅游开发的任务是按原有形态、内容及环境条件完整地绝对地加以保护，供世世代代的人们观赏、考察、研究。如北京故宫、万里长城、安徽宏村等。在旅游规划中，应明确保护范围、内容和具体措施，并依据有关规定和规划严格地进行管理。

2. 修饰型旅游区

所谓修饰型旅游区（点），就是对于重要景物，为了保护和强化它的形象，通过人工手段，适当地加以修饰和点缀，起到画龙点睛的作用。如在山水风景的某些地段，选择观景的最佳位置，开辟人行道和修建一定的景观建筑，将最美的风景画面呈现在游人面前。

3. 强化型旅游区（点）

所谓强化型旅游区（点），就是利用人工强化手段，烘托和优化原来景物的形象，创造一个新的景观空间，以便更集中、更典型地表现旅游资源特色。如在滨海地带建“海洋公园”，在冰雪地区建冰雕公园，在民族风情浓郁的地区建“民俗文化村”。

4. 创造型旅游区（点）

所谓创造型旅游景区（点），就是根据区域的客源条件、区位和环境情况，利用现代材料和手段，将神话故事和幻想变成现实景点，或者设计仿古园、微缩景观、人工园林、主题公园。

五、旅游区的特点

1. 系统性

旅游区无论在职能上还是在地域上都是完整的，它具有配套的社会功能，其中首要的是恢复和增强人（旅游者）的健康、能力、体力与精力，满足其精神与物质需要。

2. 地域性

旅游区以一定的地域空间为载体。每一个旅游区内至少有一个完善的旅游中心或旅游组织基地，并要有发达的旅游交通网络，是一个结构有序的开放系统。

3. 层次性

旅游区有不同功能类型和不同等级层次之分，各个层次结构的旅游区有机组合，构成一个完整的旅游区系统。这一特性使旅游区划和旅游区的分级、分等研究与管理成为可能。一级旅游区下根据一定指标划分出的若干独立的、等级稍低的旅游区称为二级旅游区，以此类推。但要注意的是，旅游区的大小是相对而言的，若以我国作为一个大的旅游区来进行划分，那么可以划分出若干个基本的旅游区称为一级旅游区，如京津冀旅游区、东北旅游区、黄河中下游旅游区等；二级旅游区就是北京旅游区、天津旅游区、河北旅游区等。若以山东省作为旅游区划的对象，那么一级旅游区就是胶东半岛旅游区、鲁中旅游区等；二级旅游区就是青岛旅游区、威海旅游区、烟台旅游区等。因此，旅游区的层次与等级是相对的，视具体情况而定。

4. 优化性

旅游区的优化是指建立旅游区以及旅游区的经营管理都达到最佳程度，从而可以最大限度地发挥旅游区的功能，最顺利地达到理想的目的并取得最佳效果的过程。旅游区由于加入了人的干预，是一个具有预定目的并且可控的自然—人工复合系统，因此从整体上达到了最优设计、最优控制、最优管理和使用，实现了综合最优化。

第二节　旅游环境容量体系

一、旅游环境概述

环境是一个相对概念，它总是以某一事物为中心而存在。“环境”相对于人是指“周围的自然条件与社会条件”。自然要素、社会要素等环境因子相互作用、相互联系形成一个有机整体即环境系统。与其他系统一样，环境系统具有层次性、整体性和动态性。

关于旅游环境的定义至少应包含三个基本内涵：

（1）旅游环境的中心：旅游者、旅游活动。

（2）旅游环境涉及的范围：目的地、依托地。

（3）旅游环境包含的内容：自然生态环境、人文社会环境。

可概括为：“旅游环境”是以游客为中心，涉及旅游目的地和旅游依托地（其中以旅游目的地为主）。包含自然生态环境、人文社会环境等在内的复合环境系统。例如，游客游览桂林山水时感受到的是旅游地环境；而当游客登上南京长江大桥时，则是置身于景点环境之中。大型旅游地环境与具体旅游点环境处在不同层次上。另外，与普通环境相比，旅游环境还具有独特性。这种独特性主要表现为美好的自然风光、典型的人文景观或二者兼而有之。一般来说，旅游环境的质量要明显优于一般环境。

从旅游者的接触范围和对旅游活动的影响来看，主要有两大环境：

自然生态旅游环境：包括旅游大气环境、旅游水体环境、旅游地质环境、旅游生物环境以及其他自然景观要素。

人文社会旅游环境：主要包括旅游社会治安环境、政治环境、经济环境、文化环境、卫生环境等。

二、旅游环境容量的概念

旅游环境容量是多种具体容量概念的统称，是一个概念体系。根据各种容量的属性，旅游环境容量可分为基本容量和非基本容量两个体系。

（一）基本容量体系

在旅游环境容量的概念体系中，有五种基本容量，即旅游感知容量（心理容量）、旅游资源容量、旅游生态容量、旅游经济发展容量、旅游社会地域容量。它们又可以分为供给和需求两个方面，其中旅游感知容量是需求方面唯一的容量概念，其余均为供给方面的容量概念。

1. 旅游感知容量

是指旅游者在某一地域从事旅游活动时，在不降低活动质量（保持最佳游兴状态的条件下，该地域所能容纳的旅游活动最大量。

2. 旅游资源容量

即在保持旅游资源质量的前提下，一定时间内旅游资源所能容纳的旅游活动量。

3. 旅游生态容量

指在一定时间内，旅游地域在自然生态环境不至退化或恶化的前提下所能容纳的旅游活动量。

4. 旅游经济发展容量

即在一定时间、一定区域范围内经济发展程度或水平所决定的能够接纳的旅游活动量。该容量包括五个因素：

（1）设施容量，即基础设施和旅游专用设施的容纳能力。

（2）投资和接受投资用于旅游开发（含基础设施）的能力。

（3）当地与旅游业相关的产业能满足旅游需求的程度及区域外调入的可能性与可行性。

（4）如果发展旅游业不可避免地要使某些产业萎缩甚至完全终止，旅游业与这些产业之间的比较利益如何。

（5）区域所能投入旅游业的人力资源供给能力。

在一般情况下，人力资源的供给问题不大，旅游的支柱性产业和投资开发能力也可以很快适应需求，旅游业的比较利益也具有明显优势。因此，设施容量就成为经济发展容量的主要方面，常常是旅游经济发展容量最重要的衡量因素。就旅游经济发展容量而言，一般可认为，空间和人口规模相近的两个区域，在旅游资源潜力近似的情况下，经济越发达的区域旅游容量越大。

5. 旅游社会地域容量

指由旅游地的人口构成、宗教信仰、民族风俗、生活方式、社会开化程度以及国家政策等所决定的当地居民可以承受的旅游者数量。一般情况下，社会地域容量问题并不十分突出，但一些封闭落后的地区在旅游开发之初这一问题比较明显。

这五种基本容量之间呈现出一定的规律性：

（1）旅游经济发展容量与旅游社会地域容量之间表现出明显的正相关，反过来也同样成立。

（2）旅游感知容量受旅游者的价值观念、旅游活动类型、接待地的自然和社会经济条件的影响，因而同供给方面的资源容量、生态容量、经济发展容量、社会地域容量都有一定程度的正相关关系。但供给方面容量反过来却不受感知容量的影响。

（3）对于自然观赏性地域，一般旅游资源容量越大，旅游的生态容量也越大，反之则不一定成立。

（4）按着水桶原理，一个旅游地域能够接待的旅游容量，决定于五种基本容量中最小一个。

（二）非基本容量体系

基本容量在时间和空间上的具体化与外延导出一系列其他容量概念，这些概念在实际操作中比基本容量概念应用得更多。在旅游规划和管理中具有更直接的应用性。

1. 旅游合理容量与旅游极限容量

这是从旅游规划和管理的角度提出来的。旅游极限容量指最大的旅游承受能力（或称为极大承载力），这就是最终旅游接待容量，旅游地域接待的容量达到极限容量称为饱和，因而极限容量值也称为饱和点。饱和分季节性饱和（旅游需求时间分布不均）与非季节性饱和（旅游供给长期不足）两种情况。极限容量这个指标非常重要，它不但影响旅游区的功能分区、设施等级、管理和保护措施等，而且可以指示旅游区的变化程度和方向并估计该区可以接受的变化范围。但极限容量不易准确测定，实际规划中常采用旅游合理容量，也称旅游最适容量、旅游最佳容量。目前对其研究还远未成熟，因而现在普遍运用的旅游合理容量值主要是从已开发的旅游区总结归纳的经验数据。

2. 既有旅游容量和期望旅游容量

既有旅游容量代表现在，是目前具有的接待容量，又称实际容量或已开发容量；期望旅游容量代表未来，是指旅游地域在未来某时段可能容纳和接待的能力，也称规划旅游容量，期望容量和既有容量可指以上任何一种容量。

3. 瞬间容量和时间段容量

瞬间容量又称瞬时容量、即时容量，是指在某一时刻所能容纳的游客数量，同一游览区域，任何两个不同时刻的瞬间容量往往不同。旺季与淡季的瞬间容量必然不同。时间段容量是指某一段时间内所能容纳的旅游人数，它与瞬间容量有一定关系，但不是将其简单相加，时间段容量随时间段的长短有差异，具体地说，有日容量、周容量、月容量、季容量和年容量。

4. 与旅游活动空间尺度相关的容量概念

旅游活动空间尺度即所能开展旅游活动的空间范围大小，从小到大的空间尺度排列依次为：景点旅游容量、景区旅游容量、旅游地容量、区域旅游容量。景点旅游容量是指旅游活动的基本单元（景点）的容纳能力。如海南三亚市的天涯海角、杭州西湖的灵隐寺等的容纳能力，都是旅游资源容量的具体化。景区旅游容量是景区内所有景点容量与景点间道路容量之和。旅游地容量是指各景区容量同景区间道路容量之和。区域旅游容量则是区域内各旅游地容量之和。这种空间上的容量系列，是基于三个方面的基本容量：旅游资源容量、旅游生态容量和设施中通道部分的容量。它们决定了空间尺度的旅游活动容纳能力，因此也决定了旅游地域的开发规模。

第三节　旅游环境容量测定

一、基本空间标准

1. 含义

旅游环境容量的测定，必须有一个同旅游地承受的旅游活动相对应的适当的基本空间标准。基本空间标准也称为单位规模指标，是指单位利用者——通常是人或者人群，也可以是旅游者使用的载体（如车、船等）所需占用的空间规模或设施量。以海浴为例，基本空间标准多以平均每位海浴者所占用的海滩面积来表示。

2. 基本空间标准计量指标

旅游容量不同，其计量指标也不相同。旅游资源容量和旅游心理容量的计量通常都采用人均占用面积数（平方米/人）。设施容量的计量多用设施比率（设施量 ÷ 旅游人数）。旅游生态容量的计量一般采用一定空间规模上的生态环境能吸收和净化的旅游污物量（污物量 ÷ 环境规模）。此外，根据旅游场所或设施的空间特征，有时也用到长度等指标（如道路）。

3. 基本空间标准有关数据的获得

基本空间标准是进行旅游规划时直接应用的一项重要指标。测定旅游资源容量、旅游心理容量和旅游设施容量的基本空间标准，需要直接对旅游者进行调查，可通过多次调查旅游者对于同一利用场所的拥挤与否和满意程度得出这一场所的基本空间标准，然后将其调查资料用到同类型旅游场所的规划与管理中。具体调查方法可视具体情况而定。如问卷法、统计法、航摄分析法等。

4. 基本空间标准实例

一个旅游场地所要接纳的旅游活动的性质和类型是决定其基本空间标准的关键因素。不同的场所有不同的空间标准，室内不同于室外、自然风景区有别于人文名胜地。不同旅游活动所对应的旅游场所的基本空间标准差异可以很大。由于各国各地区的旅游资源、旅游环境、旅游客源结构、居民生活方式等各不相同，对于同一细类的旅游区在规划和管理中使用的基本空间标准（如表 5－1、表 5－2、表5－3所示）也不一致。

表 5－1　日本旅游场所基本空间标准

场所	基本空间标准	备考
动物园	25 平方米/人	上野动物园
植物园	300 平方米/人	神代植物园
高尔夫球场	0.2～0.3 公顷/人	9～15 洞，日利用者数 228 人（18 洞）
滑雪场	200 平方米/人	滑降斜面之最大日高峰率为 75%～88%
溜冰场	5 平方米/人	都市型室内溜冰场
码头：小型游艇汽艇	2.5～3 公顷/只 8 公顷/只	25 平方米/艘 系留水域 100 平方米/艘
海水浴场	20 平方米/人	沙滩
划船池	250 平方米/只	上野公园划船场 2 公顷，80 艘
野外比赛场	25 平方米/人	
射箭场	230 平方米/人	富士自然休养林
骑自行车场	30 平方米/人	
钓鱼场	80 平方米/人	
狩猎场	3.2 公顷/人	
旅游牧场、果园	100 平方米/人	以葡萄园为例
徒走旅游	400 平方米/团	
郊游乐园	40～50 平方米/人	
游园地	10 平方米/人	
露营场：一般露营 汽车露营	150 平方米/人 650 平方米/台	容纳 250～500 人 容纳 250～500 人

表 5-2　　欧美旅游设施基本空间标准

住宿设施	旅馆	10~35 平方米/人
建筑面积	海滨假日饭店	15 平方米/人
	山区旅店	19 平方米/人
饮食	超过 500 床位，旅馆外餐饮用地	24 平方米/人
娱乐	海滨胜地	0.1 平方米/人
	山区滑雪旅游地	0.25 平方米/人
	室外电影场	最多 1000 人/场
	夜间俱乐部	最多 1000 人/处
开敞空间（户外娱乐和赏景用）	海滨或乡村旅游地	20~24 平方米/床
	滑雪旅游地	5~15 平方米/床
行政和中心服务	集中服务（洗衣和食物处理等）	最少 0.3 平方米/床
	行政、健康与卫生服务	0.2 平方米/床

表 5-3　　中国海水浴场设施的基本空间标准

	公共浴场（平方米/千人）	专用浴场（平方米/千人）	备注
更衣室	20~40	150~200	包括办公室、值班、卖票等
保存室	10~20	包括在更衣室内	
净身室	15~30	50~100	
管理室	5~10	30~50	
仓库	10~15	30~50	
厕所	5~10	包括在净身室内	
停车场	100~150	500~1000	

5. 基本空间标准的测定

在测定旅游容量的实际工作中，对不同的旅游容量采取不同的量度方式有的量取极限容纳能力，有的量则取合理容量。每个旅游基本容量的原有含义，都是指旅游活动的最大承受能力，但在实际旅游规划和管理中，则主要寻求旅游合理容量。而对于经济发展容量一般只关心其主要部分即设施容量。就设施和自然生态而言，合理容量难以把握和测定，因此它们用于实际规划和管理时的容量标准一般取其极限容量值。对于旅游资源的合理容量值，则应与感知容量值一起考虑。容量计算中所取的时间单位，可以是即时容量或时间段容量（日容量、周容量、月容量、季容量、年容量），其中最基本的是即时容量和日容量，其余皆可从这二者推算获得。

在理论上，各个旅游地域都存在社会地域容量，但对特定地域的旅游需求总有限度，大多数旅游地域的社会容量都远远超过旅游需求，因而对旅游业的发展并无限制。在少数地域，社会地域容量对旅游开发有消极影响和限制作用，但它不能成为发展旅游业的关键制约因素，主要原因是旅游业所发挥的积极作用远远超过了它对当地社会的负面冲击。同时，社会地域容量的测定很困难。故一般不考虑社会地域容量的具体量值。此外，旅游区的开发是一个逐渐向前推进的过程，所以特定的旅游容量值总对应于特定的时间。

二、旅游资源容量的测定

以资源的空间规模除以每人最低空间标准，即可得到资源的极限时点容量，再根据人均每次的利用时间和资源每日的开放时间，就可得出资源的极限日容量：

$$C = T \div T_0 \times A \div A_0$$

式中，C 为极限容量，T 为每日开放时间，T_0 为人均每次利用时间，A 为资源的空间规模，A_0 为每人最低空间标准。

$T \div T_0$ 实质上为周转率，一般用 D 表示，故上述公式又可表述为：

$$C = A \div A_0 \times D$$

三、旅游感知容量的测定

旅游者的心理容量一般要比旅游资源极限容量低得多，这与环境心理学上的个人空间有关。个人空间的大小受三个因素的影响：

（1）活动性质和活动场所的特性。

（2）年龄、性别、种族、社会地位、经济状况与文化背景等个人因素。

（3）人与人之间的熟悉和喜欢程度，团体的组成与地位等人际因素。

活动的性质对个人空间值影响最大。个人空间值就是规划和管理中所指的基本空间标准。旅游心理容量（旅游感知容量）就是地域在旅游者满足程度最大时的旅游活动承受量。实际上，旅游资源合理容量也主要是考虑旅游者感知的满足程度，即旅游者平均满足程度最大时旅游场所容纳旅游活动的能力，被视为旅游资源的合理容量值。因此，旅游资源合理容量事实上与旅游心理容量（旅游感知容量）为同一个数值。

影响旅游者个人空间的因素复杂多样。大多数情况下很难有一个使所有旅游者都满意的个人空间值（基本空间标准）。因此，旅游者平均满足程度达到最大时的个人空间值，就被作为旅游资源合理容量或旅游感知容量计算时的基本空间标准。相应的计算公式为：

$$C_p = A \div Q = KA$$

$$C_r = T \div T_0 \times C_p = KA \times T \div T_0$$

式中，C_p 为时点容量，C_r 为日容量，A 为资源的空间规模，Q 为基本空间标准，K

为单位空间合理容量，T 为每日开放时间，T_0 为人均每次利用时间。

四、旅游生态容量的测定

确定生态容量的目的在于维持旅游地原有的自然生态环境质量，使其能够永续利用。维持旅游地的自然生态环境包含两个基本的方面：

（1）对于旅游活动给生态造成的直接消极影响（如践踏草坪），自然环境能够承受，即自然环境本身的再生能力能很快消除的这些影响。

（2）自然环境能够完全吸收和净化旅游者所产出的污染物。

针对以上两点，要稳定旅游生态容量、维持旅游地自然生态环境的良性状态可采取的主要措施有：一是控制污染源、限制破坏性建设与施工；二是加强对自然环境的生态培育和人工养护。

生态容量的测定一般以旅游区为基本空间单元。对于旅游活动给自然环境造成的直接消极影响可以通过严格管理、有效约束而予以控制或者基本杜绝，因此在生态容量测定中一般不予考虑，而只考虑对污染物的吸收、净化。所以，一个旅游区生态容量的大小主要取决于自然生态环境净化与吸收旅游污染物的能力，以及一定时间内每个游客所产生的污染物量。

对于无须由人工处理方法处理部分旅游污染物的旅游区，其旅游生态容量测定公式为：

$$F_0 = \frac{\sum_{i=1}^{n} S_i T_i}{\sum_{i=1}^{n} P_i}$$

式中，F_0 为生态容量（日容量），即每日接待游客的最大允许量；P_i 为每位旅游者一天内产生的第 i 种污染物量；S_i 为自然生态环境净化吸收第 i 种污染物的数量（量/日）；T_i 为各种污染物的自然净化时间，一般取一天（对于非景区内污染物，可略大于一天，但累积的污染物最迟应在一年内完全净化）；n 为旅游污染物种类数。

生态容量的测定，最重要的是确定每位游客一天所产生的各种污染物量和自然环境净化与吸收各种污染物的数量两个参数。这两个参数随着旅游活动的性质、旅游区所处的区域自然环境的不同而有较大的差别。在我国北方的观赏型旅游区旅游者每人每天产生的主要污染物量如表 5－4 所示。至于旅游地的自然环境对于污染物的净化能力，目前国内此项研究尚属空白。

表 5－4　　旅游者产生的主要污染物量（中国）

粪便	0.4 千克/（人·日）
BOD	40 克/（人·日）
氨氮	7 克/（人·日）

续 表

悬浮固体	60 克/（人·日）
不居住游人垃圾	200 克/（人·日）（公园）
	500 克/（人·日）（远足）

在绝大多数旅游区，旅游污染物的产出量都超出旅游区生态系统的净化与吸收能力，因而一般都需要对污染物进行人工处理。在用人工方法处理旅游污染物的情况下，旅游区可以接待旅游量的能力会明显扩大。这种扩大了的旅游接待能力同原有生态环境限制下的旅游接待能力（生态容量）已不一样，可以称为扩展性旅游生态容量。其计算方法如下：

$$F_0 = \frac{\sum_{i=1}^{n} S_i T_i + \sum_{i=1}^{n} Q_i}{\sum_{i=1}^{n} P_i}$$

式中，F_0 为扩展性生态容量（日容量），Q_i 为每天人工处理掉的第 i 种污染物量。

其他符号意义同上述生态容量计算公式。

五、经济发展容量的测定

影响经济发展容量的因素主要有两个方面：一是旅游内部经济因素即旅游设施；二是旅游外部经济因素，包括基础设施和支持性产业等。一个经济发达、旅游资源数量多且品位高的旅游区，其旅游设施、基础设施、支柱性产业等都会较快适应与日俱增的旅游需求。总的来说，当地的食宿供给条件和娱乐购物条件均是当地经济发展状况的反映，可作为当地经济发展容量的指标。这两者所决定的旅游经济发展容量的测定公式如下：

$$C_e = \frac{\sum_{i=1}^{m} D_i}{\sum_{i=1}^{m} E_i}$$

$$C_b = \sum_{i=0}^{1} B_j$$

式中，C_e 为主副食供应能力所决定的旅游容量（日容量）；C_b 为住宿床位决定的旅游容量（日容量）；D_i 为第 i 种食物的日供应量；E_i 为每人每日对第 i 种食物的需求量；B_j 为第 j 类住宿设施床位数；m 为游人所耗食物的种类数；j 为住宿设施的种类数。

表 5 - 5 是北京市调查得出的我国旅游者（含国际旅游者）对各种食物的日需求量或基本消耗。

表 5－5　　旅游者基本消耗

项目	消耗
粮食	0.4 千克/（人・日）
肉	0.15 千克/（人・日）
蛋	0.1 千克/（人・日）
奶	0.1 千克/（人・日）
鱼	0.15 千克/（人・日）
水果	1 千克/（人・日）
蔬菜	2 千克/（人・日）
酒、饮料	1.5 千克/（人・日）
用水量（根据不同旅游地具体确定）一般宾馆	2 吨/（床・日）
不居住游人	10～25 升/（人・日）
供电	3 千瓦小时/（床・日）
煤气	3～5 立方米/（床・日）
热力	40 万焦耳/（床・日）
电话（宾馆）	1 台/（床・日）
车辆（宾馆）	0.15 辆/（床・日）
停车场（宾馆）	4～5 平方米/（床・日）

我国有部分著名的风景旅游区在旅游旺季人满为患，各种旅游配套设施常常超负荷运行。但有些刚开发的旅游地，即使游客不多，却也出现食、宿等旅游设施和相关配套设施供不应求的情况。所以在考虑旅游经济发展容量时，适当考虑我国许多旅游地存在明显的淡旺季的差别，从而注意增大环境容量，同时完善和配套新开发景区的设施，这对我国旅游区的开发和建设具有十分重要的意义。

六、旅游区容量的测定

影响旅游区接待能力的主要因素是当地的旅游资源、生态环境、旅游设施、基础设施和当地居民心理承受能力等。就旅游区某一时段的容量来说，往往可由该地的旅游资源容量、生态容量、设施容量和社会地域容量中的一两个因素决定。一般情况下由旅游资源容量和设施容量决定旅游区容量。

旅游区的旅游活动区容量是以景点的容量和景区内道路的容量进行测算的。景点和景区是旅游区规划中经常采用的空间单位。旅游区旅游活动容纳能力是从各个景区的容量和景区间连接道路的容量求和所得。旅游区容量的测定公式如下：

$$T = \sum_{i=1}^{m} D_i + \sum_{i=1}^{p} R_i + C$$

$$D_i = \sum_{i=1}^{n} S_i$$

式中，T 为旅游区容量；D_i 为第 i 旅游景区容量；S_i 为第 i 旅游景点容量；R_i 为第 i 景区内道路容量；m、n、p 分别为景区数、景点数、景区内道路条数。C 为非活动区接纳游人量。

关于旅游景点容量、景区内道路容量的测定方法，同前述旅游资源容量的量测，其计算可以是时点容量或日容量。

动脑筋

沈阳世博园餐饮设施容量计算

根据对沈阳世博园实际情况的调查，景区内共有生态风味餐厅、红酒广场、天街水吧、啤酒广场四个服务点，总座位数为 7012 个。

餐饮设施容量根据园区的设施情况分别计算，采用下列公式：

餐饮日容量 = 餐位数量 × 座位周转率/游客的就餐比率

餐饮服务的年容量 = 餐饮服务日容量 × 全年可游览天数

总座位数为 7012 个，我国旅游区的游客的平均就餐比率为 20%，座位周转率为 1.5，景区餐饮设施的日容量 = 7012 × 1.5/20% = 52590 人次/日，年容量 = 52590 × 365 = 19195350 人次，基本能满足游客需求，根据现场实地调查，这四大餐厅平均座位占用率约有 40%，节假日更是达到了 60% 以上。实地调查表明客流分布极不均匀，红酒广场，啤酒广场座位占用率比生态风味餐厅和天街水吧要高。

除此之外，我们还能通过哪些角度求得沈阳世博园的旅游容量？

1. 我国旅游区的概念是什么？
2. 我国旅游区包含哪些基本体系结构？
3. 旅游环境容量如何测定？
4. 在旅游实践中，你是否感觉到了旅游容量问题的存在？是哪些因素造成的？
5. 试测定一个旅游点的环境容量。

第六章　旅游规划主题形象定位及旅游项目创意设计

【教学目的】

了解旅游规划主题的内涵与层次，区域主题旅游形象及其特征；理解区域旅游形象的构成体系及形成过程；掌握形象定位三要素，旅游地形象策划与传播，旅游项目创意策划的内容及程序。

【教学内容】

1. 旅游规划与开发的主题定位
2. 旅游主题形象定位
3. 旅游项目创意设计

【重点难点】

教学重点：旅游主题形象定位与项目创意设计的内容

教学难点：旅游地形象策划与传播，旅游项目创意策划的程序

区域旅游的主题定位是旅游规划与开发的重要内容，它决定了旅游区今后发展的主题和方向，对于区域旅游特色的形成和区域旅游形象的塑造以及区域旅游空间结构的优化等具有重要的意义。本章主要针对旅游规划与开发的主题定位和功能分区，从主题定形象定位个方面进行了系统阐述。

第一节　旅游规划与开发的主题定位

旅游规划与开发需要依赖一定的主题来进行，主题（theme）是区域旅游规划的理念核心。因此，旅游规划过程中旅游区主题的确定是关系到旅游区未来发展方向和特色的关键。切合实际的旅游主题定位可以充分发挥旅游开发区旅游资源的优势，广泛吸引客源；而不准确的主题定位往往会让旅游开发地在激烈的市场竞争中处于不利的地位，阻碍当地旅游业的发展。

一、旅游规划主题的内涵

在牛津词典里，“主题”（theme）这个词的意思是：在音乐中，被不断重复和不断

扩张的那个旋律。在旅游规划中，旅游主题也同样具有这样的特征。旅游主题是在旅游区的建设和旅游者的旅游活动过程中被不断地展示和体现出来的一种理念或价值观念。

一般而言，旅游规划主题的内涵要从三个方面来加以理解，这三个方面同时也是旅游规划主题定位的三个重要环节，即发展目标、发展功能和区域旅游发展形象（如图6－1所示）。

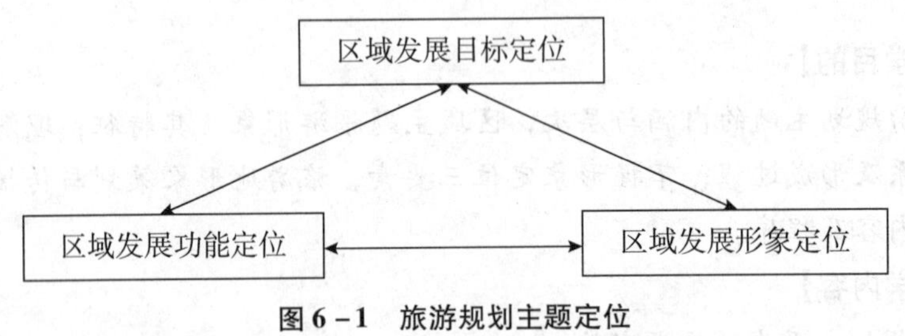

图6－1 旅游规划主题定位

旅游区的发展目标是旅游区未来发展的总方向，确定旅游区发展目标是一种综合性非常强的工作，它必须充分考虑旅游区的各种内外环境，涉及政治、经济、文化等领域，往往需要投入大量的精力和时间来加以不断修订。而一旦确立了发展目标，那么它将从根本上影响旅游区的功能定位和旅游区形象的树立。因此，在旅游规划主题定位中，旅游区的发展目标是三个方面中最根本的要素，它决定了旅游区发展的总方向。

旅游区的发展功能是依据规划中制定的发展目标，并以旅游区的旅游资源和社会经济发展水平为基础来确定的。发展功能的确定在很大程度上受本地旅游资源的影响，因为旅游功能的体现需要有相应的旅游产品作为支撑，而旅游产品的设计又与本地的旅游资源息息相关。可以说，旅游区发展功能定位是从自身的旅游产品支撑上来体现旅游区的发展目标。

旅游区形象是对外展示风采的平台，旅游地往往通过构建旅游目的地形象系统（DIS）向旅游者传达旅游地的相关信息。因此，旅游区形象定位从根本上而言是确定本地区旅游特色基调的过程，旅游区形象的定位实际上总括了旅游区的发展目标和功能定位，是发展目标和功能定位的外在表现。

综上可知，旅游规划的主题是由三大要素组成的有机体系。其中，旅游区的发展目标是根本性的决定因素，是实质性主体；旅游区的功能定位则是由发展目标决定的内在功能；旅游区形象定位是发展目标的外在表现，所以，我们可以将旅游规划主题的内涵归纳为“一体两翼”。

二、旅游规划主题定位的层次

旅游规划的主题要从三个方面来理解。在实践过程中，旅游规划主题的确定也是从上述三个方面来加以实施的。

区域发展目标的定位是确立区域旅游主题的第一步。所谓的目标系指某项规划决策、研究工作等努力的方向和要求达到的目的。从某种意义上看，目标是一种价值的标准，体现目标制定者的价值取向。但是目标又需要人们通过努力而实现，因此目标必须具备可达性、约束性、时效性与一致性等特征。缺乏现实意义的目标是空想的，没有实现的可能，也不会激励人们的斗志；没有约束力的目标不能将人们凝聚在一起，为共同的目标奋斗；不具备时效性和一致性的目标也同样是毫无意义的。

在旅游规划与开发上，旅游区发展目标定位的内容具备多元化的特征。例如，一般意义上的旅游区发展目标的外延主要包括如下内容：经济发展目标、居民生活水平目标、社会安定目标、环境与文化遗产保护目标、基础设施发展目标等。而从时效上看，旅游区规划与开发的发展目标可以分为总体战略目标和阶段性目标两大类型。制定旅游规划开发目标的作用是监控旅游开发的实际产出与总目标之间的差距以衡量旅游区规划和开发的成功与否，并找出原因加以反馈和修正。如果就旅游业而言，旅游规划和开发的主要目标则是追求商业利润与经济增长，促进环境保护；而地方政府方面的目标则偏向于增加就业、税收、外汇收入，关注人民生活水平提高及基础设施改善等。

那么，如何确立该旅游开发区域的旅游发展目标？大多数情况下，人们将一般意义上的旅游发展目标和旅游业角度上的发展目标交叉考虑并结合该地区地方政府的目标得出区域旅游规划与开发的目标定位。目前为旅游规划界所公认的旅游区发展目标框架如下：

1. 满足个人需求

不同的旅游者，他们的旅游动机都不尽相同。因此在市场经济条件下，满足旅游者的个人需求是旅游区发展的最根本目标之一。它主要包括以下几个方面：安静与休息，同时参与消遣和体育运动；回避喧嚣，同时与当地居民适当接触；接触自然与异域风俗，但拥有家庭舒适感；隐匿或独居，但有安全保障与闲暇机会。

2. 提供新奇经历

对大多数游客而言，他们所向往的旅游经历是逃避常规生活中的高密度人群、快节奏的生活压力与严重污染的环境。因此，旅游区发展目标中应体现出“回归自然”的特色，如安静、生活节奏变慢、放松身心；与大自然、阳光、海水、森林、山地的亲密接触；异质文化与生活方式的新型体验。

3. 创造具有吸引力的“旅游形象”

旅游规划和开发应尽可能赋予旅游区一种新颖的个性特征（personality），同时使得这种旅游区的个性特征易于游客辨识、记忆和传播。例如，地区资源特色的最佳利用，采用当地材料建设；展示地区属性，创造特别的旅游气氛；对设施赋予富有想象力的处理，反映区域风貌与气候属性；为游客提供与当地居民、工艺品与风俗习惯接触的机会。

第二节　旅游主题形象定位

随着旅游业在世界范围内的快速发展，人们越来越明显地认识到，旅游地的主题旅游形象将成为吸引旅游者最关键的因素。旅游地的形象定位和塑造也成为中外旅游规划界亟须探讨的一个重要课题。因而，我们有必要在此对旅游规划中的主题旅游形象定位问题做一个全面的审视。

一、区域主题旅游形象及其特征

形象是旅游区的生命，也是其形成竞争优势最有力的工具。个性鲜明、亲切感人的旅游形象以及高质量的旅游产品可以帮助旅游地在旅游市场上较长时间地占据垄断地位。而这种垄断力的来源是产品差异性与服务个性化。如果旅游区的旅游产品质量一般，主题旅游形象模糊，则很容易使游客感觉到旅游经历平淡无味、缺乏激情，因而造成游客回头率低。纵观世界旅游业发达的国家和地区，它们无不具有鲜明的主题旅游形象，如瑞士的旅游形象为“世界公园”和“永久的中立国”；西班牙为“3S 天堂”和“黄金海岸”；中国香港为“购物天堂”和“动感之都”，等等。因此，在旅游规划和开发中，形象的塑造是竞争力的核心问题。

区域主题旅游形象可以归纳为：某一区域内外公众对旅游区总体的、抽象的、概括的认识和评价，它是旅游区的历史、现实与未来的一种理性再现。区域旅游形象是一个非常复杂的概念，从旅游美学的角度来看，它由三个维度构成：功能—心理维；实征—幻象维；泛征—特征维（如图 6－2 所示）。

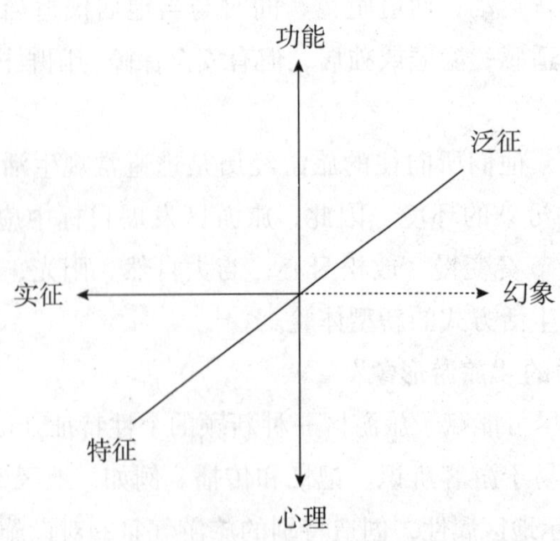

图 6－2　区域旅游形象

功能—心理维度从物质性和精神性、可衡量和不可衡量两个角度研究旅游目的地的特征。功能性特征是物质性的、可衡量的；心理性特征是精神性的、不可衡量的。

实征—幻象维度是从心理学和消费者行为学的角度研究旅游目的地形象的本质，即旅游目的地提供的整体产品被旅游者以真实特征和幻象两种方式来理解，实征是可以在旅游目的地得到求证的实际功能性特征和心理性特征；而幻象是旅游目的地真实特征投射到人们内心世界的画面。

泛征—特征维度表示目的地形象有广泛普遍的一面，由此可以与其他目的地进行排序，并比较其功能性特征（如价格水平、交通体系、气候、接待类型）和心理性特征（如友好程度、安全、服务质量）组成；但同时目的地的形象也有独具特色的一面，包括独有的特色和事件（功能性特征）或特殊地方的品位（心理性特征）。

旅游目的地形象的塑造主要受到可接触信息的限制。人们对旅游地形象的感知是建立在对实际旅游经历的反映上。旅游形象随人们所接受信息的变化而呈现动态变化，往往受亲友的口头传播、学习教育与公众传媒的影响。旅游地形象不但可以受影响，而且可以被人为设计，乃至可以被重新创造。区域主题旅游形象表现为以下特征：

（一）综合性

旅游区的形象是由多种因素构成的，其丰富的内涵表现为主题旅游形象的综合性。

1. 内容的多层次性

区域旅游的形象内容可分为物质表征和社会表征两个方面。

物质表征主要包括旅游区的外观设计、环境氛围营造、休闲娱乐活动的安排、服务质量的高低、园林绿化、地理位置等。在物质表征中具有实质性的要素是旅游区的旅游产品质量，旅游产品质量是以服务为主体的，因为旅游消费者的满意程度是由旅游服务的实绩决定的。因此旅游产品质量在旅游者心中是与区域主题旅游形象直接关联的。

社会表征主要包括旅游区的人才储备、技术力量、经济效益、工作效率、福利待遇、公众关系、管理水平、方针政策等。在社会表征中，旅游区与公众的关系是重要的因素之一，协调好旅游区和公众之间的关系是塑造良好形象的有效途径。

2. 心理感受的多面性

旅游区形象是旅游区在旅游者心目中的感性反映。由于每个游客的观察角度不同，因人而异，因地而异，因时而异，即每个旅游者都是从自己的特殊位置来观察旅游区，因而决定了旅游者对旅游区形象的心理感受呈现出多面性。例如，旅游区在其员工心目中的形象和旅游区在旅游消费者心目中的形象存在差异。旅游消费者一般都是从评价旅游区的旅游产品的角度来认识旅游区形象的；而旅游区的员工则往往是从旅游区的工作环境、管理水平、福利待遇等方面来认识旅游区形象的。

（二）稳定性

旅游区主题旅游形象一旦形成，便会在旅游者心目中产生印象，一般来讲这种印象所积累成的形象具有相对的稳定性。

旅游区的形象是通过它的载体之一——旅游区的“硬件”反映出来的。首先，稳定性产生于旅游区所具有的客观物质基础，如旅游区的建筑物、地理位置、员工队伍等，在短期内不会有很大的改变，只要旅游区的物质基础是稳定的，旅游区所树立的形象也是稳定的。其次，这种稳定性还反映在游客具有相同的心理机制，这种相同的心理机制表现为游客好美恶丑、从善弃恶的人之常情，他们对旅游区具有大体相同的审美观和好恶感，这一点也决定了旅游区的形象具有相对稳定性。旅游区形象的相对稳定性可以给旅游区带来两种完全相反的效果。

（1）对于那些主题旅游形象良好的旅游区，相对稳定的良好形象所带来的积极效果对于旅游区的深入开发和经营管理十分有利，即使在服务和经营管理活动中出现了一些小问题，也能得到旅游者的相应谅解。

（2）对于那些主题旅游形象较差的旅游区，形象相对稳定性的负面效应会使这类旅游区难以马上摆脱不良形象所造成的消极后果。有时甚至作出许多积极的努力之后，仍不能得到旅游者的理解和支持，唯有通过长期的不懈努力才能逐渐改变公众对该旅游区的不良看法。

（三）可塑性

旅游区主题旅游形象具有相对稳定性，并不意味着旅游区形象是一成不变的，只不过旅游区主题旅游形象的改变是一个缓慢渐进的过程。

人们对旅游区的认识是通过信息的传递而形成的，信息传递的作用表现在两个方面：一方面，它向消费者提供无形的服务质量方面的形象；另一方面，又使这些无形的旅游服务质量有形化。例如，图片可使无形服务有形化；让游客观看闭路电视、幻灯片和旅游区的风景电影，便于旅游者和旅游区之间的双向沟通。由于服务的无形性和易变性，对旅游消费者来说，“满意”的含义常常是多方面的。要使旅游者真正感受到旅游的无限乐趣，就必须在每次服务中保证较高的质量。若产品的质量得不到保证，在游客心目中到该旅游区旅游的期望值就会降低，从而导致游客购买旅游产品的兴趣下降，最终降低甚至破坏旅游者心目中的旅游区的主题旅游形象。

二、区域旅游形象的构成体系

区域旅游形象是一个多因素、多层次的系统，它可划分为总指标层、次指标层、子指标层、组类指标层、基础指标层和原始指标层共六个层次。

图 6－3 表示了从总指标层到基础指标层共五层的指标体系。基础指标层下还包括原始指标层。

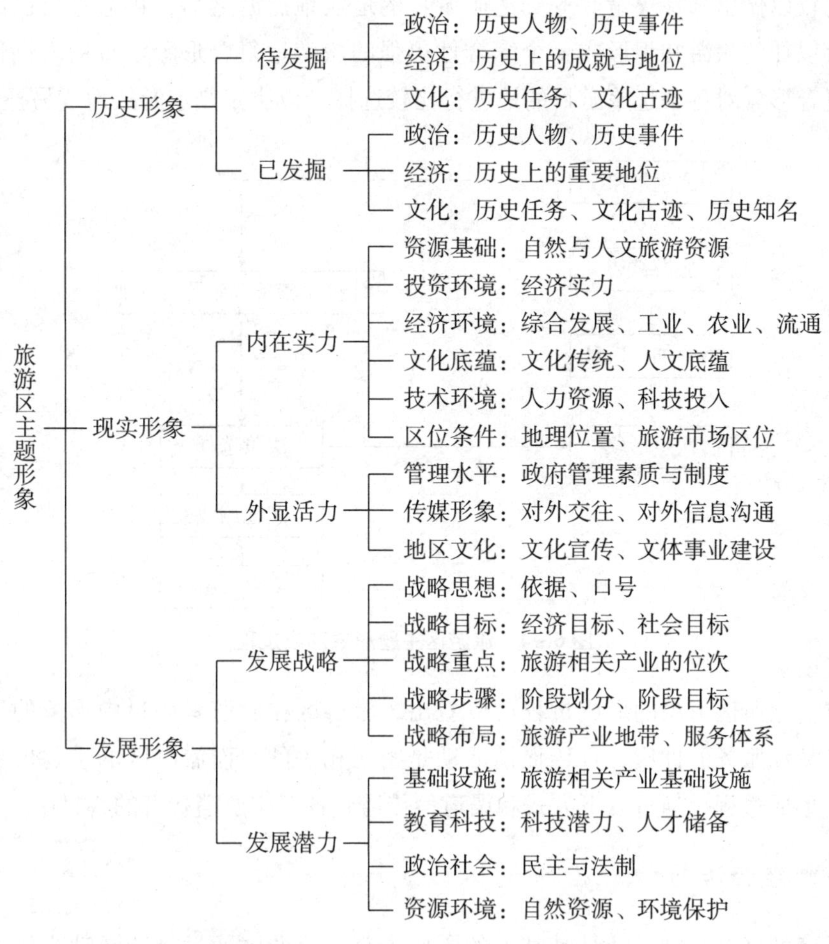

图 6－3　旅游区主题形象构成示意

三、区域旅游形象的形成过程

从时间序列上看，旅游区主题形象按形成过程可划分为三个阶段的形象，即原生形象、次生形象和复合形象（如图 6－4 所示）。

第一阶段——原生形象阶段，是指游客在未决定旅游之前，头脑中已经存在一系列旅游区域作为可选方案，并在心目中由经历或教育而形成对各个旅游区的形象认识，即原生形象。

第二阶段——次生形象阶段，是指游客有了旅游的动机并决定要去旅游时，他就会有意识地收集有关各备选旅游目的地的信息，并对这些信息进行加工和比较选择。其方式主要是查阅有关旅游资讯的刊物、报纸、电视节目及听取旅游企业和旅游管理机构的宣传，从中提炼出有用的信息，并在头脑中加工，形成次生形象。

第三阶段——复合形象阶段，是旅游者对各备选旅游目的地的旅行成本与预期收益进行比较以做出选择决策。等到达旅游目的地实地旅游之后，再通过自己的旅游经历并结合以往的旅游知识形成一个综合性更强的旅游地复合形象。日后人们便可依据形成的复合形象对各备选旅游目的地进行比较选择，以决定是重游故地或另择他地。

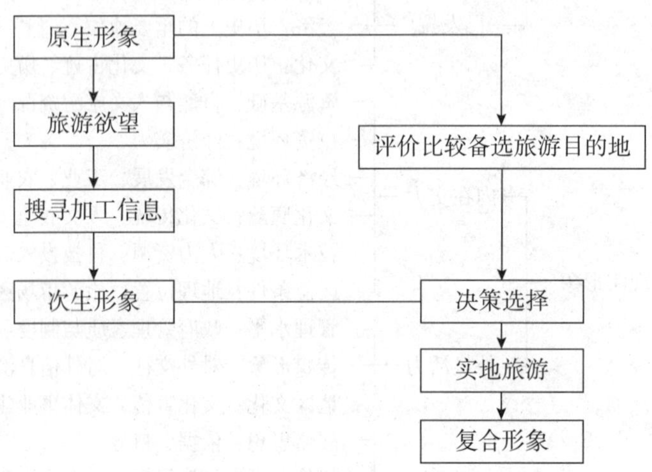

图6－4　旅游区主题形象形成过程

从以上旅游区形象的形成过程可以看出，旅游区在旅游者心目中形象的形成过程与旅游产品和服务的性质、宣传促销活动是密切相关的，而旅游区的主题形象正是按照形象的形成过程，通过以下方式和渠道，传播到各个旅游消费者的心目中。

（一）经营活动

旅游区的经营管理活动是其基本的主要内容。旅游区通过经营活动为旅游者提供所需要的产品和服务，从而为旅游区的形象传播提供了一个最基本的展示渠道。同时，广大游客正是通过对旅游区的产品和服务的享受来了解和认识旅游区形象的。

（二）符号标识

这是传递旅游区形象的重要载体。它除了指文字、语言外，还包括名称、标志、颜色、字体等（即视觉识别）。

（三）传媒沟通

即旅游区的新情况和新动向，通过传播媒介扩散出去，以吸引旅游消费者的注意力，或者是通过传媒信息沟通为旅游区消费者提供咨询服务，如介绍新的产品和设备的改造翻新等。

（四）服务态度

旅游者一般把商业性饭店作为临时居住地，他们希望自己在整个逗留期间的每天24小时内都受到热情款待。正因为如此，必须激发每个员工的服务激情，使他们表现出良好的服务态度，同客人建立亲切关系及提供24小时连续服务，从而为旅游者营造一个“宾至如归”的旅游感觉。

（五）实物展示

实物也是传播形象的重要渠道。实物是指旅游区的硬件产品及其形状、质量、性能、标志等，此外，也包括整个旅游区的建筑物、营业场所、空间布局、环境氛围等方面，通过这些有形的手段来传播旅游区的形象感知信息。

四、形象定位三要素

形象定位就是针对目标市场，通过产品、服务和宣传控制，在公众心目中树立起旅游区的独特形象风格。美国著名营销专家菲利普·科特勒（Philip Kotler）对形象定位理论进行了系统化、规范化的描述，他指出：定位就是树立组织形象，设计有价值的产品和行为，以便使细分市场的顾客了解和理解本企业组织与竞争者的差异。形象定位的差异是由以下三要素决定的：

（一）主体个性

即旅游区主体的品质个性和价值个性。主体个性是指旅游企业、组织或旅游产品的品质和价值内涵的独特风格。唯物主义强调物质决定意识，所以形象定位必须以主体的存在特性作为基础，充分挖掘本地区的自然旅游资源特性和人文底蕴（文脉），并提炼加工成为本地区独特的销售点（USP）或形象推广立足点。

（二）传达方式

传达方式指的是把主体个性有效准确地传递到目标受众的渠道和措施。主体个性如果不能被有效传达，受众就无法了解和把握其内涵。传达方式主要有营销推广方式、广告与公关策划等宣传方式，有些旅游地区，主体个性并不一定有太多的优势，但如果传达到位，同样可以造就突出的与众不同的地区形象。

（三）受众认知

在完成主体个性确定及使用有效的传达方式之后，真正达到形象定位完成的衡量标志，则是受众认知。所谓受众认知是指旅游区主题旅游形象被目标受众（旅游者）

所认识知晓与感受的程度。公众对于地区形象的认知和消费是一种文化性的消费，他们在获得物质所需的同时，也获得了精神感受上的满足，这里起作用的便是认知因素。

五、区域旅游形象塑造

（一）塑造工具

旅游区形象的塑造主要通过两个工具实现，即产品—服务（PS）与公关宣传（PR）。

产品—服务的最终感知在游客旅游经历中反映出来，因此通过产品一服务来塑造主题旅游形象主要从功能属性、心理感知等方面入手。

公关宣传是一个功能十分强大的形象塑造工具，具有针对性较强和灵活的特点。通过分析发现人们在旅游活动前的形象感知和心理决策要经历三个阶段：第一阶段是梦想阶段，即梦想一个理想的旅游；第二阶段则是收集信息与估计能真正享受理想旅游的可能性；第三阶段是实现旅游的决策阶段。因此，相应的公关管理和广告宣传策略应该是在旅游者的梦想阶段提供“形象”广告；第二阶段提供信息“咨询”广告和服务，即提供有关信息；第三阶段则应提供与旅游者面对面的“直接”广告。

针对旅游者对旅游区主题形象感知的三个阶段也应采取不同的宣传方式。如在原生形象形成阶段，主要采用信息性的宣传方式针对那些对本旅游区没有印象的潜在旅游者，为其提供大量的关于旅游区的信息。其宣传形式可以是多种多样的，主要目的在于让旅游区的主题旅游形象对潜在旅游者形成浅层次的刺激；在次生形象形成阶段，则应采用劝说性的宣传方式，促使旅游者将该旅游区作为旅游目的地，这种宣传方式主要针对将该旅游区列入备选旅游目的地的潜在旅游者；对于复合形象形成阶段则采用回忆性宣传方式，主要针对回头客。

（二）节庆活动

旅游区主题旅游形象的塑造仅仅靠上述的两个形象塑造工具不能产生持续稳定的效果，在旅游区主题旅游形象的塑造中，旅游区旅游主题节庆活动往往与主题旅游形象紧密结合，这是因为一个鲜明而且一致的主题节庆活动往往能稳定地在人们心目中构造一个积极的形象。通过主题节庆活动的策划和宣传，人们往往通过记住几句简单的口号、几条易记的词句就能把旅游区的名字同一种直观形象联系在一起。

我国旅游主题节庆活动开展得有声有色，从1992年开始我国就每年推出一个中国旅游的主题及宣传口号（如表6－1所示）。

表 6-1　中国历届（1992—2014 年）大型旅游活动年主题及宣传口号一览表

年份	主题	宣传口号
1992	友好观光年	“游中国，交朋友”
1993	中国山水风光游	“锦绣河山遍中华，名山圣水任君游”
1994	文物古迹游	“保护文物古迹，促进旅游发展”；“五千年的风采，伴你中国之旅”：“游东方文物的圣殿：中国”
1995	民俗民情游	“中国—56 个民族的家”；“众多的民族，各异的风情”；“探访中华民族风情，难忘神奇经历”
1996	休闲度假游	“96 中国—崭新的度假大地”
1997	中国旅游年	“十二亿人喜迎 97 中国旅游年”；“游中国—全新的感受”
1998	华夏城乡游	“现代城乡，多彩生活”
1999	生态环境游	“返璞归真，怡然自得”
2000	神州世纪游	“文明古国，世纪风采”
2001	中国体育健身游	“体育健身游，新世纪的选择”；“遍游山川，强健体魄”
2002	中国民间艺术游	“民间艺术，华夏瑰宝”；“体验民间艺术，丰富旅游生活”
2003	中国烹饪王国游	“游历中华胜境，品尝天堂美食”
2004	中国百姓生活游	“游览名山大川、名胜古迹，体验百姓生活、民风民俗”
2005	红色旅游年	“2008 北京——中国欢迎你”
2006	中国乡村游	“新农村，新旅游，新体验，新风尚”
2007	中国和谐城乡游	“魅力乡村，活力城市，和谐中国”
2008	中国奥运旅游年	“北京奥运，相约中国”
2009	中国生态旅游年	“走进绿色旅游，感受生态文明”
2010	中国世博旅游年	“相约世博，精彩中国”
2011	中华文化游	“游中华，品文化”
2012	中国欢乐健康游	“旅游，欢乐，健康”；“欢乐旅游，尽享健康”；“欢乐中国游，健康伴你行”
2013	中国海洋旅游年	“体验海洋，游览中国”；“海洋旅游，引领未来”；“海洋旅游，精彩无限”
2014	智慧旅游年	“美丽中国，智慧旅游”；“智慧旅游，让生活更精彩”；“新科技，旅游新体验”

通过这些主题节庆活动，中国旅游在世界人们心中的形象变得更加清晰和独特，极大地促进了中国旅游业的发展。可见，在旅游规划过程中要塑造一个持久而独特的

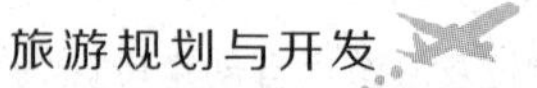

旅游区主题旅游形象，就应充分利用主题节庆事件来实现以下三项目标：

（1）把旅游区宣传成一个充满各种迷人故事的地方，可树立本地区友好、文化多样或激动人心的主题。

（2）通过大型焦点事件来吸引公众传播媒介，产生某种光环效应，把旅游区宣传成一个令人向往的目的地。

（3）配合以一系列小的事件来吸引有各种志趣的游客。

旅游节庆活动的策划应注意使各种节庆事件之间具有连贯性、一致性，相互补充，相互协调，使主题更加鲜明突出，从而避免形象的离散和自相矛盾，故应注意以下三点：

第一，主题的塑造必须和旅游区的吸引物相协调，举办一个或多个节庆事件以使主题更加活泼、生动。

第二，举办一个特别活动，使该活动成为旅游区永久性、制度化的旅游识别标志，使其为本旅游区所独有，并成为本地区象征。

第三，举办同一、多次活动（如体育），以塑造“××”方面最激动人心的旅游区”的主题。

六、旅游地形象策划

旅游地形象策划的主要组成内容

旅游地形象策划也主要有三大部分，即理念基础（MI）、行为准则（BI）、视觉形象（VI）。

1. 理念基础（MI）

旅游地形象策划的对象存在于两个方面：一是对老的旅游地重新包装；二是对新旅游地的创意、构思与规划。这两方面的形象策划的最终目的，都是为了适应形象导向的时代背景，通过宣传口号以及VI和BI的行销传播深入到旅游者心中，从而增强旅游地的吸引力和扩大市场占有率。因此，MI是旅游CI策划的基础、核心和灵魂。旅游产品概念的内核设计必须建立在广泛而深刻的理念分析基础上。

在很多时候，理念基础来自于“文脉”的把握，即对旅游产品所在地进行各种空间尺度的地理背景（包括自然环境地理和社会人文地理，即“文脉”）分析，还来自于时代需求、文化流传、社会趋势及时空机遇等方面。如“康体休闲”旅游项目理念则来源于上述几个方面。

通过对旅游地的理念分析，形成对旅游产品准确而清晰的认识，并可进一步由此建立用以表达和传播旅游地形象的主题和宣传口号。

2. 行为准则（BI）

旅游地具有高度的组织化特征，是一种人与地理空间相结合的组织机构。传统旅游地（如风景名胜地）人的因素和人的行为并不是很突出，旅游地主要为旅游者提供单纯的观光游览空间。随着主题公园等人工旅游景观的兴起，服务竞争理念的广泛传播，以及旅游地企业化趋势和节庆活动的增多，行为吸引因素则日益显著，并成为旅游形象和重要识别组成。

旅游地的行为活动主要表现为3个方面：对内的员工管理行为、面对旅游者的活动参与和旅游服务行为、对外的社会公益行为。行为准则（BI）则是反映理念（MI）基础及其主题口号，并渗入以上三个方面的行为规范及规章、制度之中。

例如，“热情、高效、自觉的服务”通常都会包含在行为准则当中。

3. 视觉形象（VI）

VI是CI的静态，甚至是滚动演变的识别符号，是具体化、视觉化的传递形式。根据心理学的理论，人类接受外界刺激所获得的“信息”，由视觉器官获得的占所有感觉（味觉、听觉、嗅觉、触觉和视觉）的83%左右，而且由视觉器官所归集的信息在人类记忆库中具有较高的回忆值。因此，发展视觉传播媒体，开发符号化、标志化的视觉设计系统，是传达精神理念、建立知名度和塑造形象的最有效的方法。

旅游地作为最突出的视觉景观实体，其整体旅游形象首先来自于景点本身的视觉造型，因此VI设计在旅游CI设计中占有特别显著的位置。VI设计应当体现在游客直接观赏消费的旅游景观上，旅游地的VI传播基本上通过就地旅游景观的观赏而形成综合印象并加以口头传播。旅游地的VI设计曾经经历了三大阶段：

（1）隐含性的视觉景观形象。传统的旅游地（点）有两方面含义：一方面是指旅游业发展初期的旅游地（点），另一方面是指人们心目中最具纯粹视觉观赏价值的旅游地（点）。传统的旅游地（点）以封闭和隐含的视觉景观实现其观赏功能，而其内部的主观隐含性（抽象理念和象征主义的视觉形象）构成现代旅游丰富而深刻的导游解说，并成为永久性的吸引魅力。

（2）招徕性的视觉景观形象。随着大众旅游的发展，招徕式旅游开发和招徕性旅游视觉景观形象也随之出现。例如，在全国各地许多报刊上整版刊登一些地方的规划蓝图，以当地旅游资源为主要内容的投资环境的介绍等，以新闻传媒形式塑造视觉景观形象；在进出县界、城镇界等的路口或边界，竖立醒目的大招牌，书以“××欢迎您”和“欢迎您再到××来”的迎送词；过境路口的花坛上也出现城徽之类的标志设计；在一些旅游地（点）纷纷兴建牌坊式大门景，或传统斗拱结构，或门楼式，或宫殿式，且有石狮类造型附于额枋柱两旁，在自然背景和现代建筑背景中具有强烈的视觉吸引和留影价值，以吸引游人注意。此外，招徕式的视觉景观还包括旅游地（点）的路牌广告，在主干公路上就给行人指出旅游地（点）位于何方、有多少距离，与传统景区藏而不露形成鲜明对比。

旅游地（点）出现招徕性的视觉景观，反映出过渡期广告行销观念的萌发。招徕性的视觉形象有助于实现广告学里所谓的 AIDAS 原则，即首先吸引游客的注意（Attention），从而使其产生旅游兴趣（Interest）和欲望（Desire），以致到旅游行动（Action），并获得旅游满足（Satisfaction）。招徕性视觉形象为更彻底的行销性视觉景观设计奠定了基础。

（3）行销性的视觉景观形象。国内以主题公园为主的人工游览景观开始出现新的行销性视觉形象。行销性视觉景观是一种比广告招徕性形象更为突出和强烈的招徕形式，更为自觉和有意识的旅游地（点）所设计。

从旅游景观的视觉形象来看，新兴人工旅游景观的设计和规划可向两极发展：一是借鉴并吸收古典的理性和象征性的建筑景观设计思想；二是突破传统美学评定和隐含取向的设计观念，创造更易于行销传播的视觉游赏系统。

创造行销性旅游景观，实现行销传播，可采用开放式的大门景，高处设标志性景观，利用商业景观的临近效应并保留弹性空间，以便展示临时性的促销布景、景地（点）内外的表演活动等。

此外，还包括加强固定景点的视觉识别和活动型因素的视觉识别（前者指景点造型及其标志、标准字、标准色的赋予，后者指景区演员和员工的标准服装和视觉性规范行为）；特别设计的整个旅游地（点）的“品牌徽标”等。

总之，视觉形象在于形成一定的内外感应气氛，通过明确而又符合社会心理要求的形象，使用一定的传播程序，即逐步加强与重复出现相结合的宣传手段，把旅游产品推向社会，产生轰动效应和持续效应。

4. 三者的关系

对旅游 CI 的三个组成部分的功能可以作如下理解：MI 是 CI 的最高决策层以及最先展开的策划面，是旅游地形象的精神内涵、旅游产品的主题识别以及旅游点经营信条和管理策略，也是整个旅游形象运作的原动力，可以比作是旅游地的“心”。BI 是旅游地形象的动态行为过程，通过旅游地的对外回馈、社会公益活动、旅游活动的参与组织、旅游服务的行为规范以及内部员工的管理和教育，将旅游地形象与抽象理念点点滴滴地渗透和表达，增强凝聚力和吸引力，可以比作是旅游地的“手”。VI 是脸的动态，甚至是滚动演变的识别符号，具有最具体的视觉形象化的传播力量和感染力量。VI 以旅游地徽标、宣传口号以及标准字、标准色、象征图形与吉祥物等为基础，设计并渗透在旅游地的大门景、各种自然与人工旅游景观等直接对旅游者产生视觉冲击力的地方及户外旅游招牌、广告媒介、员工制服、旅游商品品牌及包装、相关旅游企业的建筑外观、办公室装饰、旅游车辆、事务用品等方面，达到行销传播的目的，可以比作是 CI 的“脸”。这三部分的设计时序通常是先 MI，后 BI 和 VI。

七、旅游地形象传播

旅游地通过形象策划，保证旅游产品建立在一定的理念基础上，并可利用宣传口号、旅游标志、活动组织、服务行为等 VI 和 BI，借助大众传播媒介和社会公众活动，将旅游地形象迅速地传达给旅游者，增加竞争力，从而更有利于开拓市场。

旅游地形象的传播主要有以下几个方面：

1. 客源市场的分析

从旅游的消费层次来看，客源市场可以分为平民、工薪、小康、团体奖励、准雅皮士、富裕、高级雅皮士、法人集团、富豪等层次。此外，适应儿童和青少年层次的旅游开发既有社会意义，也有商业价值。

客源市场从区域远近可以分为：本地郊游、外地、整个中国大陆、港澳台、东亚和东南亚、独联体、东欧、北美和西欧、世界其他各地等层次。

客源市场还可对各种不同专业和专门市场（如商务、政务、宗教朝拜、体育、会议等）加以“分众”。

把客源市场的消费水平与区域远近、专业划分三个层次结合起来，可为不同城镇、景区景点拟定出分期发展客源对象的目标，还可针对不同客源对象拟定出旅游形象，推出一定的旅游路线组合产品，提出有针对性的促销宣传口号等。

2. 旅游形象定位

形象定位就是针对客源目标市场通过服务实效和宣传控制，在公众心目中树立起地区的独特形象风格，设计有价值的产品和行为，以使细分的客源市场了解和理解本地区与其他地区的差异。旅游地的形象具有一定的稳定性，在一定时期内往往难以改变。

旅游地形象定位的方式有下列几种：

（1）比附定位。实践证明，与原有处于领导地位的第一品牌进行正当竞争往往非常困难，而且失败为多。因此，比附定位避开第一位，抢占第二位，这里包含定位技巧。由于大多数商品或服务的广告宣传都不声称第二、落人之后，在这种情况下，少数定位于第二的品牌反而给消费者留下深刻印象。例如，牙买加的形象定位表述为“加勒比海中的夏威夷”，从而使牙买加从加勒比海众多海滨旅游地中脱颖而出。我国对海南三亚也定位为“东方夏威夷”或“夏威夷第二”，目的无非是利用夏威夷绝对稳固的旅游形象而较轻易地进入游客心中，并在旅游形象阶梯中占据一个较佳的位置。但是，比附定位对于后来跟进的旅游地不利。如再用“夏威夷”比附新旅游地，失败的可能性就会大。因此，比附定位要恰当，而并不去占据原有形象阶梯的最高阶。

（2）逆向定位。逆向定位强调并宣传定位对象是消费者心中第一位形象的对立面或相反面，同时开辟了一个新的易被接受的心理形象阶梯。如深圳野生动物园的形象定位即是如此，它将人们心目中的动物园分为两类：一类是早已为人们熟知的普通笼式动物园，在中国这类动物园以北京动物园最知名，动物品种最丰富；另一类为开放式动物园，游客与动物的活动方式对调，人在“笼（车）”中，动物在“笼”外，从而成为国内第一个城市野生动物园，收到了较好的效果。

（3）空隙定位。比附定位和逆向定位都与游客心中原有的旅游形象阶梯相关联，而空隙定位则全然开辟了一个新的旅游形象阶梯。与有形商品定位比较，旅游地（点）的形象定位更适于采用空隙定位。尽管旅游地（点）数目爆炸式地增长，特别是同类人工景点相互模仿，促使景点数量剧增，但相对来说，仍然存在大量的形象空隙，旅游者仍然期待着个性鲜明、形象独特的新景点、新旅游地出现。空隙定位的核心是树立一个与众不同、从未有过的主题形象。如深圳民俗村的形象定位并不在于人工复制的少数民族村落，而是那些身着民族服饰的演员、员工及其每日定时举行的“全园秀”表演，属于空隙定位。

（4）重新定位。重新定位成功之例是美国加利福尼亚州的重塑形象。加州的形象在旅游者心中早已浓缩、简化为空洞的概念——游泳池、沙滩、金门大桥、好莱坞，而且这些形象描述不断为其他旅游地“借用”。加州需要重新定位。加州新形象紧紧围绕其在地理、气候、人种、文化等方面的“多样性”这个核心特点上，而用复数地名“那些加利福尼亚”（The Californias）为定位形象。这样，即使最不好奇的人也会寻问有几个加州。“加州”一例不仅包含绝妙的广告文字技巧，而且同时提出了重新定位的意义。

3. 传媒沟通

将旅游地的形象定位，或出现的新情况和新动向，通过电视广告、广播宣传、电子多媒体软件、互联网、户外路牌广告、报刊杂志等传播媒介扩散出去，以吸引旅游者的注意力，或者是通过传媒信息沟通为旅游者提供咨询服务，提供便利的服务。

4. 符号标识

这是传递旅游地形象的重要载体，除了文字、语言外，还包括名称、标志、颜色、字体等视觉识别形象。

5. 实物展示

实物也是传播形象的重要渠道。实物是指旅游地的硬件产品及其形状、质量、性能、标志等，此外也包括整个旅游地的建筑物、营业场所、空间布局、环境氛围等方面，旅游宣传往往通过这些有形手段来传播旅游地的形象感知信息。

6. 经营活动

旅游地通过为旅游者提供所需要的产品和服务，从而为旅游地的形象传播提供了一个最基本的传播展示，如提供新颖的旅游产品、“宾至如归”的旅游服务等。

7. 节庆活动

旅游地形象的形成与传播，往往可以通过一些旅游主题活动来加强。因为一个鲜明而且别致的主题，往往能稳定地在人们心目中构造出一个积极的形象，通过主题的塑造，人们往往能通过记忆几句简单的口号、几条易记的词句而把旅游地的名字同一种直观形象联系在一起。

知识链接

国际上旅游产业发展较好的国家，有不少成功旅游形象案例和品牌形象塑造方面的经验是值得我们借鉴与学习的，如新加坡、夏威夷的旅游形象策划。

1. 新加坡

新加坡在发展旅游产业方面有丰富的成功经验，这与新加坡政府的大力支持、社会公众的普遍认同与配合有着密不可分的关系。长久以来新加坡的狮鱼之城给人们留下了极深的印象，旅游产业也通过成功地塑造区域形象，得到了长足的发展，积累了众多的品牌价值，这些都为新加坡成为优秀旅游目标地提供了支撑。在新加坡的旅游形象推广方面，新加坡运用多样的图形与丰富的色彩，传达立体而统一的新加坡旅游形象——新亚洲、新加坡（New Asia Singapore）。旅游消费者通过对旅游目标地形象的认知，了解旅游地从而决定了旅游的“购买”。

2. 夏威夷

除新加坡外，夏威夷也是一个在旅游品牌形象推广方面较为成功的典范。

夏威夷是全世界旅游业发展的楷模，但从1990年开始走下坡路。如何振兴这种成熟旅游目的地的旅游业，较之待开发或初开发的旅游地来说，其难度同样也是很大的。在负责夏威夷旅游规划的部门对其旅游市场做了一系列的市场分析、竞争分析及滑坡根源的分析之后，重新就其当时现状制定了新的旅游形象理念——Aloha在旅途。运用此理念的主要考虑是Aloha是夏威夷的独特优势，这才是真正的“Only in Hawii”的东西，这是构造夏威夷独特形象的最主要因素。根据Pukiu-Elbert辞典，Aloha是“爱、怜悯、同情、仁慈与宽恕”，Aloha是夏威夷人的根与魂，它保障了夏威夷人的热情与友好，是夏威夷人热情洋溢的体现。

夏威夷旅游业正是通过不断的完善自我形象宣传及销售渠道，而使得自身旅游业从低谷中再次走向辉煌。

在对案例分析之后，请思考中国旅游地的受众范围，如你所在地区，所面对的主体市场做出准确的定位，并对其旅游品牌形象做进一步的规划与定位。

第三节　旅游项目创意设计

一、旅游项目创意策划的内容

旅游项目的创意设计就其名称而言，重点就落脚于“创意”二字。所谓的创意也就是说要有所创新，即在新的旅游资源条件下，在新的旅游市场形势下，如何通过表现形式或旅游项目内容的变化与更新，来使新的旅游项目更适合该旅游地的发展。

策划内容包括十部分：资源分析、市场研究、定位分析、功能布局、游憩方式设计、景观概念策划、商业模式设计、旅游房地产概念性策划、运营实施计划和策划图件。

1. 资源分析

考察项目资源、周边环境及相关资源，进行定性的资源分析；对全国及周边区域相似的资源进行比较分析，形成资源评价报告。

2. 市场研究

收集相关市场资料，依据相关调查资源，分析市场需求，提出项目精确的市场定位与市场目标。

3. 定位分析

通过 SWOT 分析，对项目区域的发展方向进行定位，通过系统整合，形成系统定位，包括主题定位、发展目标定位、功能定位、运营战略定位等。

4. 功能布局

按照旅游六要素，进行生产力要素配置与布局，进行游憩功能结构设计与空间布局设计。

5. 游憩方式设计

设计整个系统的综合游憩模式，并按照观赏方式与观赏线路设计、游乐内容策划、故事编撰与场景布置策划、体验模式策划、特色餐饮策划、特色住宿策划，形成游程游线结构；落实“吃住行游购娱”六要素的具体互补镶嵌系统结构；由此形成具体的产品概念性设计。

6. 景观概念策划

策划标志性建筑与风格规范要求、策划植物造景、园林景观、功能建筑。

7. 商业模式设计

卖点策划与分析、收入点设置、收入结构设计、营销模式设计、品牌策划、营销渠道策划、促销思路策划、管理模式设计、人力资源开发策划、投资预估、财务预测、投资分期策划、融资策划、开发流程策划、杠杆运用策划、商业模式整合等。

8. 旅游房地产概念性策划

充分利用项目资源进行旅游商业地产、产权酒店、度假地产等物业形态的旅游房地产概念性策划与初步预估。

9. 运营实施计划

对项目投资运作进行目标任务分项的计划，以资金投入为基础，按照业务顺序与结构板块，形成具体的工作计划。

10. 策划图件

包括区位分析图、市场分析图、现状分析图、功能分区示意图、项目布局示意图、道路交通与游线安排示意图、游憩方式与重点项目示意图、标志性景观及风格控制示意图、重要节点景观示意图。

二、旅游项目创意策划的程序

（一）旅游开发地的环境分析

所谓对旅游开发地的内部环境进行分析，主要是对旅游开发地的自然资源、人力资源、物力资源和财力资源的分析，通过分析了解旅游地的人才储备状况、基础设施水平和开发的资金实力；而对旅游开发地的外部环境分析，则主要是分析旅游市场上的市场需求状况、旅游地之间的竞争状况和旅游市场上的旅游需求趋势分析。在此分析的基础上，建立对旅游开发地的社会文化背景的认识以及对旅游市场的较深入了解。

（二）分析开发地的旅游资源特色

旅游项目的特色是由当地的旅游资源特色所决定，这是因为旅游项目布置于旅游开发地，需要与区域旅游环境和氛围保持一致。这就需要旅游项目创意设计者在规划前期工作即旅游资源调查过程中，对旅游开发地旅游资源进行仔细分析，并针对不同的旅游功能分区提出各个旅游分区的旅游资源特色，以此作为设计该旅游功能分区旅游项目的基调。

（三）旅游项目的初步构思

所谓的旅游项目的构思就是指人们对某一种潜在的需要和欲望用功能性的语句来加以刻画和描述。

（四）旅游项目构思的评价

由于旅游项目创意设计的市场导向要求，以及随着项目设计过程的发展，市场导向作用的日益加深，对于不同的项目构思要进行成本估算和营销测试，通过这种方式来对旅游项目的创意构思进行甄别，将那些成功的概率较小的旅游项目构思淘汰，而保留那些成功的机会比较大的构思，以便于在建设时能将资金集中到几个项目上，提高旅游项目的服务水平和品牌知名度。

（五）旅游项目的设计

在对已有的旅游项目构思进行了甄别之后，就是旅游项目设计的最后一步，即将旅游项目的构思落实成为实实在在的旅游项目创意，并最后通过招标的形式吸引投资者来投资建设。

三、旅游项目创意策划的成果

旅游项目创意策划方案是成果的主要表现形式，其内容应包括：

（一）旅游项目的名称

（二）旅游项目的风格

（1）旅游项目中主要建筑物的规模、形状、外观、颜色和材料。

（2）旅游项目中建筑物的内部装修的风格，如建筑内部的分隔、装修和装饰的材料。

（3）旅游项目相关的旅游辅助设施和旅游服务的外观、形状和风格，如旅游项目的路标、垃圾箱、停车场、购物商店、洗手间以及旅游餐馆（餐厅）所提供服务的标准和方式。

（三）旅游项目所占土地面积以及其地理位置

（1）旅游项目的具体地理范围。

（2）旅游项目中建筑的整体布局，以及各个建筑物的位置以及建筑物之间的距离。

（3）旅游项目中所提供的开放空间的大小和布局。

（四）旅游项目的产品体系

（1）规定旅游项目所能提供的产品类型。

（2）确定主导产品或活动。

1. 区域旅游形象如何构成？其形成过程如何？
2. 旅游地形象策划的主要内容有哪些？
3. 在我国项目创意设计的一般程序有哪些？我国目前开展的如何？

第七章　旅游规划的功能分区与布局

【教学目的】

了解旅游功能分区的原则、标准和划分，旅游功能分区的内容，典型空间布局模式，理解山地、水体型旅游区设施区位选择，掌握旅游区景观及辅助景观的设计布局要点。

【教学内容】

1. 旅游功能分区和典型布局模式
2. 旅游区建筑区位选择和布局
3. 旅游区景观的规划设计
4. 旅游区辅助景观设计

【重点难点】

教学重点：旅游功能分区的内涵，不同类型旅游资源的旅游区设施区位选择的考虑侧重

教学难点：典型的空间布局及其设计

区域旅游规划进行空间结构的组织过程中，涉及规划区域本身的空间组织与其上一级空间组织的关系分析以及其下的次级活动空间的组织和设计。区域旅游空间结构研究是加强区域旅游系统形成的地理工程之一，有利于进行全局与局部、局部与局部之间关系的协调，并为构建高效的空间组织系统提供科学依据。

第一节　旅游功能分区和典型布局模式

旅游功能分区是旅游区的一种，是在对旅游区进行等级划分时产生出来的某个等级的旅游区。旅游功能分区的确定就是根据地理位置、交通区位、资源禀赋、开发现状、市场现状和未来发展趋势，从战略发展与战略管理的角度，结合大区旅游资源布局特征和既有的旅游产品开发模式，充分考虑旅游资源的空间分布规律进行的旅游区划。

旅游功能分区的目的是确定各个旅游功能区的范围和界限，方便客观地了解各个功能分区的不同性质和特征，查明区域内的旅游业基本优势，从而在整个大区内扬长

避短、整合优势、合理分工，明确功能分区的性质、特征和地位，为后面发展方向的确定提供依据。

一、旅游功能分区的原则

（一）统一性原则

旅游区的划分及其宏观整体布局要与上级行政部门旅游发展的空间战略格局的划分相统一，与本地区国民经济与社会发展的空间布局相统一，与旅游区域及新产品的开发方向相统一，依据最佳效益和最优空间地域组合的要求进行空间布局。

（二）系统性原则

依据地区旅游资源特征、区位条件、市场面向和客源定位及其空间组合，划分不同层次、不同级别、不同功能、不同定位的旅游区，并确立不同的开发方向和区域形象，形成体系完整、层次合理、空间完善、分工明确、区际协调的旅游空间体系，构筑系统的大旅游空间格局，实现旅游空间的合理布局。

（三）主导性原则

依据各个区域的综合优势，以主导性资源或市场划分旅游区，便于发挥区域主导优势，突出旅游资源和景区开发建设的集聚布局效应，以主导性资源为突破口，提高规模效益和区际竞争能力，强化区域个性和竞争优势，塑造鲜明的区域形象，加大资源市场吸引力，促进老旅游区和传统旅游产品的升级、换代以及新旅游区和新产品的开发、形成。

（四）配套性原则

旅游功能分区强调和突出区内各要素发育的综合性；旅游要素建设注重吃、住、行、游、购、娱六大要素的统一；旅游资源开发注重人文与自然旅游资源的结合和传统产品与创新性产品的综合；旅游区域开发注重与该区域社会经济发展和其他产业发展的综合协调；旅游活动组织注重娱乐、观光、休闲与专项产品的综合；旅游线路设计突出内部组合和区际协作与综合，形成功能完善的旅游地域综合体。

（五）特色性原则

以鲜明个性为强势，以特色为开发方向，发挥各地域的资源与区域文化特色。设计和推出具有独特魅力的旅游产品、旅游线路和旅游购物品。提升旅游区的品位，提高区际竞争能力，推进客源市场的开拓，提高市场占有率，强化和稳定本地区在全国旅游格局中不可替代的价值、地位和作用。

（六）四大效益一致性原则

经济、生态、社会、游憩四大效益是旅游区建设和旅游产业开发的目标和要求，也是旅游产品设计的直接前提。四大效益是密不可分的，必须注重其协调统一，防止片面追求经济效益而忽视甚至放弃其他效益，以至于破坏和伤害了旅游资源并最终影响旅游业的可持续发展。

（七）空间结构与产品结构互补性原则

在空间结构上，注重地域产品内部结构的组合特征，同时兼顾区际之间功能开发和产品组合结构的互补性，宏观考虑，统一布局，力争本市各区域之间在产品设计上协调互补，避免因产品雷同而造成的同构竞争，全区一盘棋，走区域协调发展之路。

二、旅游功能分区的标准

（1）具有明确的资源特征、开发方向和深厚的开发潜力，区域内部联动能力强，空间结构体系完整。

（2）具有科学而明显的地域分界线和范围界定，便于划区管理和经营，有利于管理和经营权限的界定，有效地实施统一的开发和营销战略。

（3）区内交通体系健全，与其他区域之间的联系十分密切，旅游交通网络体系发育完整，进出便利，区内联系便捷。

（4）区内产品组合结构合理、层次丰富，客源市场定位清楚，有独立配套的产品体系，六大要素发育齐全，产业建构完整。

（5）便于资源的统一管理、统一开发和统一保护。能够切实有效地落实本规划所确立的方向、思路、战略和开发措施。

（6）与全省、全市旅游产业的总体开发战略及区域生产力布局相吻合，与区域社会文化建设相一致。

（7）区内旅游空间体系层次、开发时序、产品结构类型明确，旅游线路完整，旅游要素发育齐全，能满足一个旅游者的基本要求。

（8）旅游发展所依据的社会文化和自然环境背景明确，旅游活动内容完整，区内交通等旅游基础设施的配套程度高，协调性强。

（9）区域旅游开发、管理和经营具有相对明显的独立性，自我完善和自我凋控能力强。

（10）区内中心地（或中心城市）明确，吸引带动能力和辐射功能强，能以中心地为核心形成运转有效、职能完备的旅游地域综合体，并协调带动旅游区的发展。

三、旅游区的功能区划分

旅游地规划的空间布局，主要是旅游区内旅游功能区的划分。合理界定各功能区的位置和范围，可以对不同类型旅游区的土地利用实行不同的管理措施和具体的开发标准，这是旅游规划空间布局的重要内容。

旅游地一般可划分为如下功能区：游览区、旅游接待区、休养疗养区、野营区、文化娱乐区、商业服务区、行政管理区、居住区、农林园艺区、加工区等。并非每一个旅游地都要具备上述所有功能区。布局中要注意尽量避免居住区、加工区的扩建和新建，避免休养疗养区、文化娱乐区、商业服务区建设的城镇化倾向。

游览区是旅游区的主要组成部分，景点比较集中，是旅游者的主要活动场所，一个旅游区可以由若干个游览区组成，每个游览区都应有各自的特色。

旅游接待区是旅游区的重要组成部分，尽可能做到设施完善、服务周到。一般应有饮食、商业服务及相关配套服务。旅游接待区布局可有分散布局、分片布局、集中布局、单一布局等方式。

休养疗养区。旅游区中一个较为重要的组成郡分。如庐山、西湖等风景区，都有专用的休养疗养区。休养疗养区应该与游人有所隔离，避免相互干扰，但也要有相应的商业文娱设施。

商业服务区。除了分散的服务点外，旅游区可以有几个商业服务较为集中的区，为旅游者和当地居民提供服务。

居住区。旅游区中主要用来供工作人员及其家属居住的场所。一般常和旅游地管理机构结合在一起，不宜与旅游者混杂，以免相互干扰。

行政管理区。为旅游区中行政管理机构集中的地段，与游人不发生直接联系。

加工区。为旅游区的旅游服务加工主副食品、工艺品、旅游用品等，可以与居住区、管理区相结合。有条件的尽量由旅游地以外提供这些商品。

园艺场及副食品供应基地。担负着为旅游者、休养疗养人员提供新鲜食品的任务，如果园、菜地、奶牛场等。副食品仅靠旅游区是不够的，需要外部支持。

农林区、从事农业、林业生产的地区。虽然与旅游活动无直接关系，但占地广大，对景观、环境保护和生产都有影响。

四、旅游功能分区规划基本内容

（一）确定范围

旅游功能分区是更看重资源禀赋、交通区位以及旅游业开发现状和未来发展趋势而进行的划分，因此行政地域的界限在这里显得比较模糊。往往同一行政区的不同游

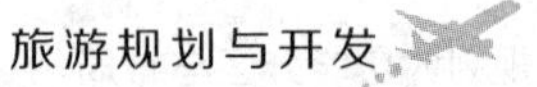

览区分属于不同的旅游区，因此，在功能分区建设规划内容中，应明确每一旅游区、游览区乃至重点景区的地域范围，尤其是将其中包括的旅游资源和景点公示清楚，以便于委托方进行建设。

（二）分析现状

对每一个功能分区与旅游业相关的发展现状的分析是建设规划的前提。通过现状分析可以得到有关功能分区旅游业发展的如下信息：

1. 旅游业发展现状

旅游业发展的历史、现有经营情况、在全区产业中地位如何。

2. 旅游产业基础

旅游资源的特征、开发优势、客源市场占有率、年接待游客人数、品牌知名度、产品的发育程度如何。

3. 旅游产业要素

旅游产品结构、市场规模、饭店档次、旅行社规模等旅游产业要素是否齐备。

以上几个方面的分析最终要落实到对旅游业发展现状中存在的问题的分析，将存在的问题分析透彻后，其结果对下面有关开发思路的选择、市场定位、形象策划以及具体建设措施的设计都有很大的意义。

（三）景区定位

有关景区定位的内容包括形象定位、市场定位、功能定位三方面。其中形象定位又类似于主题定位，即为景区确定一个主题形象，用鲜明、凝练的语言概括出来，力争该口号要“叫得响、喊得亮”，既能够概括景区的性质与特点，又能在现实基础上有所提升；市场定位的主旨在于为某一景区确定其吸引的市场范围、旅游者的行为特点等，根据该景区旅游资源及旅游产品的性质和特点。确定其基础设施、主攻市场以及后备市场，并充分分析各层次市场的特点，以便“对症下药”，开发出相应的旅游产品；功能定位主要是从旅游产品的性质角度出发，分析景区在整个区域旅游业发展一盘棋中所承担的旅游功能。

（四）空间布局

尽管已经为整个规划区在地域集中性原则下做过功能分区，但是每一个功能分区也是一个独立的小体系，其内部也有资源的独特性、互补性，也有资源空间分布的特点。因此为了每一个功能分区规划建设、经营管理上的方便，有必要在功能分区内部进行一个空间布局。这次的空间布局有别于功能分区，其突出点在于要将空间布局做细，要将功能分区中的每一个小的景点都包括进去。

空间布局的结构体系仍然可以沿用功能分区的结构体系，分旅游区域—旅游区—旅游点三个层次，每一层次下要详细列出分区所包含的旅游区与旅游点，并突出特色。

五、典型的空间布局模式

旅游空间布局是旅游规划的重要内容之一，许多学者对此进行了研究。全华等综合国内外有关文献和旅游空间布局实践，较全面地阐述了旅游空间布局各种模式，主要的布局模式有：

（一）同心圆布局模式

景观设计师理查德（Richard）等所倡导的同心圆布局模式（如图 7－1 所示）。把国家公园由内到外分成核心保护区、缓冲区和开发区。这种模式得到了世界自然与自然资源同盟的认可。目前，我国自然保护区也参照这种空间布局模式进行规划和管理。

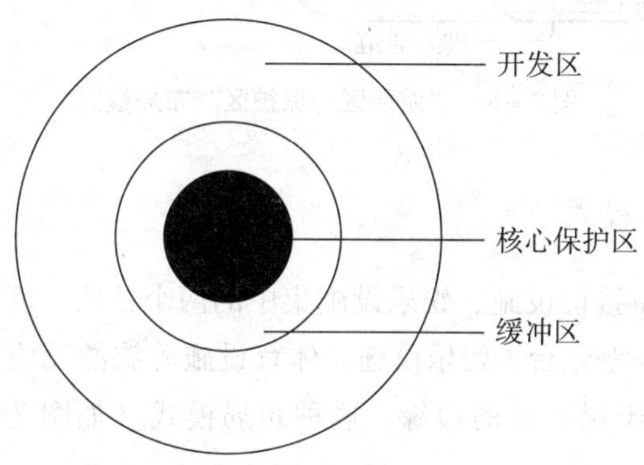

图 7－1　同心圆布局模式

（二）"社区—吸引物"布局模式

美国学者岗恩提出了"社区—吸引物"布局模式（如图 7－2 所示）。这种模式是在众多旅游地域单位的几何中心，布局一个旅游服务中心，用旅游交通线连接旅游服务中心与各个旅游吸引物地域单位。

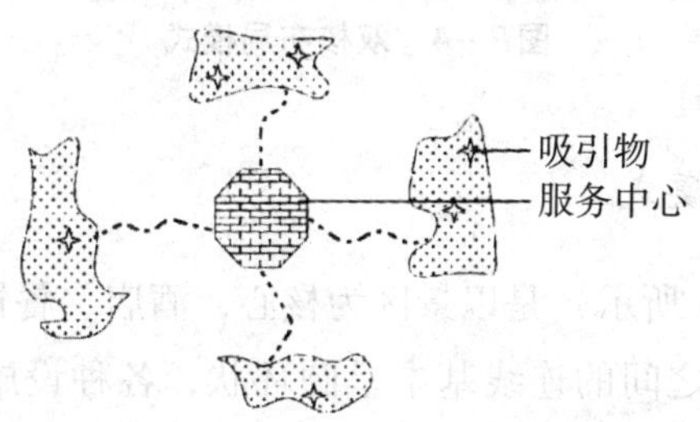

图 7－2　"社区—吸引物"布局模式

（三）“游憩区—保护区”布局模式

岗恩提出的“游憩区—保护区”布局模式（如图7－3所示）。一直为旅游规划所借鉴。他把国家公园分成重点资源保护区、低利用荒野区、分散游憩区、密集游览区和服务社区。

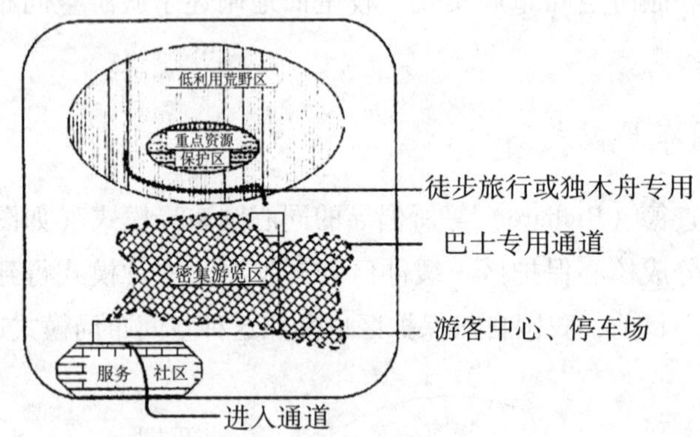

图7－3 “游憩区—保护区”布局模式

（四）双核布局模式

所谓双核是指旅游接待设施、娱乐设施集中的两个社区：度假城镇和辅助型服务社区。通过精心设计，观景台、娱乐设施、体育设施等旅游设施与服务设施集中在一个辅助型社区内，处于保护区的边缘。这种布局模式（如图7－4所示）最早是由Trveis提出的。

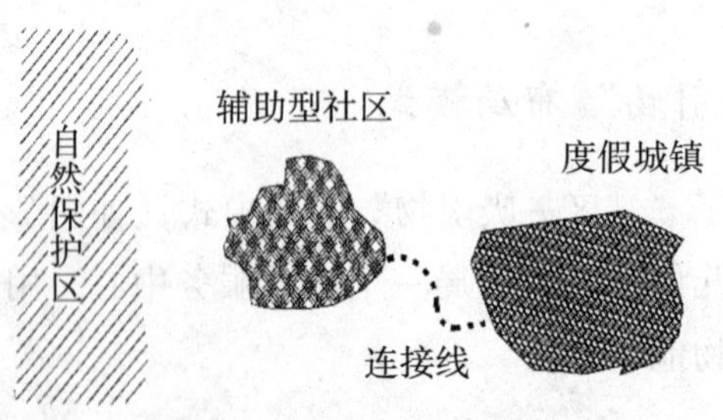

图7－4 双核布局模式

（五）核式环布局模式

这种模式（如图7－5所示）是以景区为核心，酒店、餐馆、商店等服务设施环绕这一核心景区布局，设施之间的连线基本呈圆环状，各种设施与核心景区之间有道路相通。这些道路所形成的交通网络以核心景区为中心呈放射状。

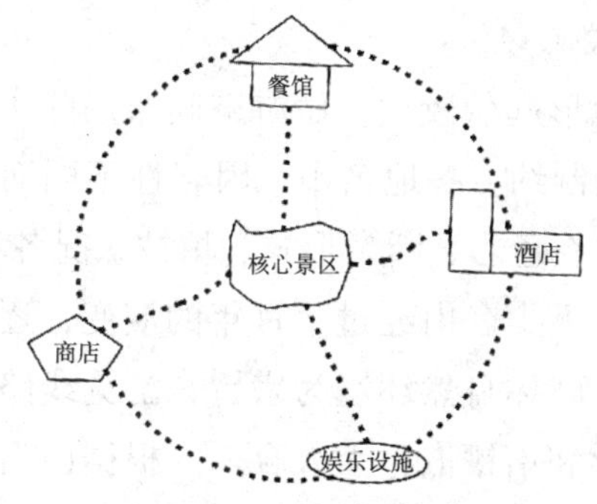

图 7－5　核式环布局模式

上述各模式可理解为纯理论上的布局模式，在具体的空间布局实践中，对不同的地形体或地物，应为上述布局模式及其变形的实际运用，如：

1. 环旅馆布局模式

有些旅游规划区缺乏明显的中心吸引物，则可将建筑风格明显的旅馆布局在中心位置，使之成为核心（如图 7－6 所示）。

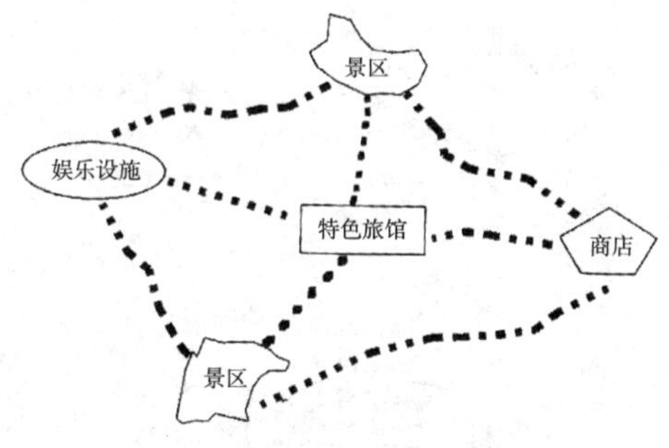

图 7－6　环旅馆布局模式

2. 草原旅游布局模式

草原旅游型景区，资源分布面广，景区内差异性小，本地条件不允许建大型旅馆。蒙古包的布局，是长期适应草原环境的结果，符合生态法则，具有一定的科学性，这种布局模式大多呈组团布局，中间是接待包。由中心向外依次是住宿包、厕所、草原活动区域（如图 7－7 所示）。

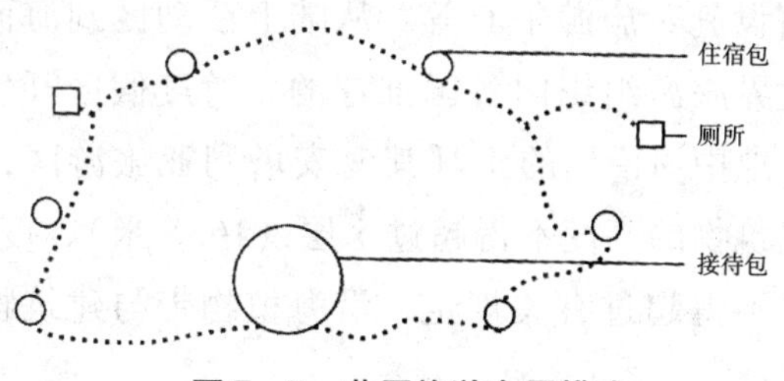

图 7－7　草原旅游布局模式

3. 山岳旅游区布局模式

山岳型旅游区，由于地形起伏较大，旅游空间布局除了考虑保护环境、方便游览等之外，还受到地形因素的制约。各地名山，因岩性不同而相异成趣，在不同的内外营力作用下，风化程度、岩石色彩、断裂形式、植被状况各不相同，形成山形、山势、山貌的千姿百态。在我国，不少名山经过千百年的演变，逐渐形成了人与自然相协调的寺观园林布局模式：以不破坏自然环境为宗旨，游览线路以串联尽可能多的景点为目的；建筑设施与山地地形和谐镶嵌，天人合一。根据山岳型旅游空间布局的宏观态势，可分为三种模式：分叉式山岳旅游区布局模式、环式山岳旅游区布局模式、综合式山岳旅游区布局模式（如图 7－8 所示）。

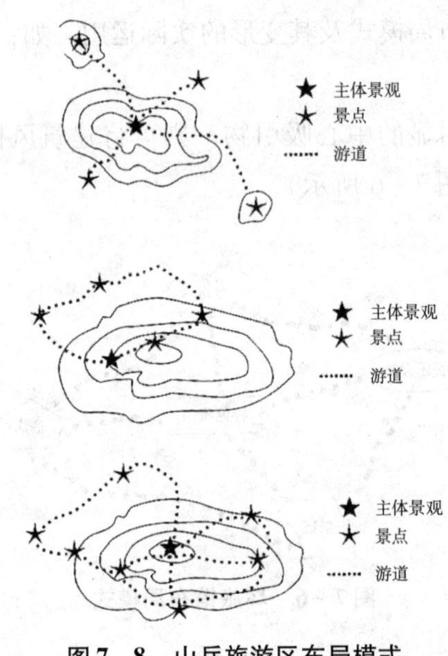

图 7－8　山岳旅游区布局模式

4. 海滨旅游区布局模式

海滨旅游区的布局主要体现旅游设施与海岸线的区位关系。其空间布局的特点是，从海水区、海岸线到内陆。依次布局海上活动区：养殖区、垂钓区，海滨浴场、游艇船坞；海滩活动区：海滨公园、沿海植物带、娱乐区、野营区；陆上活动区：野餐区、交通线、餐宿设施、旅游中心等。从陆上活动区到海面，旅游设施或建筑物的高度逐步降低。世界旅游组织向各国推荐的旅游度假区开发模式中，有许多属于海滨旅游区。其中，地中海沿岸的土耳其南安塔利亚旅游区，对旅游开发与规划设计有明确的规定：建筑物的高度不得超过 5 层（16.5 米），度假村的建筑要更低。建筑物占地最大面积也不得超过有关规定，沿海植物带与建筑物之间的最小距离是 20 米（如图 7－9 所示）。

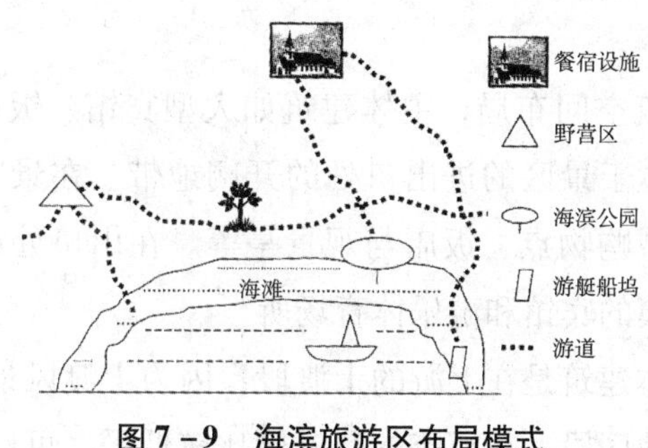

图 7-9　海滨旅游区布局模式

第二节　旅游区建筑区位选择和布局

一、旅游区功能与设施区位选择

科学合理的旅游区建筑区位选择和空间布局直接影响着旅游区的有序开发和持续利用。对旅游区的稳健发展十分重要。旅游区建筑区位选择属于微观空间布局体系。主要指旅游区内各景点、各类设施的用地规划和路线设计等。

（一）旅游区形态结构与旅游建筑区位选择

旅游区形态结构主要有三种形式，即点状结构、线状结构和面（网）状结构。

1. 点状结构旅游区建筑空间布局

点状结构旅游区一般指小型山岳地带、小型湖泊地或小型山林地等。由于点状结构旅游区面积小，景色比较单调，建筑布局视景区的地形地貌特征应采取分散或相对集中的方式。

山地型旅游区应以一侧为主进行设施布局，如北京香山公园即以北东方向一侧为主进行设施布局，主要建筑香山别墅、昭庙、香山饭店和管理处等在山麓地带；玉华山庄、芙蓉馆、观音阁、玉香馆等在半山腰的坡地上。路线设计在山麓部位采取简单网式。山顶到香炉峰则根据地形特征变为单线式上下一条路线。

小型湖泊型旅游区的建筑物可围绕湖滨进行布局。北京大观园就是一处围绕湖水进行布局的点状结构旅游地，根据《红楼梦》的叙述，该景区围湖建造了怡红院、潇湘馆、秋爽斋、暖香坞、稻香村、衡芜院、大观楼和栊翠庵等，空间布局巧妙，路线曲折迂回。

2. 线状结构旅游区建筑空间布局

线状结构旅游区多为河流或峡谷类旅游区或部分溶洞景观。大型者如桂林漓江、长江三峡，四川九寨沟等，中型者如北京十渡风景区，小型者有贵阳花溪公园和浙江瑶琳仙境等溶洞。

线状结构旅游区建筑空间布局，主体建筑如大型宾馆、饭店、停车场、游乐和体育设施、购物中心等应位于景区的进出口处的开阔地带。在景区内地形低缓且较开阔的地带，可建一部分小型购物点、饭店与观景亭等。在山口处或河流分叉口处可以根据地形情况建造较大规模的宾馆和游乐体育场所。

北京十渡风景区主体建筑是在上游的十渡段，因为十渡风景区南侧为陡峭的山地。北侧为较缓的山丘与平地区段，在河流的凸岸侧比较低平，可以布局部分饭店、餐馆、娱乐与体育设施和场地。这种布局要根据旅游路线的长度来安排。游人在游览过程中需要休息和用餐，或者由于河流两岸景观比较单调，游人游到一定位置可能会感到疲劳、乏味，此时需以人文景点或建筑作为一种“添景”以调节和休息身心。“添景”是线状景区很重要的建筑巧布局点的构景方式。

3. 面状（或网状）结构旅游区空间布局

面状结构旅游区一般指大面积、大范围的旅游风景地，其总面积多大于 $100km^2$，我国有许多总面积在 $100km^2$ 以上的旅游区，如黄山风景区（$1200km^2$，其中精华部分约 $154km^2$）、湖南武陵源（$360km^2$）、山西五老峰（$300km^2$）、青海湖（$4635km^2$）等。

以黄山风景名胜区为例，作为其旅游主体建筑的宾馆、饭店，主要建于山麓地带的平坦地段或者黄山市区，在景区内并没有过多的建筑设施。这种建筑布局既考虑到地形地貌，也考虑到交通条件，十分便于游客休息、游乐和参加体育活动等。

对于特大范围的面状结构旅游区来说。其建筑设施的空间布局，除了应对总体进行战略规划布局外，一般还应以各风景点为单元（点状结构），进行建筑物的规划与布局。有些以人文景观为主的面状结构风景名胜区保留着大量庙宇、祠堂、故居等古建筑，其人文景点与自然山水彼此交融、相映生辉，如果要在此增建饭店、宾馆、购物中心等新设施，一定要充分考虑原有建筑的布局和风格，做到和谐统一、尽善尽美，切不可画蛇添足、破坏风景。

（二）自然型旅游区建筑布局与设计原则

以自然景观为主的旅游区，其建筑物的空间布局与规划设计有其自身的规律，即始终要以保护风景、保护生态环境为主。

这种旅游区的建筑始终处于从属地位，是自然景观的配角。旅游区内古建筑的修复以修旧如故为好，对于遗迹的保护以控制环境为宜，风景区内的新建设施要因地制宜、注意空间意境、具有地方风格和民族特色。

综上所述，自然型旅游区建筑布局设计应遵循两个原则：

1. 保护生态环境的原则

旅游区是为游人提供游览观赏和休息娱乐的场所，必须有一个优美而安全的环境。为此需注意三个方面的防治与保护：

（1）预防自然灾害

自然灾害涉及地震、滑坡、崩塌、地陷、火灾、水灾、风灾等方面。防害减灾首先要以预防为主，加强科学预测和灾前预报；其次要树立相关意识，减少人为致灾因素；此外，在规划布局时应请有关专家进行科学论证，以降低灾害发生概率或减轻受灾程度。

（2）防止人为破坏

在旅游区内，人为破坏主要是指开山取石、滥伐树木、超标排污等所造成的各种破坏与污染，其中以植被与水源的形势最为严峻。植被遭到破坏就影响水源涵养。而水源枯竭又严重制约植被生长，从而形成恶性循环。

此外，自然风景与古建筑等人文景观是自然与历史的产物，若遭到破坏往往很难恢复或再生，所以必须杜绝对旅游区的人为破坏，特别是防止火灾、水灾和环境污染等。

（3）避免破坏性建筑

破坏性建筑多指在旅游区内建宾馆、饭店，或者索道类交通与公路交通设施等所造成的破坏，旅游区的设施建设固然必不可少，但这类建设本身常存在一定的破坏性，在建筑施工结束后应尽可能地采取植树种草、复土复垦等补救措施。以保护资源、美化环境，尽量把这种破坏严格控制到最低限度和最小范围。

2. 因地制宜的原则

因地制宜就是要根据当地的地形地貌环境特征。对建筑物进行合理的空间布局和规划设计。要做到“八宜八不宜”，即“宜小不宜大，宜藏不宜露，宜淡不宜浓，宜土不宜洋，宜散不宜聚，宜麓不宜顶，宜远不宜近，宜低不宜高”。当然，在运用该原则时仍应采取灵活的方式，即根据当时当地的气候条件、水体展布、地貌特征、植被发育、建筑类别等具体情况，做出合乎实际、符合需要的布局与规划。

（三）影响建筑设施空间布局的自然因素

影响旅游地建筑空间布局的自然因素主要有地理位置、地形特征、气候条件和水体水质等。

1. 地理位置

建筑物空间布局主要考虑的是目然地理位置。大到宏观的大地构造，小至微观的地质作用。尤其是地震、滑坡、地陷、地裂等地质灾害所在的区位。在海滨带，地震常常会引起海啸。如 2004 年年末的印度洋地震海啸波及沿岸多个国家，很多城市和村镇荡然无存，给旅游业造成了极大的经济损失；断层带形成的陡崖峭壁常出现岩石崩塌，在这些地区建设旅游设施显然也是不安全的。

2. 地形地貌

地形地貌既有宏观布局的考虑，也有微观布局的设计。大型的山体、大型的湖泊或大片的海滩空间环境制约着微观空间布局的设计与规划。其中主要涉及旅游路线、旅游交通网及设施、旅游景点位置、各类旅游功能项目和各类旅游设施的选址等。

作为建筑设施的规划布局考虑较多的是微地貌，如坡度的陡缓可直接影响到不同旅游项目的开发，有些地形险峻的地带，尽管景色迷人，然而可进入性差、安全性低，暂不宜开发旅游项目。

不同的地貌类型可以开发不同功能的旅游项目和设计不同风格的旅游设施，与旅游建筑设施有关的地貌类型，包括山地、河流、峡谷、湖泊、丘陵、海滩、沙漠、平原等。根据地貌特征进行选址时，着重考虑以下因素：

(1) 山地型旅游区，其建筑设施特别是宾馆、饭店的选址，应该靠近水源，以便于生活与旅游活动用水。

(2) 湖泊型旅游区，设施布局应选择地势比较高的地段，以利于排水防洪。

(3) 河流型旅游区，一般沿河择岸选向阳背风处，既避风寒又利采光。

(4) 海滩型旅游区，应该适当远离海岸进行设施的布局与规划，既要避开夏季的炎炎烈日，又要避开大风巨浪。

3. 气候条件

区域气候虽然不可变更，却可以进行合理利用。东北地区冬季气候寒冷，可以规划滑雪场地，如黑龙江开发的亚布力滑雪场，作为滑雪项目所考虑的相关气候因素主要是雪期、雪质、雪量和光照等。

旅游区内建筑设施宜选择温差相对小的地段，特别是度假区的位置，不宜选择昼夜温差太大的地方，应考虑温度的适宜性和人体体感的舒适度。

我国大部分地区为大陆性季风气候区，降雨多集中于夏季。如我国长江以南地区，春夏多雨、空气湿热、道路泥泞，给旅游者带来很多不便，区内的旅游地就需要因势利导。减轻气候所造成的不适。其建筑设施的位置选择、建筑风格和设施类别，要从通风避雨、空气流通方面多加考虑，特别是饭店位置不宜选择在阴冷潮湿、空气滞流的山谷或低洼地带。在功能设施方面，室外应多建一些廊、亭、榭、阁等小型建筑，既可供游人避雨休息，又达到了“对景”与“添景”的效果，炎夏还可用来遮阳，这类建筑在位置选择上比较灵活，山下、山坡与山顶均可适当布局，只要不远离旅游路线即可。

空气与山坡的坡位关系很大，坡位分为下、中、上三个层次，不同坡位的光照量、空气流通与温度变化有直接关系。坡下光照时间短、空气不流通，往往阴冷潮湿，不宜作为重要功能旅游设施的建筑地。坡顶温差大、风力强、空气干燥。也不宜建造重要的旅游设施。这两处只宜建一些亭子类小型建筑。中坡地带介于上述两者之间，气流通畅，风力小，温差小，是布局旅游景点和旅游设施的最佳选择。

光照主要受当地气候条件与坡向的影响。其中，气候条件对光照的影响既有积极作用也有消极影响。峨眉山作为著名风景名胜区，一年雾日达320余天，光照虽然极少，却是“佛光”景观的最佳观赏地。但太寒冷的地方就不宜雨、雾天过多；太炎热的地方光照时间也不宜过长。这两种情况在建筑布局时要视具体情况而定，不可一概而论。

光照受地形坡向的影响很大。总体上南坡光照充足、植被良好，北坡则相反。旅游地的建筑设施既要考虑植被，又要考虑光照：在南方不宜光照时间过长，应有蔽荫；在北方既不宜干旱缺水，又需要光照长久。因此，建筑设施以在东西两侧选址为宜。而对于不同的旅游项目，其坡向的选择应根据项目的内容而定，如滑雪旅游地应选择在北坡；沙滩与海水浴场以南坡和西坡为住；观光旅游点应在北坡，北坡使景点风光更为鲜明、清晰和突出。

4. 水体水质

水体对于旅游设施布局来说是非常重要的因素，尤其水质和水量是首先要考虑的，无论生活用水还是游乐用水，水质都有一定的卫生标准和咸度标准。水量大小则是确定旅游区开发规模和设计旅游项目的重要条件。泉水、瀑布、湖泊、河流和海滨，它们特点不同、功能各异，在水质达标的情况下。按其各自的运动规律和规模大小设计最佳旅游项目。同时，应根据水体的展布形态和周边地形的分布规律来确定建筑设施的位置。

二、山地型旅游区设施区位选择

山地型旅游区在我国的旅游资源中占有很大的比例。它们或为小规模的点状结构区。或为大规模的面状结构区。在几千年的历史发展过程中。其建筑设置有很多成功的经验可以借鉴。古代的山地型人文建筑多为寺观类。这些设计别致、构思巧妙的寺观建筑多与其自然环境和谐统一，并结合山势坡形创造出凝练生动、以建筑物为构景中心的建筑风景，其成功之处往往就在于其选址得当、依山就势、因地制宜。

（一）古代寺庙观的区位选择和布局

1. 基址区位的选择因素

作为山地寺庙观的选址，一般都要考虑三个因素：一是良好的小气候。背风向阳，空气流畅，能排泄雨水；二是靠近水源，便于获得生活用水；三是靠近树林，便于采薪。大多数名山风景区的寺庙建筑都能够将选址取景与上述功能因素进行综合考虑，因地制宜。利用显露的建筑布局来强调基址环境的开朗气度，并利用隐藏的建筑布局来突出基址环境的幽邃氛围。

2. 三种基址区位选择

比较常见者有如下三种类型：

（1）岗峦回围类型。三面岗峦回围聚合而成幽邃的局部自然环境，一面则外敞可开阔视野。按照堪舆（风水）家的观点，此类地形既能够聚蓄“地气”，又可使之通畅而不窒塞，乃是上好的风水。寺庙观建筑布局多呈“山包尾”的形势。即以建筑群的整体隐藏来创设禅林仙界的幽远深邃和造景上的含蓄意境，将建筑群的局部显露作为点染风景的补充手段。

（2）背枕高峰类型。背枕高峰，两翼的侧岭远远回抱如襟带，环境的气度开阔有如龙盘虎踞。寺庙观殿建筑结合基址的开朗景观，多以其显露的形象来充分发挥点缀风景的作用，某些殿宇则可以因势利导作为观赏他处风景的场所。

（3）山腰坡地类型。在山腰坡地带，寺庙观建筑群沿坡势之升起而密密层层覆盖其上。建筑形象全部外敞，呈气宇轩昂的“尾包山”形式，镇江的金山寺、九华山的百岁宫均属此例。

除上述三种常见的基址类型外，也有特意选择险峻的特殊地形构筑寺庙观的。它们或雄踞山顶极峰，或依傍悬崖峭壁，敞露的建筑居高临下，极目环眺，视野开阔，最能喧染一种超凡脱俗、俯临凡界的景象。大面积（面状结构）的名山风景区，一般都要构筑此类寺庙观作为山景的重要点缀，如峨眉山的金顶、衡山的祝融庙、九华山的天台、恒山的悬空寺等。

另外也还有利用岩缝、洞穴构筑寺庙观的，这种情况常以极深藏的建筑形象结合极幽邃的局部地形来烘托宗教的神秘气氛，如福州鼓山的罗汉魔。诸如此类的寺庙观选址，即运用局部地形的险、奇而创造出不寻常的特异景观，主要是出于宗教的目的而设计布局。

3. 建筑外观形象与地貌

名山风景区的寺庙观，绝大多数是以单体建筑物组成院落建筑群，顺应山坡地势构成一系列台地院试布局。这种台地院式布局不需要作大挖小填的土方工程，既节约劳动力，又不会破坏“地脉”的连贯性。台地院式布局不要求突出建筑竖向的高大雄伟而着意于横向的面上铺陈，因此，建筑群体的外观形象易于与地貌环境形成良好的嵌合。坡尾面、木构架，灵活多变的悬挑、披覆、叠落、架空等，又赋予外观形象以错落石致、活泼生动的轮廓，配合远近山形林木，最能显示建筑美与自然美的协调。在建筑群的内部，因山取势的台地院所形成的不同标高的院落之间，由于廊道、阶梯、挡土墙等的联系和分隔，又出现许多过渡性的小庭院。这样既有纵向的交错，又有横向的穿插，结合花木水石配置，运用“借景”“障景”手法，就在寺庙观内部创设出浓郁的庭院气息。

另外，寺庙观的设计一般都能根据当地的气候和地理条件就地取材。并运用当地民间建筑的传统手法，因而具有浓厚的乡土气息和地方特色，这也是形成名山风景区内统一的建筑风格的重要因素。

4. 入口的选择与布局

山地地形陡峭局促，一般很难像平坦的地段建造寺庙观那样，在山门前开辟广场作为入口门面形象。因此，寺庙观入口的设计需另辟溪径，把不利因素转化为有利条件。其原则有三：

（1）凭借山势。凭借山势之陡峭而铺设台阶，或沿着寺庙观建筑群的中轴线，或居于两侧成“八字蹬”，且大多是顺应地形等高线蜿蜒盘曲，予人以动态上升、恍如攀登梵宫仙界之感。

（2）借助特殊地物。借助于山门附近特殊地物的遮挡，先造成局部的障景以蓄势，再于不经意间将山门展露出来，这种欲扬先抑的手法给人的感受十分强烈，峨眉山的洪椿坪就是典型例证。

（3）线式序列导引。将入口处“点”的处理延伸为“线”的导引，一些大型寺庙观多采取这种手法。入口部位的建筑形象自山门往里推移，沿着曲折的山道而延展成一条线，在沿线的适当部位建置牌坊、亭榭、桥梁或其他点景小品，构成一个时空结合的序列，其序列的最前端也便是入口的前奏处，这样的序列可长达几百米甚至几千米，对于旅游者来说，这既是交通道路的一部分，也是别具一格的观赏线，其通过时间上的延展来诱发人们“渐入佳境”的鉴赏情趣。许多名山风景区采用这种布局方式。

5. 道路布局规划

名山风景区步行道路的布设一般有四个功能：

（1）宗教活动的功能。

（2）交通运输的功能。

（3）组织景观或引导观光的功能。

古代名山风景区的道路并非一次性开辟设计，而是千百年来历经使用、修整而日臻完善、渐成系统的。有些名山还利用交通网络主干线所处的不同地形地物创造出特定的宗教气氛，如泰山、衡山，自山麓至山顶的主干线上，以一天门、中天门和南天门划分为三个地段，象征道教所设想的升入天界的全部历程。

（4）休息的功能。作为登山之道，还需考虑登山的疲劳程度，每隔一定距离在道旁路边设置亭榭之类小建筑供人稍事休息之用，山道的选择很注意良好的小气候条件，能通风蔽日，或伴随潺潺溪流，或穿过淙淙泉瀑，以此减轻人们登山之困顿。总之，基本上能满足游人的行、止、食、宿以及全部日常供应。

另外，山道本身往往也是名山风景区最有观赏价值的内容之一。道路的布设很注意突出景物动态效果的连续展开，把许多孤立的大小景点贯通成观赏线。这种横向迂回曲折与纵向高低起伏相结合的动态组景，在许多情况下把距离、时间、景感三者的关系处理得恰到好处。一个景物往往由于道路的巧妙安排而从不同角度呈现出多种景象，使游人行走其中全然没有单调乏味之感。

6. 总体建筑布局的有机协调与完美

对于寺庙观而言，其总体规划布局一般都以一座或若干座大型寺庙观为中心，众多小寺庙分别环列其周围形成众星拱月之势。大的名山风景地往往结合不同的地形地貌环境划分为若干小区，以寺庙观的总体布局体现以景分区的原则。例如，九华山的九华街、闵原和天台三区，峨眉山的低山、中山和高山三区，它们都充分展示了各自的景观特色而成为不同的景区，山道可以作为统领全局的脉络和纽带，在山道两侧集中全部山地景观的精华，如泰山以岱宗坊为入山的起点，经一天门、中天门、南天门而结束于岱顶，自始至终构建了一个起伏跌宕、富于节奏、层次井然的宏大序列。

（二）近现代山地型旅游区建筑区位选择与布局

近现代山地型旅游区建筑设施主要有三方面的功能特征。其一，作为新开辟的以自然风景为主体的旅游区，建筑重点是食宿、游乐、体育和购物等设施；其二，在近现代某些山地型旅游区，外国人（如传教士）曾在此修建避暑山庄和相关设施；其三，在一些古代山地型旅游区修复和扩建部分现代食宿与娱乐设施，有一些山地旅游区新建空中交通网（如索道）和公路网，如泰山和黄山等名山修建的缆车索道等。

现代新开辟的山地型旅游区的规划布局，多数经过专家的调查研究和规划论证。建筑布局比较科学合理，但也有少数景区开发前没有进行周密而科学的规划，造成建设性破坏与规划布局的不合理。已开发的避暑胜地主要是偏重于原有设施的修复和道路的修建，有时也根据旅游区发展前景增设现代化的饭店和游乐设施、交通设施及其他基础设施。古代寺庙观风景区一般不宜再增建现代化设施。必要时只能在景区出入口的外部进行建设。

总而言之，在山地型旅游区建筑设施的规划与空间布局方面，一般应采取因地制宜的原则，要充分考虑当地的小气候条件和其他条件：光照充分、空气流通、水源充足、排水通畅、地基稳定、安全方便等。若在景区内修建观光点、休息设施（如亭、榭等）和购物与食宿设施，则必须遵循前文所述的“八宜八不宜”原则，尤其是宜小不宜大、宜散不宜聚、宜低不宜高、宜土不宜洋等。在具体布局时。还应考虑地形地貌及其与旅游区中心部位的关系。

（三）地形对建筑物的影响

地形对建筑物的影响可从以下几个方面考虑：

1. 山麓地带

山麓在山坡下部，即山脚地带。它是平原与山地的过渡地带，背靠山岭，面向平原旷野，一般堆积着冲积物或坡积物，坡度平缓而水源丰富，草木生长条件好，环境优越，交通方便，从古到今都是风景名胜区的大门和大型建筑群的布局地段，特别是大型宾馆、饭店和购物中心与大型娱乐、体育设施、车站等交通枢纽建筑多分布于此。古代名山的山麓带都是进山的入口，规模宏大的寺庙多集中于此，如泰山的岱庙、华山的西岳庙、衡山的中岳庙等，这些建筑规模宏大、雄伟庄严。其布局格式多采用竖向轴线对着山岳主峰，使建筑群与山体紧密结合、相互衬托、浑然一体。

还有另外一种山麓地形，其山不一定高，但没有明显过渡带或坡前冲积物，而是一陡壁悬崖，或者为多变的山势山形。这类山麓带多有泉水，其建筑布局相对比较自由，但应以横向沿山脚，伸展为宜，造成隐逸环境，其功能宜游、宜憩、宜居，如山西的太原晋祠。

2. 山坡地带

山坡带视野开阔，可分为凸坡和凹坡两种坡形。凸坡气势雄壮，可环视三方，露而不涵，并能与峰、麓、山峦等上下周边环境相呼应，在这里布置建筑甚为显明，可制造“敬仰”气氛，若顺坡设计为阶梯式建筑布局，颇为壮观，如古寺庙观的五台山南山、华山群仙观、恒山十王殿和承德普宁寺等。凹坡的环境则幽曲而含蓄，建筑物宜低，从而形成露屋脊于树梢、隐殿宇于林间的风格，这类环境也往往是建筑寺庙的好地方，如恒山北岳神寝宫、泰山普照寺、嵩山高阳书院等。

3. 山脊与山岭地带

一般山脊的两侧为两条河流或溪流的分水岭，两个山坡的交接带。或浑圆，或狭窄，或起伏连绵成岭，脊岭带可俯视两侧山谷丛林、溪流瀑布等，但由于地盘范围面积有限，不宜建筑群体设施与大型设施，宜多建亭、塔，供游人休息和观景之用。

4. 山谷带

山谷环境曲折幽深，常随溪流伸展，变化无穷。山谷溪流往往是自然理想的登山游览道，建筑物应与溪流相协调，并以此为主线延伸上去。随着山谷的转折、宽窄和流水的缓急跌落而有节奏地布置建筑，使其成为可游、可居、可行、可看的住地，但切忌成街设市，使其拥挤不堪。

5. 山顶带

山顶的形态有平顶、圆顶和尖顶之分，其质则有岩顶与土顶之别。山顶在整个山地型旅游景观中是显示山体态势的重要地段，也是最能反映山之性格的部位。不同的岩性所构成的山体，其顶部形态往往不同。一般情况下，变质岩山顶多为尖顶，花岗岩山顶则呈浑圆状，复合山顶处可成坪或凹地，沉积岩山顶依其岩层产状与岩性而异，砂岩类的直立与陡倾斜岩层为尖顶状，水平岩层者多为平顶，若风化强烈者也可成尖顶（张家界两种类型均可见，黄石寨为平顶，金鞭岩为尖顶）。碳酸岩类则多变化，各种形态均可出现。由前文可知，尖顶者不宜建筑，平顶与圆顶者可视其面积大小而定夺。在江南低山丘陵地带的山顶多呈平顶与圆顶，远观山势，曲线变化平缓柔和，其顶宜筑亭、筑塔，如桂林塔山、苏州虎丘塔等，极顶处尽管单个的山顶尖陡，但由于在群峰顶峦之间形成洼地或坪地，从而可视其面积大小与总体地形特点布局不同功能的建筑设施。庐山顶部世人称之为牯岭“香炉峰”，其地势平坦，适宜各类建筑布局，在峰顶间的洼地，建有宾馆和各种游乐设施。泰山极顶，平坦之处面积不大，故玉皇顶建筑规模较小。

6. 高山间盆地区

对于大面积山体（面状结构者）中的山间盆地，其地域广阔，有很大的回旋余地，可根据边缘与中心地带的地形特征规划各类建筑，如山西五台山便是在高山盆地中建造的；此外还有井冈山的茨坪与大小井等。

三、水体型旅游区建筑区位与布局

水体型旅游区依水体形态可分为大面积的湖泊、江河、海滨与小面积的泉、瀑两大系统。由于泉瀑占地面积小且多与山地相连共生，常成为山地型旅游区的组成部分，故在此不予讨论。这里着重讨论湖泊、江河和海滨地带的建筑区位选择与空间布局。

（一）湖泊型旅游区建筑区位与布局

湖泊有大有小，大型者如郡阳湖、洞庭湖、太湖等，中型者如武汉东湖，小型者如杭州西湖。

大型湖泊建筑不能以一地而论全体，而应根据湖岸地貌与依托城市进行建筑区位选择与布局。其设施主体常以局部环境为主进行规划布局，视其岸侧地形情况选择离湖岸较远的位置建宾馆、饭店。近岸处宜建游乐设施、体育设施和亭、台、楼、阁等小型独立的观景设施，不宜规划建筑群。道路交通也应离岸一定距离，防止涨潮、涨水时被淹没或冲垮而造成经济损失和人员伤亡。

以太湖风景区内的无锡为例，其建筑布局依岸择地，因岸就势。无锡地处太湖北岸侧，这里太湖岸带以鼋头渚公园为主要风景点，鼋头渚突出在太湖的万顷碧波中，其东北岸侧为犊山山麓带，此处因岸制宜，主要以园林建筑为特征，围绕鼋头渚建有亭、台、楼、阁、桥等景观点，如飞云阁、万方楼、劲松楼、长春桥、万浪桥等，在远离公园的北侧湖岸带有梅园，东侧有蠡园，布局比较合理。

中型湖泊和小型湖泊可视为一个整体进行统盘规划，其建筑设施建在湖泊的东北和西侧为宜，这样采光性能好，道路可环湖岸而设置，近岸处宜建亭、台类小型观景设施，有些湖泊可考虑在湖中筑堤，如武汉东湖与杭州西湖皆有人工堤穿过湖中，为游人提供了极大的方便。也有建筑物布局在两岸侧者，这主要是因地形的影响和约束，如南京玄武湖，主要构景和观景设施多在两岸侧。韩国新开辟的波门湖度假区，其主体建筑主要位于北岸侧，道路远离湖岸。因为以度假为主要功能时，要考虑建筑与湖泊的协调，不宜有噪声和空气污染，所以把交通干线设计在度假区的外围。

也有些小型湖泊度假区，将别墅建在湖岸与湖水衔接地带，一半在岸上，一半伸入水中，水中以石柱支撑与岸上地形取平，在其上建别墅，武汉郊区木兰湖度假区、海南儋州市云月湖度假区的建筑即是如此。

总之，我国中小型湖泊一般都是园林风景名胜之地，其建筑布局优雅宜人。如北京的北海公园、颐和园，杭州西湖，武汉东湖，扬州瘦西湖，绍兴东湖，南京玄武湖与莫愁湖，济南大明湖等，基本可以代表我国湖泊型园林风景景观的建筑特色。

（二）海滨型旅游区建筑区位与布局

海滨带旅游项目开发与设施建设最理想的地带是潮坪带。一般海滨自海向陆方向可分为潮下带（即浅海区）、潮间带和潮上带三个单元。其中潮间带有一个非常宽阔的浅水海域（水深 1 ~ 5m），在这个地带，波浪作用较弱。潮上带则为开阔的沙坪、沙丘、沙岗地形，或为较平缓低矮的山丘地形。在热带地区，滨海的潮间带至潮上带有红树林海岸和珊瑚群海岸。这些不同类型的海岸带，为海滨旅游项目的开发和旅游服务、休闲设施的建设提供了极佳场所，如我国的秦皇岛海滨、青岛海滨、厦门海滨和北海海滨等，世界很多著名的海滨旅游地也多设在潮坪环境和海滨带。

海滨带旅游项目开发与建筑物布局要根据海岸类型（沙质海岸、基岩海岸、生物海岸）和海岸地形特征来规划设计。在沙质海岸带宜开发滑沙场、滑水场，建筑物以游乐、体育等服务接待设施以及购物中心、旅游饭店等为主；基岩海岸宜修建度假区、海岸公园，建筑物以大型宾馆为主；潮间带的高潮坪和中潮坪。多辟为海水浴场。

（三）河流型旅游区建筑区位与布局

大中型河流风景地的建筑一般首先应选择北岸侧的山前，这样布局利于避风采光、空气流通等；其次是避开河漫滩，在离岸较远的河流阶地之上为宜；再次是在河流的凸岸处建置为好，凸岸处地形一般比较开阔平坦，宜于建设大型的宾馆和娱乐设施。但总体不宜布设建筑群，而应顺河流地势分散点缀于不同的部位，沿岸带也可考虑设交通道路，并根据河岸的宽窄和岸上地形的陡缓来确定交通网的规模和级别；沿岸侧还可采取一半在岸上、一半在水中的格式建造临水房舍。在岸侧高亢地段则可设置亭、台、楼、阁类观景建筑，如武汉的黄鹤楼、江西藤王阁等；另外建塔亭者也颇多。

桥是河流型旅游区的又一特色，往往成为一地的旅游热点。如闻名世界的伦敦塔

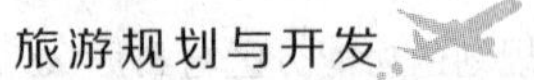

桥、南京长江大桥等，游人到此必上桥观光游览。建桥是一项浩大的工程，对两岸的基岩、基岸和地形都有严格要求，成功的桥梁建筑无一不是地学、力学、美学、建筑学等完美结合的产物。

第三节 旅游区景观的规划设计

一、旅游景区（点）开发与景观设计的主要原则

（一）立意要新

立意即景区（点）开发前总的设计意图，有一个中心主题。这个主题要有创意，它的确定是从市场需求、资源特色、区位和环境条件综合分析得出来的结论。旅游景区（点）规划设计的创意就是追求新颖，如深圳的民俗文化村，北京丰台的世界公园，银川的华夏西部影视城，宜昌的车溪景区等。

（二）人工美与自然美的统一

旅游景区（点）规划设计应以自然为主，人工为辅，巧加点缀，顺应自然，人工建筑与环境融为一体。建筑在风格特点、造型体量、比例尺度、色调对比上要服从环境整体，不能喧宾夺主。建筑物宜低不宜高，宜小不宜大，宜分散不宜集中，宜淡雅的乡土之风而不宜取华而不实的商业气息。

正如美国建筑大师莱特说的，“建筑要像从地里自然生长出来的那样”“建筑物应该是自然的，要成为自然的一部分”（他提出“有机建筑论”，强调建筑应当像大自然长在地面上的生物一样蔓延，攀附在大地上）。北京大学的景观设计专家俞孔坚教授曾经提出“天地人神”合一的观点。他曾对忽视自然环境在旅游区和城市绿地系统中的重要地位而仅仅强调匠意的花园构筑意识提出了强烈批评（“情长意短”“无法无天”），认为景观设计应遵从自然，体现文化。

（三）维护和创造生态平衡

旅游景区（点）未开发前，生态平衡处于相对稳定的状态，一旦进行旅游开发，游客进入，建筑物落地后，这种平衡就会受到破坏，如果保护措施跟得上就会形成更高一级的生态平衡（如杭州西湖）。成功的旅游开发会改善环境条件，创造新的生态平衡。失败的错误的旅游开发会对生态环境造成“建设性破坏”（如泰山建索道，张家界建登山电梯，三游洞附近建蹦极等）。

（四）讲求经济效益

旅游开发是地区经济发展的一部分，是企业行为，因此在开发前要做好经济概算，进行投入与产出分析，优先开发投资少、回收快、效益好的项目。

二、旅游景区（点）规划与景观设计的主要任务

旅游景区（点）设计的内容很多，但主要的任务是设计风景，主要包括选景、组景和强化风景：

（一）选景

开发旅游景区（点）的第一步就是在调查研究的基础上，经过排比和筛选，透过美的表象，洞察美的内涵，将蕴藏在风景中的特殊资质（气质、神韵、亮点）发掘出来，将其精华展现出来，供组景使用。

（二）组景

组景就是根据具体景物的特点，选择好的游览方式和游览路线，使游人得到美好的享受。风景是信息，信息需要加工、组合和强化，组景的作用，就是加工、组合和强化风景信息，创造美丽的景观空间。

组景的手法，一是选取辅景烘托主景，使之有主有从；二是扩大风景信息容量，变孤景为群景；三是选取独特的视角、视距、视野，提炼升华景物的艺术美。

（三）强化风景

组景不是造景，而是利用艺术手段强化有积极意义的景物，如利用点景、添景、借景等手段强化风景，创造美景佳境，如扬州瘦西湖的五亭桥、滇池的龙门就起到了点景、添景的妙用。

三、旅游景区（点）规划与景观设计的重点

（一）游憩空间

在山水林泉中开辟供人们游想的空间单元，为游客的游、观、听、嗅、触、思等整体活动提供方便，是旅游景区（点）设计的重点。一般来讲，在这些风景特征强烈的部位开辟游憩空间最有价值，如水面的一侧（使得水边的平野、山林、道路、建筑看成被水面单侧包围的空间），山中林地自然形成的区域。有水的山林地区最适合构成游想空间。

（二）边界和交界部

根据边界信息最大的原理，两种或多种风景因素之间的交接部位最有魅力。这些地区具有较一般地区更优越的组景、构景条件。例如，太湖鼋头渚的风景精华集中在“包孕吴越”石壁至万浪桥的临水石矶一带。

（三）游览路线

游览路线应当选择在风景特征强烈而集中的部位，并考虑游客的心理与行为规律和环境保护。

（四）风景建筑

在自然风景区，主景是自然山水，建筑物起到点缀、陪衬、烘托作用，不能喧宾夺主。设计建筑物，中式西式皆可，主要是要与环境和谐。如果有可能，风景建筑最好是因地制宜采用地方材料和结合当地传统建筑造型特征。

四、旅游景区（点）设计的主要方法

通过对大量的旅游规划经验的总结与提炼，旅游景区的设计方法主要有“引景空间”设计法、场景活化法、反差构景法、文化包装法、资源整合法等。

（一）“引景空间”设计法

1. 理论内容

王衍用于1994年首次提出“引景空间”理论，认为多数景区前面都有一个引景空间，如山岳风景区前的进山道路，陵墓前的神道，府第寺观前的街巷、空地、山路。这是风景区或景区的“前奏”，是其必不可少的组成部分。后来有研究者认为风景区空间结构中，穿越过渡空间、连接外围空间和核心空间的旅游交通路线及其两侧游客视野所及的空间就是引景空间，并认为其包括背景、节点、廊道、标识物四类要素，对该理论进行了发展。

引景空间的作用是可以营造环境氛围，使游人收回思绪，消除杂念，培养感情，渐入佳境，思想感情乃至身心与主景区内涵逐步接轨，从而融会到主景区的氛围之中，“水到渠成”地去游览主景区，增加游人的审美感受。

遗憾的是，我国绝大多数风景区或景区的引景空间（如天安门—午门，少林寺前的东西向山路，避暑山庄丽正门前的空地及两侧的道路）变成了商业街区和停车场，乃至汽车可以深达风景区或到达山腰、山顶等，严重破坏了游人的审美情趣。在区域旅游规划中，我们对很多旅游区提出了保留和净化引景空间的建议。

2. 类型设计

（1）人文景区

利用这个理论，王衍用曾对曲阜“三孔”的游览线路进行了设计，即游人要从孔庙神道（孔庙的引景空间）作起点，北行穿越万刃宫墙（南城门）进入孔庙，游完孔庙后返回南门，东行北拐走阙里街（孔庙东墙外古街，孔府的引景空间），进入孔府，然后出孔府后花园西门，北行到达后作街（新建东西向古街，时值中午前后，游人必然吃饭、休息、购物），然后从后作街东端北拐沿复圣颜庙西侧古街道至仰圣门（北城门），北行又接孔林神道（孔林的引景空间），游完孔林后返回孔庙神道前的停车场。

这样游览，使“三孔”形成了一个虽各自独立但又紧密相连的封闭系统，把游、购、食、行都纳入到了这条一贯到底的“封闭”线路之中，使游人一直沉浸在古庙堂、古牌坊、古碑竭、古柏树、古陵园、古围墙、古街、古城门、古代文化、圣人儒学所包围的浓厚的历史文化氛围之中，领略和体会到了儒家文化博大精深的内涵，获得了极大的美感和享受，从而还想游览曲阜其他名胜和回去后心甘情愿地为曲阜做“活广告”。这种游览方式既合理地安排了饮食、购物、交通，且路线长、时间长，会使大多数游客当日离不开曲阜，无疑使曲阜的宾馆、饭店、商店有了更多的消费者，从而增加了经济效益，解决了游客来曲阜大多只是一日游的缺憾。

（2）生态景区

由于生态景区具有主题产品的生态性和环境的自然性，因而引景空间的设计又有自己的要求。引景空间的道路特征、植物配景及标志物在基地色彩突出生态特征，与生态主题相吻合，做到进入引景空间氛围符合内在游览空间氛围。

济南卧龙峪景区规划中结合其生态主题进行相应的设计，设计了三套方案：其一，将此段路面修成绿色，寓意绿色通道，与景区外的104国道公路色彩截然不同，醒目而且离奇，既能吸引游客欲从该通道进入探个究竟，也与生态环境的绿色相一致。其二，路两侧栽植绿化树木和草皮，分为草坪、灌木、乔木三个层次，草坪用常绿品种，灌木用花季较长的品种（如月季、月月红等），乔木用观叶树（如银杏、水杉等），横观层次感强，纵看色彩分明，分列两侧如双龙对出，其尾至铁路桥处，营造宏大的气势。其三，在路中间隔离带上纵向用绿色植物或用固体材料堆成一条长龙，龙首正对路口，龙身顺路延伸，起伏有状。

（二）场景活化法

1. 理论依据

场景活化法实际上是一般学者称谓的意境流设计方法。“意境”是个美学范畴，作为中国古典艺术的特构，指的是诗词、绘画、园林等门类艺术中，借匠心独运的艺术手法熔铸所成情景交融、虚实统一、能深刻表现宇宙生机或人生哲理，从而使审美主体之身心超越感性具体，物我贯通，当下进入无比广阔空间的那种艺术环境。从旅游角度而言，意境的内涵要简单一些，纷纷扰扰的旅游活动达不到一种文学家、艺术家所称谓的艺术境界，因而我们更愿意称之为“场景”。

吴必虎教授以北京门头沟蓝龙山旅游度假区为案例，讨论了旅游区小区域规划中的意境流设计问题，认为旅游区意境流设计最直接的就是具象的物质景观的营造(1998)，实质就是一种场景设计法。

2. 设计要点

我们认为，旅游地场景活化要以具体场地为载体，以地脉文脉为根基，确立场景景观单元主题，围绕景观旋律，以静态场景景观和动态场景活动加以主题包装，不仅注重景观空间的有机分割，而且强调气脉连贯式的自然过渡，强化一种游客感知的场所精神与场所氛围，以达到氛围逼真、动静结合、前后呼应、景观生动的旅游效果，形成物质景观与游客精神感受的一体性，并推动游客游历过程成为一种吻合主题的、富有意蕴的、循序渐进的、层层感受的旅游主题体验。

（三）文化包装法

1. 理论依据

中国旅游一直存在重人、重文的传统（喻学才，1995）。所谓“重文”是指重视景物的人文因素，重视观赏的内心发现，重视景观的人文开发。中国游客大多希望在旅游过程中通过了解诗、文、词、楹联、题名、书法等载体上的文化信息，以满足其认识世界、欣赏世界的愿望。所谓“重人”是指在旅游景点的价值判断中十分重视人的作用和影响，“山以贤称，境缘人胜”这种特别看重审美主体的民族心理习惯，对中国人有着深广的影响，只要有杰出人物曾经徜徉其间，本来不甚出色的山水和景观在游客眼中也会因名人而增色。因而对于自然景观和文化景观，可以有意识地采用文化包装手法，喧染一种文化氛围和人文情愫，提升景观品位，激发沉寂景观的人文活力，增强景观的旅游吸引力。

2. 设计思路

可以被旅游规划者利用的文化表现形式主要有历史事件或人物、特色建筑、民风民俗、表演艺术、祭祖庆典、宗教文化、历史遗迹、文学作品等类型。这些文化形式大多处于静止状态，而且还具有无形性的特点，这就与旅游者心理预期的体验性活动的宗旨有所违背。因此文化包装法的设计思路就是要解决这种动静之间的矛盾，寻求可以将二者有机融合从容过渡的桥梁，从而达到深层挖掘文化底蕴、延伸包装产品内涵的目的。

我们认为，旅游景区的文化底蕴与景观设计之间的关键有二：其一是文化活化，其二为文化包装。文化的活化即在文化底蕴的基础上寻找活化途径，让旅游者能够在旅游活动中深刻品味当地的文化氛围，例如民俗文化、表演艺术、祭祖庆典等，都是参与性很强、活化度高的文化形式。而历史事件、历史遗迹等相比之下往往需要更多的突破口进行活化设计；用文化包装旅游区则是要在整个旅游区文化底蕴的基础上，将最能够代表本区特色的、我有人无、人有我优的文化形式提炼出来，对其进行重新设计，并将这个文化特色运用到整个旅游区的形象包装、产品包装等方面，对旅游区进行整体定位包装，以统一形象推向市场。

第四节 旅游区辅助景观设计

一、景区地标的设计

景区地标，就是一个景区独有的、标志性的形象特征所在的地域标志物。地标的设计涉及建筑、城市规划、旅游、社会学等学科领域。

（一）景区地标设计的思路

国内旅游界关于景区地标的探讨和研究较少。李蕾蕾曾分析了旅游地视觉形象的区位分异和空间结构，将其划分为第一印象区、最后印象区、光环效应区和地标区等（李蕾蕾，1999）。

近年来，围绕着代表北京城市新形象，即将成为城市新地标的三大标志性建筑：国家大剧院、中央电视台新大楼、国家奥林匹克体育场，即“水蒸蛋、板凳、鸟巢”（民众对这三大标志性建筑的戏称），城市规划、建筑学及旅游学者引发了激烈讨论（张玫，2004）。城市地标、景区地标的建设应广泛征求专家和民众的意见。

景区地标的功能在于能彰显景区面目，聚集大众眼球，引起公众关注，提高景区的知名度。随着旅游业发展、景区经营理念的推广和景区间竞争的需要，这一载体自然越来越被旅游开发建设者所重视。地标设计一般多是建设标志性景观，以三最（最高、最新、最现代）作为标准，以科技手段来引领，将目标锁定直耸云霄、体量庞大的现代标志性建筑，靠地方政府支持、巨额商业资本和大规模房地产开发，通过现代化的个性建筑等形式进行表现。如1994年建成的“东方明珠”电视塔成为上海的地标性建筑。

（二）景区地标设计的方法

我们认为地标设计与建设应遵循“因天材，就地利”的原则，因地制宜、张扬个性的要求，强调原创性，即内涵的原创性与形式的原创性，采用以下主要方法：

1. 文化融注法

融入地域文化资源，提升地段景观的旅游形象，即审视景区中的文化遗址景观与地域文化的关联，寻找两者之间的融合点，通过其在文化系统中的地位确认，以个性化主题景观对地域文化进行深入诠释，使地域文化有了张扬的空间，景观也因文化的渗入而得以提升品位，上升到地标层次，游客亦可通过地标发现景区之美，并对地域文化有初步直接的了解，促使游客旅游行为的升级。

如作为宁夏旅游中心城市的银川市，地域文化主体是“西夏故都、回乡风情、塞上江南”。“西夏故都”是间断的文脉——文化、民族与建筑在1227年西夏灭亡后灰飞烟灭；“回乡风情”的物象表征体现不足，缺乏回族自治区首府应有的民族文化个性；而“塞上江南”只是银川周边的大区域背景，加之近年来城市建设进入了超常规发展道路，城市整体风貌的时代性较为突出。鉴于此，在银川市不同地段借遗存的景物分别作地标式处理，在老城区西部，以西塔和中山公园的西夏兴庆府遗址作为西夏文化的皇宫区，按照“整旧如初”的原则，营造历史场景，形成西夏主题地标，与银川周边的西夏王陵（皇陵区）相呼应；在老城区东南面，以南关清真大寺为核心，按照回乡民俗特征进行地段包装，形成回乡中心地标景观；在银川东部机场至市区主入口的鸣翠湖，按照场景化、生活化原则，展现“芦苇荡、水田、鱼塘、水车、民居”等主题景观，给远程游客营造“塞上江南”视窗型的地标空间。

2. 景观优化法

根据旅游行为规律，外地游客来到一个城市，通常是选择高级别景区作为旅游目的地，对低级别的景区不予考虑，而地标也是旅游者必须实地感受的。因而，由于核心景区景观突出性的标志形象，使得不少城市出现地标与核心景区景观重叠的现象，地标建设工作实际上变成优化核心景区景观的工作。其面临的主要问题是没有与之协调统一的周边环境，现代化使地标沦陷为“文化孤岛、文物孤岛”，犹如大海中的一个孤岛，无依无靠，日渐黯淡。核心方法是采用“场所—文脉”分析方法，保持地标式景区与周边地段的原有历史格局与氛围，突出地标意义上的景观形象。

例如拉萨，从机场行至市区，首先映入眼帘的地域标志就是布达拉宫，然而进城接近它时，由于过高的现代建筑阻碍游客的视野，此标志反而不明显了；布达拉宫前的大广场和穿行的公路亦降低“布达拉宫—八廓街—大昭寺”这一特殊地标区域的氛围，所以应降低现代化宾馆、商业店铺的发展对这一区域的蚕食侵夺，控制建筑物的风格与高度，保持对布达拉宫的良好视角，调整规整式园林化的现代城市建设布局。

再如西藏的扎寺伦布寺以不可替代的宗教地位和深厚的佛教文化，使之成为日喀则市区的龙头景点，由于其高耸的位置（位于尼色日山麓，依山而建）、庞大的面积和醒目的寺庙金顶与展佛台景观，亦使之成为地标区。有效控制其周边类似东部的大广场与高楼大厦等喧宾夺主的建设行为，保持其周边特有的宗教氛围，与宗教朝圣空间成为保持这一地标形象的核心任务。

3. 遗址展示法

即将本土化的文化遗址进行地标式展示。中国城市发展进入快车道，城市建设中经常会曝出挖出历史文化遗址遗迹的消息，如成都市区水井街酒坊遗址曾是1999年中国十大考古新发现。若是仅仅作为文化考古地，或者是搜寻完文物掩埋变成现代大厦的地基，则是十分遗憾的事情。倘若当作一个醒目的历史地标来对待，配置一定的解说系统，则是升级其文化规格，凸显历史魅力的重要手段。这正如欧美许多国家一样，一截老城墙、一条古沟渠、一段老护城河、一幢古建筑都会尽心保护下来，以地标的方式予以突出。周边虽已是高楼大厦，却正好能映衬出它沧桑的历史魅力，给游客以突然的惊喜。

二、旅游景点对建筑的规划要求

我国旅游景点的规划和设计，各地都在进行，但缺乏统一的规范。这里根据世界旅游组织顾问爱德华·因斯克普（Edward Inskeep）先生的研究提出下列规定，供实际规划和设计者参考。

1. 建筑密度

极低密度：为独立屋或平房，每公顷12～25间。

中低密度：为2～3层楼房，每公顷25～75间。

中高密度：为4层楼房，每公顷75～150间。

高密度：为高层楼房，每公顷在300间以上。

2. 建筑物高度

建筑物高度一般不超过4层或15m，15m是树的高度。

3. 建筑物的缩进

建筑物缩进是指建筑物必须与海（湖）岸线、道路、建筑物地基分界线保持一定距离。其中与海岸线应保持50～60m以上。因为这样可保护海岸线的自然风貌，保证海滨地带成为共享空间，保护游客活动不受干扰，也可防止建筑物受海浪冲击而崩塌。

4. 建筑物占景点面积比率

为保证旅游者有足够的观赏和活动空间，在山间和海滨游览地，建筑物所占景点面积比率应控制在20%～25%。

5. 停车场

根据游人规模和变化规律，开辟若干个停车场，供来往车辆停留。

6. 公共通道

景点内应对大众开放，成为公众自由来往和休憩的空间。

7. 绿化面积比率

为维护景点生态环境和观赏效果，一般景点绿化面积应占75%以上。

8. 指示牌的设置

景点内的指示牌类别、设置地点要进行控制。适当设置游览信息牌和指路牌，而大面积广告牌不可在景点设置。指路牌的设计与制作应以人为本，尽量人性化一些，为游客着想，如标明从某景点到某景点的距离和步行需要的时间等。

9. 地下设备线路

景点各种线路应尽量埋设在地下，以保持景观的完整性，也有利于对线路的保护。

10. 建筑设计

建筑设计体现旅游设施的直观特征，要有灵活性，以发挥建筑师的创造性，但应坚持下列原则：

第一，运用本地区传统或历史的设计风格和图案，使建筑与文化环境相适应，体现民族性和地方性特色，给游人一种地域感（如九寨沟的旅游建筑）。

第二，屋顶线条是体现建筑物特点的重要因素，因此对屋顶更要精心设计（屋顶好比人的发型）。

第三，尽量使用当地材料，体现当地建筑风格，这样也为当地带来经济利益。

11. 环境美化设计

景点的美化对于创造一个优美、舒适的环境至关重要。环境美化包括植物、水域、小径、室外装饰和照明等。景点美化的功能是：在阳光直射地方提供荫凉；提供避风避雨的地方；遮挡不悦目的景色；为游客提供植物、文物、历史等知识。

12. 工程设计

建筑物结构和基本设施工程必须合理，以使设施正常运转。同时，要符合安全标准和健康标准，减少并避免灾害发生。建筑坚固标准要考虑当地最大可能的地震级数，要有防火设备及安全通道。

13. 为残疾人的专项设计

景点的游览道路、宾馆、厕所等设施，要有轮椅通道，能为视力障碍者提供解说和口头介绍，为听力障碍者提供哑语服务。

14. 旅游设施质量标准

旅游设施即能源、邮电、暖气、上下水道、排污净化工程等应按标准建设。

三、旅游景点设计中的花木配置

花木配置是景点建设中的重要内容，也是绿化体系的一部分。它是景点绿化的精品，起着生态平衡和改善环境质量的作用。

（一）花木在景点建设中的作用

花木配置扩大了绿化面积，而且在景点建设中起着重要作用：

第一，花木是风景素材，也是风景的主题。

在旅游景点中，有的以建筑，或文物，或山石，或水体为主题，也有一些景点以花木为主题，例如，承德避暑山庄的“万壑松风”景点即以离宫周围古松林为主题，每当风掠松林，发出瑟瑟涛声，山壁、松林和清风构成“万壑松风”美景；丽江的茶树王即以玉峰寺内的500年茶树为主题，每年春夏之交，有2万多朵盘子大小的茶花竞相开放，形成“树头万朵齐吞火，残雪烧红半边天”的壮观奇景。

第二，丰富景点构图，软化视觉环境。

景点的山石、屋宇线条较硬、直，色调也较单一，而植物线条柔软、弯曲，色调丰富，二者相结合，可以改变景点的构图。打破生硬轮廓，在树木环境中得到“软化”，调整单一色调，例如，西安大雁塔景点由于有松柏、垂柳、花卉陪衬，在蓝天白云下，大雁塔更加显得雄伟、秀丽、高耸。

第三，赋予景点时空变化和生气。

植物是生长变化的物体，花叶一年有周期性季相变化，蓬蓬勃勃，焕发着生机。因此，在植物的陪衬下，山石、屋宇就显示出了生气，一年中有春花、夏荫、秋叶（色）、冬雪的变化，四时有景，四时景异。

第四，植物有分割空间和隐蔽建筑物的功能。

景区、景点常常划分为若干个独立空间，用树木把空间分开，便于游人游览。同时，有的地物和建筑观赏效果差，可用树木隐蔽，形成完整、优美的观赏环境。例如，颐和园西侧平直呆板的围墙，割断了颐和园同玉泉山和西山的视觉联系，在造园时用西堤垂柳挡住墙体。将中景玉泉山和远景西山纳到颐和园内，扩大了观赏空间。

（二）花木种类

风景树木各有特殊之美，或以树古，或以花胜，或以叶形，或以果名，或成“茂林”，或成“浓荫”，按生态和观赏特点可划分为六类：

1. 林木类

林木类分针叶树、阔叶树和竹类，其中富有观赏价值的以苍劲、古老和有一定造型的树木风景为最。在我国旅游区中，著名的古树有黄帝陵的轩辕柏、晋祠的周柏（树龄3000年左右）及孔庙的古柏、嵩阳书院的“大将军”与“二将军”（树龄2000年左右）。

黄山松分布在江南海拔800～1000m的凉湿、贫瘠的岩石裂缝生态环境中，因而以造型奇特著称，有迎客松、送客松、蒲团松、凤凰松、黑虎松、卧虎松等。

松、竹深受人们的喜爱。松，冬夏常青，生命力强，象征着坚强不屈，“经隆冬而不凋，蒙霜雪而不变”。竹，清丽拔秀，静雅高洁，“未曾出土先有节，纵火凌霄亦虚心”。古人曾有“宁可食无肉，不可居无竹”的偏爱。

2. 花木类

花木以花大、浓艳、花期长为贵。白色玉兰，莹洁清丽，花香袭人；红色茶花，鲜艳，热烈，牡丹有“花中之王”的美称；杜鹃有“花中西施”之誉；月季有“花中皇后”之说；水仙有“凌波仙子”之调；樱花是春天的使者；梅花铁骨冰肌，顶霜傲雪，有忠烈之骨气；荷花“出污泥而不染”，亭亭玉立。

3. 果木类

树果色彩以红、紫为贵，黄色次之。果实成熟正值盛夏、凉秋之际，自然景观处于冷色系统中。为浓绿（夏）和黄绿（秋），此时成熟果实以红色、黄色特别引人注目，如苹果、桃、李、杨梅、荔枝、樱桃和柑、橘、橙、枇杷、柿等。

4. 叶木类

以树叶作观赏的树木，以新绿和红叶为最。当早春之际，天气渐暖，叶芽初崭，呈鹅黄或微绿色，出现“枝间新绿一重重，小蕾深藏数点红”的景象；夏去秋来，叶色随变，如枫、榜等树叶，经霜变红，妖艳如锦，呈现“霜叶红于二月花”的艳丽景象。

5. 荫木类

荫木类具有修干密叶之特点，供蔽荫用，如按树、樟树、榕树、梧桐等。

6. 蔓木类

蔓木具有攀缘习性，干枝部纤弱，依附于山石、墙壁和花架之上，如葡萄、紫藤、蔷薇、爬山虎等。

此外，还有灌木类（如迎春花、火棘）等。

（三）花木配植方式

花木所引起的感官效应，不单由花木本身的特性所支配，而且在很大程度上由配植方式所决定。花木配植的主要方式有：

1. 孤植

花木有着独特的性格，或名贵，或挺拔，或苍劲，或古拙，或盘根错节，或婀娜多姿，或娇艳，或芬芳。从花木独特性格的角度考虑，可孤植。栽植位置可选择院内一角，切忌居中，其高低、大小、疏密要与院落空间相适合。

2. 点植

庭院较大，孤树不能蔽荫，从空间布局的角度考虑，可点植，即点植二三株或三四株。根据树干大小、树叶疏密、姿态的差别、色调明暗适当地安排，切忌对称和平均排列。例如，拙政园玉兰堂庭院平面呈矩形，共有乔木两株，一大一小，分列两侧，大者广玉兰是主景，小者桂花起烘托、陪衬作用。

3. 丛植

丛植是从植物生态和季相变化考虑而栽植。乔木与灌木结合，常绿树与落叶树结合，使园林构图内容丰富，错落有致，形成枝叶繁茂、嘉木葱茏的气氛。树种和数量的选择要考虑季相变化、开花先后、色彩的对比和协调。

4. 群植

在一定空间范围内，为强化某一主题，可将花木成片栽植，即群植，形成森林或花海，如苏州邓尉山的梅花“香雪海”、长白山二道白河的美人松林等。

此外，还有线植（如沿河岸、湖岸、路边绿化带）等。

（四）花木配植技巧

花草树木是景观设计不可或缺的要素，在配植上应注意技巧。

我国传统园林中的林木，有很明显的特征，就是遵循“取其自然，顺其自然”之原则，无论松、柏、柳、梧、梅、竹、樟、槐等，都按它们自己生长的姿态种植，几乎不加修饰；林木组合也不将树木列队而植，而是自然而然地散植于园中。这和中西方传统园林美学理念的差异有关。

园中之植树，须看树而种树。有的树往往宜单植，如松、柏、樟、梧桐、银杏、棕榈等。或者也有多株同类之树植于一处，但总是有自己单独的形象、轮廓线。我们欣赏这类树，也总是赏其单棵树的形态。观松柏之矫健，看梧桐之魁然，视银杏之高耸，赏竹枝之秀雅。有的宜合种，如冬青、女贞、木榨、柑桶以及竹类等，种得浓密，意象丛生。这种树往往不欣赏其单株的形象，而且往往起喧染环境的作用，作为某个主题景物（如单石、单株树、亭、轩等）的陪衬物。这种“丛林”宜密不宜疏。这也是中国画之方法论，所谓“疏可跑马，密不通风”。

园中之植树，须注意主次，切忌松柳竹槐乱种一起。所谓主次，就是一处地方以某树为主题，其余则作为陪衬。主题之树，不在数量之多少。而在于位置是否显要，形态是否突出。陪衬之林木，一要少个性（如冬青、女贞、洋槐之类）；二要对主题之树起烘托作用，位置、疏密等是关键。一处景观，树的种类宜少不宜多。树的种类多，难以统一。

园中之植树，也须注意植于何处。柳宜植水边，有“杨柳岸，晓风残月”之趣。棕榈不宜植阳处，否则它会疯长，太高则不好看。庭中宜植槐、榆之类，数年后亭亭如盖，夏荫于庭，能生凉意；冬则落叶，阳光满院。樟宜植于园宅前部，木柬宜植于其后部。我国民俗有“前樟后木柬”之说，吉利之意。松柏多植于山丘或陵园。山石松柏，其美学思想多有“言志”“比德”之意。竹宜丛生，山前、屋后、庭内皆宜。文人爱竹，因此，大多数园林均有竹。梅与竹相仿，也为文人喜欢之物。园中之梅，不可能有那漫山遍野大片梅的条件，所以多为零星的。

园中林木要注意由小至大。新建园林多小树，植时不能太密，要考虑长大后的情形，如今有很多人不懂这个道理，如银杏、香樟之类，种得很密。殊不知这类树将来会长得很大，树植好后应少移动，须知“人挪活，树挪死”，特别忌移动大树。

花卉在园林中也须重视手法。这种手法关键在于意境，如苏州拙政园海棠春坞小院中植海棠，院周有回廊，这是取苏东坡之诗《海棠》之意：“东风袅袅泛崇光，香雾空蒙月转廊。只恐夜深花睡去，故烧高烛照红妆。”

荷花也植于园林池中，而且往往把它诗化了。夏日荷花盛开，“映日荷花别样红”。苏州拙政园大水池中有荷风四面亭，与岸有小桥相连，亭有隘联：“四壁荷花三面柳，半潭秋水一房山。”荷到秋末冬初，荷叶残败，给人有萧瑟之感、悲凉之美。拙政园有座留听阁，阁前水池，池中有荷，留阁之名取自李商隐诗“秋阴不散霜飞晚，留得枯荷听雨声”。

和中国园林林木手法一样，中国园林的花卉，也不同于西方园林之规则构图，布局十分灵活，草的处理也不一样，西方园林多做成几何图案的地毯式的大草坪；中国传统园林则不同，多为分散的、点缀式的，在土坡表面植些草皮，而且往往还要植些灌木，置几块石头。园林中的草，还有一个用途是假山单石脚下植之，作为石与地面交接。所谓“山露脚不露顶，露顶不露脚”也。

（五）花木选择应注意的问题

各地景点配植花木时，要多选择本土树种，因为土生土长的花木存活率高，成长快，几年就可成林，显示地方特点。

在栽植花木时，要考虑时令的变化，使园林景色四季常新，做到细竹迎春、荷莲爽夏、秋菊烂漫、蜡梅傲雪、松柏常青。

动脑筋

通过山东黄河三角洲国家级自然保护区图，我们可以看到这是哪种典型布局模式？我们学习的典型布局模式在实践中有哪些应用变型？

1. 我国旅游功能分区的原则有哪些？
2. 旅游区典型空间布局模式有哪些？
3. 旅游功能区设施区位选择与功能分区有何关联？
4. 旅游区景观及辅助景观设计侧重？

第八章　旅游环境保护规划

【教学目的】

了解旅游环境保护规划及地质、水文、噪声等方面的规定；理解旅游超载的调整措施，旅游环境保护规划的步骤；掌握旅游垃圾的处理、旅游厕所的建设与管理。

【教学内容】

1. 旅游环境保护规划概述
2. 旅游环境地质水文资源保护
3. 旅游环境大气保护与噪声控制
4. 旅游环境卫生
5. 旅游文化民俗的环境保护

【重点难点】

教学重点：旅游环境保护规划的分类规定

教学难点：旅游垃圾的处理、旅游厕所的建设与管理

旅游发展规划主要内容第八条规定：按照可持续发展原则，注重保护开发利用的关系，提出合理的措施。

旅游区可根据实际需要，编制旅游区保护规划等功能性专项规划。

旅游区总体规划内容第九条规定：研究并确定旅游区资源的保护范围和保护措施。第十条规定：规划旅游区的环境卫生系统布局，提出防止和治理污染的措施。

因此，旅游环境保护规划实质上已成为旅游规划中必不可少的工作环节，它对于旅游资源的开发与持续利用起到至关重要的作用。

另外，旅游环境保护不仅是保护自然旅游资源，而且还包括保护社会人文旅游资源（如图 8 – 1 所示）。

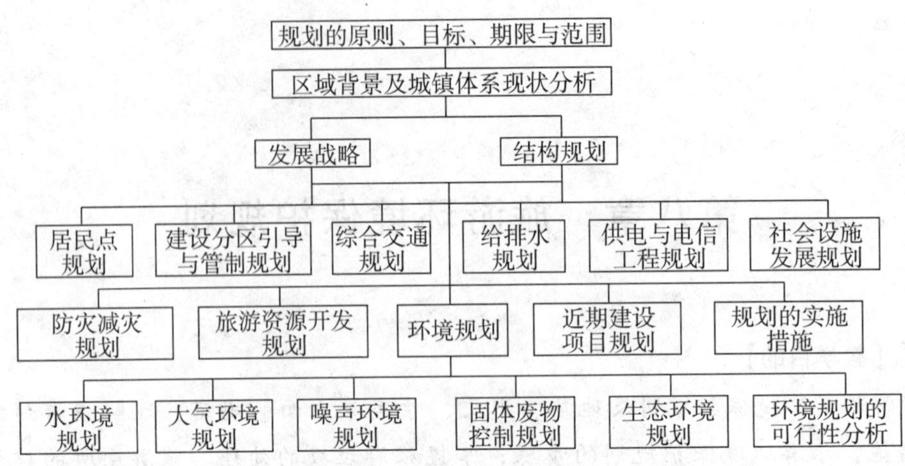

图 8－1　旅游环境保护规划在规划体系中的地位

第一节　旅游环境保护规划概述

关于旅游环境容量的研究仍处于分散化、小区域、尝试性的初级阶段。但旅游学界和职能部门管理者们都已意识到，作为一个操作性概念，旅游环境容量用于规划和管理意义重大。在旅游开发中，发展中国家的旅游环境容量问题要比发达国家更受关注。我国现代旅游业的发展时间不长，但已经出现了许多影响和制约旅游的深度开发与健康发展的问题。其中，旅游区环境的退化、旅游旺季时著名旅游地的饱和与超载等都是必须尽快解决的问题。

一、饱和、超载与旅游污染

在理论上，旅游地域或场所（可以是旅游景点、景区、旅游地、旅游区域或旅游设施）承受的旅游流量或活动量达到其极限容量，称为旅游饱和。而一旦超出极限容量值，即为旅游超载。在日常的旅游管理工作中，有时视旅游地域接待的旅游流量达到其合理容量为饱和，超过合理容量值为超载。旅游超载必然导致旅游污染或拥挤阻塞，如果旅游地域长期连续性或间歇性地饱和与超载，其结果必将是破坏旅游资源、损害旅游地域的生态系统、恶化旅游者与旅游地居民的和谐关系。从国际上看，这种例子屡见不鲜，尤以发展中国家居多。换言之，长期的旅游饱和与超载将给旅游业造成致命的打击。

依据发生的时空特点，可将旅游饱和与超载分为如下几种情况：

（一）时间上的长期连续性饱和与超载和短期性饱和与超载

长期连续性旅游饱和与超载的情况多发生在大城市内或城市郊区，并且主要发生在文化古迹景区或其他的人工旅游吸引物场所。为了保护旅游资源和旅游区环境，在发生长期连续性旅游饱和与超载的地域，通常实行严格的旅游分流和管理措施。成功的例子当属伦敦著名的中世纪城堡伦敦塔，其面积不足 $100m^2$，全年游人如织，平均日接待游客7000～8000人，远超出人工吸引物景区每公顷日容纳5000人左右的容量指标。伦敦旅游局的调查表明，在这种容量下仍能使绝大部分游人乘兴而来，满意而归。

在实际中，短期性饱和与超载现象占绝大多数。它又分为周期性与偶发性两种情况。

周期性饱和与超载就是季节性饱和与超载，是旅游饱和与超载中最常见的现象，这与人类社会经济活动的周期性规律和自然气候的周期性变化有关。

偶发性饱和与超载常是由于旅游地或其附近发生了偶然性的事件，这些事件在较短时间内吸引来大量旅游者。如奥林匹克运动会的举行、一定地域中某种或几种动物的大量聚集、珍稀植物大量开花等。一般来说，偶发性饱和与超载造成的环境影响易于消除，而周期性饱和与超载则是一个危险信号，在不及时采取应对措施的情况下，旅游对于环境的破坏可能是无法挽回的、毁灭性的。我国许多著名风景区近年来周期性饱和与超载现象的频繁发生，已经到了足以引起专家学者、决策者及全社会关注的地步。

（二）空间上的整体性饱和与超载和局部性饱和与超载

这里所指的空间范围，可以是旅游地或包含有若干旅游地的旅游区域，旅游地的局部性饱和与超载是指部分景区承受的旅游活动量已超出景区容量，而另外的景区并未饱和。在大多数情况下，整个旅游地承受的旅游活动量都未超出旅游地容量值。这是旅游饱和与超载中最常见的现象。由于表面上旅游流量并未达到旅游地容量值，因此局部性饱和与超载对于管理人员具有很强的隐蔽性，而事实上，部分景区饱和与超载导致的旅游对于环境的消极影响已经开始。旅游地的整体性饱和与超载则指所有景区和设施承受的旅游活动量均已超出各自的容量值。旅游区域的局部性饱和与超载是指区域中部分旅游地旅游流量已达到或超出其容量值。整体性饱和与超载意味着区域内各旅游地皆人满为患，已无剩余的容纳能力。

（三）旅游饱和与超载对于环境和设施的消极影响

1. 践踏地表

在旅游饱和与超载之时，旅游活动场所承受着超出其正常容纳能力的旅游活动量。仅仅由于旅游者脚踏量的激增而伴生的对旅游场所的重力、压力和磨损，就可能导致严重的后果。人文旅游资源本身就有一个自然损蚀的过程，旅游饱和与超载会极大地加速这一过程，严重损害资源的价值。例如，北京故宫三大殿内现已无法重新制作的“金砖”，因长期以来游人饱和与超载造成快速磨蚀。已经明显下凹。在以自然为基础的旅游区，因旅游饱和与超载带来的对于旅游活动场所的践踏，轻则损坏旅游资源本身，重则损害其土壤、植被和动物赖以生存的环境，造成生态系统失调。我国大部分著名自然风景旅游区的重要景区皆因饱和与超载出现了生态系统的局部退化现象，重要景点及其附近均因游人踩踏而裸地日见扩大。美国生态学家韦弗等人在落基山区的研究表明，同样的旅游活动量所产生的对林地的践踏结果比对草地要严重得多。草地上的植物在经受了1000次践踏之后损坏量约达50%，而同样的践踏量对于林地植物损害却接近100%。因此，在旅游活动场所外缘选种一定数量的草地，能在很大程度上缓解因旅游饱和与超载给生态系统造成的消极影响。

2. 影响水体

水是生态系统中最活跃的成分之一，也是人类日常生产生活中必不可少的基本供应成分。在以自然为基础的旅游区，旅游饱和与超载在绝大多数情况下会对区内水体造成污染，尽管有时旅游饱和与超载只是导致水体污染的间接原因。水体污染会给旅游业的存在与发展造成难以预料的后果。例如，济南趵突泉景区的水质和水量已今非昔比；滇池的水体污染已严重影响了昆明旅游业的发展。

3. 产生噪声

旅游饱和与超载对人类感官会产生直接影响，使旅游者感觉拥挤不堪、人声嘈杂，难以感受到闲适舒畅的旅游气氛，旅游体验的质量会大打折扣，造成旅游者心理上的不满足。在自然旅游地，动物会因噪声受到恐吓而被迫迁移别处，这样有时可能造成不良的生态后果。

4. 破坏设施

旅游饱和与超载会给基础设施和旅游设施造成很大压力。一般情况下，短期的饱和与超载不会对设施造成严重损害，但持续时间较长的旅游超载则不仅可能对设施造成极其严重的损坏，而且会对游客形成巨大的潜在危险。例如，我国许多名山登山道的护栏，旺季时饱和与超载常使其松弛，甚至脱落，严重时成为发生旅游事故的潜在因素。

二、旅游超载的调整

由于旅游饱和与超载常常导致严重的环境后果，对旅游业产生很大的消极影响，因此，设法消除旅游饱和与超载成为旅游管理和规划中的重要工作。

（一）饱和与超载调整的主要措施

饱和与超载调整的主要措施有两方面：

一是从旅游需求方面着手，减小旅游旺季的高峰流量，使旺季的旅游流量在旅游地域饱和点之内。采取的有效方法，一般是通过大众传播媒介，向潜在的旅游者陈述已经发生过的旅游超载现象及其环境后果，并预测当年旺季可能出现的旅游流量和超载情况，从而影响旅游者选择旅游目的地的决策行为。西方多年来的经验证明，传播媒介所提供的信息与建议对旅游者的决策行为有非常重要的影响。

二是提高旅游供给能力，或调控旅游供给的内部结构并辅之以对旅游需求的引导措施。这一方法着眼于对旅游者实行空间上的分流。

（二）旅游地的局部性超载调整的主要措施

旅游地的局部性超载分为两种情况，对应的则有不同的空间分流措施：

第一种情况是旅游地内的部分景区超载、而其他景区并未达到饱和。这些景区的剩余容量完全可以满足超载景区超载部分的旅游流量。相应的旅游空间分流措施为内部分流，即在超载景区入口地段设置限流设施，一旦景区达到饱和则停止进入；或在景区入口地段根据景区内的旅游流量与景区容量值的差值情况（尚未饱和），收取附加的景区使用费，旅游流量越接近景区容量值收费越高，一旦饱和也停止进入。

第二种情况是景区内部空间分流之后仍然超载。在这种情况下，如果旅游地容量仍有扩大的潜力，则当尽快予以扩建，如果旅游地已无扩建潜力或扩建后仍不能避免超载，则必须采取与旅游地的整体性超载同样的外部空间分流措施。

（三）旅游地整体性超载调整的主要措施

旅游地整体性超载事实上即是旅游区域的局部性超载或旅游区域的整体性超载，相应采取的是“排斥”与“吸引”并行的外部空间分流措施：

“排斥”即采取经济办法并利用大众传播媒介，将潜在的旅游者部分地从即将整体性超载的旅游地或旅游区域排斥走。具体做法是，允许或以立法的形式要求旅游地经营者提高价格，如门票、食宿、交通等费用，直到不再出现整体性超载，并在传播媒介中予以传播。

“吸引”则指利用价格、媒介以及地理邻近性等，将潜在的以超载旅游地（或旅游区域）为目的地的游客吸引到未饱和的旅游地去，或建立新的旅游地吸引游人。一个鲜为人知的旅游地，只要其本身质量较高、吸引力大、区位适中、价格低廉，完全可以通过营销工作迅速吸引大量游客。旅游区域的整体性超载，只能靠扩大旅游供给能力，即开发建设新的旅游地来解决。

（四）旅游地饱和与超载调整的宏观措施

1. 利用介入机会

在诸多类型的新旅游地中，利用介入机会（替代性）所开发的新旅游地，对已超载的旅游地具有最为明显的空间分流效果。因此，在决定新旅游地开发的顺序时，具有介入特性的旅游地应为首选。介入机会是指旅游者在选择旅游目的地的过程中，由于去乙旅游地在时间和费用的消耗上比去甲旅游地更为节省而总体旅游效果近似，旅游者选择乙而不选择甲这样一种现象。

在国际上，利用介入机会而迅速发展起来的旅游地很多，如墨西哥的坎昆在20世纪70年代末已成为世界闻名的旅游胜地，它就是利用了对加勒比海旅游区的介入机会（北美旅游市场）；我国河北昌黎海滨的成功开发则是利用了对北戴河海滨的介入机会。

旅游环境容量概念在新旅游区规划与管理中的有效运用，可以及早避免饱和与超载的发生。在新旅游区开发和经营中，除了应该同别的旅游区一样，充分重视传播媒介的影响之外，还要在开发初始就对其容量状况与目标市场有清醒的认识。旅游区的性质一旦确定，其容纳旅游活动的能力也就基本固定，因而旅游区容量和旅游流量就成为旅游区日常管理中两个重要的指标。旅游区容量表示旅游地的环境和设施对旅游活动量的限制程度，体现其所要保证的旅游者体验的性质和质量。在旅游区的总体规划中，具体的景点修建、景区道路安排、旅馆等旅游设施的设计和建设都必须遵循与其性质相关联的旅游区容量指标，以使旅游区的各个组成部分能够协调运转。而一旦开发工作基本完成，要大量改变旅游区容纳能力即改变其性质，一般来说，将非常困难。因为这样的改变会消耗巨额投资，旅游区在用地安排上也容易出现混乱或损害景观质量。例如，法国地中海沿岸的朗格多克－鲁西荣旅游区与西班牙地中海沿岸的太阳海岸旅游区，两地都以阳光、碧海和沙滩著称，自然环境条件也大同小异，但由于在开发之初，规划的着眼点与深度不同，使两地旅游区的容量（指同样空间规模而言）和性质差别很大，旅游业的经济效益也大相径庭。

2. 其他措施

对短期旅游环境饱和与超载的旅游区注重淡季的休养生息和环境补给；对局部性旅游环境饱和与超载的旅游区实行轮流开放、分区恢复；对全体公民和旅游业从业人员进行宣传引导，使他们牢固树立旅游环境保护的意识；人工治理受损环境，加快旅游环境恢复等，也是解决旅游饱和与超载的有效措施。

三、旅游环境保护规划的步骤

旅游区向游客提供清新卫生、安宁闲适的旅游环境是保持和提高旅游区吸引力的基本条件，是事关旅游业可持续发展的重要工作。为此，制定旅游环境保护规划十分必要。编制旅游环境保护规划既要考虑旅游环境本身，又要考虑区域的生态环境背景，还需考虑旅游区总体规划。具体步骤如下：

（一）环境现状调查与评价

这是规划工作的前提和基础。包括规划区的自然与人文旅游环境的调查与评价。

自然旅游环境的主要调查内容是地理位置、地形地貌、气象气候、地质水文、大气质量、土壤植被与生态系统等状况；人文旅游环境方面主要调查社会经济、政治文化等现状并逐一评价。

（二）环境问题预测分析

以已有资料和现状调查结论为基础，根据当地总体发展规划旅游业发展趋势，确定规划期内旅游环境保护所要达到的目标，预测旅游开发活动对环境的影响及其未来趋势。这个过程可以借助环境影响评价来完成。

（三）确定环境容量

为科学合理地开发旅游资源，找到旅游资源利用与旅游环境保护的平衡点，协调旅游发展与环境保护的关系，保证规划方案的实用和可行，我们还必须确定旅游环境容量，即运用不同方法测算旅游资源的承载能力。

（四）规划方案的拟订与优选

首先根据规划目标与预测分析，结合旅游环境容量的量测结果与旅游建设项目的设置情况来拟订旅游环境规划草案。然后经过严格慎重的修正、补充与调整后再纳入到旅游总体规划中。

四、旅游环境保护规划的指标

旅游环境质量及其指标的选取应根据区域旅游发展现状及其趋势来确定。要尽量科学合理、简便易行。如旅游区内植被、水体等资源保护所要达到的目标，大气、水体、固体废弃物等各种污染的治理与控制目标。在我国，关于旅游环境质量的指标体系多年来均不尽统一，2003 年发布的《旅游规划通则》对旅游环境质量及其相关指标给出了一定的标准，这无疑是为旅游环境规划的指标体系提供了很好的参考性依据。其主要内容为：

（1）旅游区根据不同的产品类型及旅游容量采用不同环境质量标准，对跨两种或两种以上产品类型的旅游区，应采用较高的环境质量标准。

（2）人文景观型旅游区的规划设计应当以达到以下环境质量标准为目标：

①绿地率不少于 30%。

②大气环境达到 GB 3095—1996 一级标准。

③人体直接接触的娱乐水体达到 GB 12941—1991A 类标准，与人体非直接接触的景观娱乐水体达到 GB 12941—1991B 类标准，生活饮用水水质达到 GB 5749 的要求，其他水体达到 GB 3838 的要求。

④环境噪声达到 GB 3096 的要求。

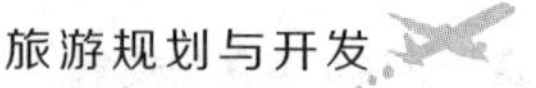

⑤公共场所卫生达到 GB 9663—9673 和 GB 16153 的要求。

（3）自然景观型旅游区和度假型旅游区的规划设计应当以达到以下环境质量标准为目标：

①除滑雪、海滨和河湖型旅游区外，其他旅游区绿地面积不少于 50%。

②大气环境达到 GB 3095—1996 一级标准。

③人体直接接触的娱乐水体达到 GB 12941—1991A 类标准，与人体非直接接触的景观娱乐水体达到 GB 12941—1991A 类标准，生活用水水质达到 GB 5749 的要求，其他水体达到 GB 3838 的要求。

④环境噪声达到 GB 3096—1993O 类标准。

⑤公共场所卫生达到 GB 9663—9673 和 GB 16153 的要求。

（4）专项旅游产品要按照专项产品环境质量保护的特殊要求进行规划设计。

五、旅游环境规划的主要内容

旅游环境规划的内容主要包括自然旅游资源环境规划和人文社会环境旅游资源规划两方面的内容。

自然旅游资源环境规划主要包括：地质地貌旅游资源及环境的保护、水体旅游资源及环境的保护、旅游大气环境的保护、噪声污染防治、旅游垃圾的处理、旅游厕所的建设与管理等。

人文社会环境旅游资源规划主要包括：旅游文化民俗的环境保护、文物古迹的保护、旅游城镇及古建筑的保护等。

第二节　旅游环境地质水文资源保护

一、地质地貌旅游资源及环境的保护

地质地貌是自然旅游资源形成的基础和前提，优良的地质地貌为旅游开发提供了良好的物质基础条件，同时，地貌现象在旅游景区景点中还起着重要的衬景作用。优美的地质地貌，尤其是一些奇特的地质地貌，往往是几万年，乃至上百万年大自然的变化所形成的，一般具有不可再生性，因而从旅游开发到旅游业经营的全过程都应特别注意对其加以保护。

（一）山地地貌及环境的保护

1. 控制上山游客数量，合理疏散旅游人流

针对目前风景区季节性和局部性的饱和、超载现象，管理者完全可以通过有效的

管理措施来加强对山地资源和环境的保护。如通过门票的发售来合理地控制旅游者人数；通过新闻媒介及时向社会发布风景区旅游冷热的信息，避免和减少人们出游的随意性和盲目性；管理人员在较热景点进行必要的分流等都是行之有效的管理措施。如黄山旅游目前绝大部分集中于温泉—天都峰—玉屏楼—西海—北海这条游览线上，而这条游览线只占黄山总游览线长度的32%，对处于温冷状态、尚“藏在深闺人未识”的68%的游览线进行宣传促销尤为必要。又如为了保护生态环境，使雪山风貌不因游人过多拥入而遭到破坏，云南玉龙雪山采取了限制游人上山数量的措施。上山索道的设计指标限定在每小时输送420人左右，并规定游人不许乘坐自备的车辆上山，为此，管理者准备了6台“大巴”免费运送游人。

2. 减少山地旅游垃圾滞留量

登山旅游者旅游活动的分散性和山地的特殊地形决定了旅游山地垃圾不仅最大、分布广、零散，而且污染物一旦形成，处理起来特别困难，因此更应设法减少环境污染物的产生，以此减少山地旅游垃圾的滞留量。可采取以下措施：

（1）净物上山。目前，黄山风景区污染最严重的是游人和宾馆、饭店的集中地，尤其是垃圾的污染相当严重，为此，黄山采取了净物上山的措施。如对一些带皮、带壳、带毛的蔬菜和肉类在风景区外先行粗加工，去皮、去壳、去毛，清洗后用食品保鲜袋装好再运往山上，这样就可以大大减少风景区内的生活垃圾数量。

（2）规定携带物品的数量。云南玉龙雪山对上山游客所携带的物品实行严格规定。游人上山除可携带相机外，其余物品如行李、饮料、香烟、打火机、火柴等都不能带到山上，就连胶卷纸盒也要放在山脚下的垃圾场内。玉龙雪山的生态保护措施博得了世人的称赞，人们称这里是“国内旅游风景区环境保护意识最强、生态旅游最好的风景旅游地”。

（3）游客自带垃圾下山。为了更好地保护五指山的生态环境，海南省五指山国际度假寨开展了登山环保旅游项目，即对旅游登山者所携带的饮食物品在出发前实行登记。登山者必须做到把饮食后剩下的罐、盒、袋等垃圾品全部带回，由五指山寨按每件的市场回收价付给他们环保费。反之，客人每少带回一件登记品则缴纳100元，作为环保资金专用。为了减轻旅游者的身体负荷，方便客人游览，五指山国际度假寨在登山游览区沿途设立多个“登山环保引导站”，摆放垃圾篓，由专职环保人员负责回收，并开具收据，以便客人回寨“报销”。环保旅游项目实行以来，得到登山者的广泛支持。

3. 合理建设和利用索道

虽然索道的建设可以为名山旅游区带来更多的客源，可以减少旅游的季节性，可以为老幼弱游客提供更好的条件等，但索道的建设必须建铁塔、立支架、架电缆，还可能要开山炸石、砍伐林木等，就有可能破坏山地的生态环境和人文景观。因此，索道的建设一定要慎重。有几个问题必须注意：

（1）严格审批。哪些山地可建索道，该建几条索道，在哪里建等，一定要严格审批，确保对山地的自然和人文资源的负面影响减至最低。为此，应由建设、旅游、交通、环保、园林、生态、地质等部门和有关专家组成索道建设小组，进行认真细致地调查、勘察和科学论证，制定若干个设计方案，并从中选定最佳方案。

（2）保护性建设。在充分规划和论证的基础上，要选择国内外最好的索道设计单位和生产单位。索道选线要避开传统的步行登山道路，以保证道路两边的景观、文物古迹不受破坏。在建造过程中，要使用新技术、新工艺，以减少对自然环境的破坏，如在安装塔架时，为防止山石松动，应用人工开凿代替爆破开凿等。

（3）科学管理和合理利用。近些年来，国内对索道问题一直争论不休。其实山地索道问题的关键不是该不该建，而是如何建和如何管理及使用的问题。过多索道的建设，有可能破坏环境，而且使大好美景成了过眼烟云。更为严重的是造成风景区内旅游环境容量失控，资源和环境承受更大的压力。如每年“五一”“十一”期间，泰山岱顶区0.6平方千米的地方，在高峰时间段达到了6万多人，激增的游人踩得小草都没法生长。而根据有关专家的研究，岱顶的生态非常脆弱，最多只能容纳1万人。

4. 保护山地原有的自然风貌和文化特色

山地风景区的吸引力就在于它的原始自然风貌和独具特色的山地文化，因此，对山地风景区的保护重点就在于保护它的自然风貌和文化特色。具体做法是：

（1）少与精。在山地风景区，不宜多建人工建筑、人工景点，更不能新建寺庙，索道缆车也应尽量少搞。应做到数量少、质量精，讲究特色。不得不建的建筑或项目，也必须要符合总体规划的要求，严格执行国家有关基本建设项目的环境影响报告制度。对已列入世界自然或文化遗产的山地，还要遵守国际公约和标准。旅游线路和设施建设的规划布局要尽力做到不破坏自然景观，不污染环境，不影响物种生存和繁衍，保护和维护生态系统的安全和完整。要本着“区内游，区外住”的原则，不在风景旅游区内修建宾馆、饭店和娱乐设施。

（2）协调。人工建筑在选址、体量、色调、形式等方面必须讲究和周围环境的协调。山地建筑风格宜山野化、园林化，不宜人工化；空间布局宜分散，不宜过分集中；建筑色彩宜淡雅，不宜浓烈；建筑材料宜采用木石竹草，慎用水泥，有条件的地方应推广生态建筑。福建省武夷山以优雅秀丽的自然风景取胜，该风景名胜区在开发过程中，特别注意了协调性。虽然也修筑了一些必要的设施，也做了一些人工点缀，但看起来很协调自然。在修建设施时，其做法是：“宜小不宜大，宜土不宜洋，宜低不宜高，宜隐不宜显，宜淡不宜艳。”宜小不宜大，宜低不宜高，是指建筑物体量要小，不搞庞然大物，不与自然物夺空间。宜隐不宜显，是使建筑物尽量不要直入游客眼帘，游客远处眺望，虚虚实实，时隐时现，不破坏景区的原有风貌。宜土不宜洋，是指建筑物的风格，不搞洋式建筑，而是搞篱笆环绕的草房和竹楼，具有山间野趣情景。当然，草房、竹楼不一定真的用草用竹修造，而是形似草房和竹楼，同时，在草房竹楼内部也不排除搞“洋”的现代化设施，可设卫生间，可装暖气和空调等。宜淡不宜艳，是指建筑物的颜色淡，观后使人觉得柔和。艳则夺人眼目，有喧宾夺主之嫌。总之，武夷山风景名胜区的上述做法，是很有见地的，其经验值得借鉴。

5. 实行短期封闭制度

例如，黄山实行了热线景点单独出售游览证，控制客流量；疲劳景点实行封闭轮休，让其休养生息，恢复小环境自然生态。对建筑过多的景区，实行细则管理，拆除违章建筑。在景区外建居民新村，迁出景区内的全部居民，恢复景区自然风貌。

6. 山地安全管理

山地安全管理包括防火、防灾、防盗等内容。

黄山十分重视消防安全工作。在天都峰下有黄山风景区管理局竖的一块“诫碑”，上面记述了1972年12月8日那场由于游人乱扔烟蒂引发的大火，以及由此给黄山风景区造成的难以弥补的损失，这对游客有很大的教育作用。不仅如此，管理局还将消防安全工作做到实处，路旁石壁上均有醒目的禁烟标志，环卫工人及时清除道路两旁的残枝落叶，消除火险隐患。

黄山风景区公安、护林防火、工商、环卫等部门的室外工作人员，经常在各自负责的路段来回巡视。因此，这里未见游人在禁烟地段吸烟，未见垃圾遍地或满溢，未见个体商贩欺诈游客或纠缠游客强卖商品。分段到人，职责明确的管理方法，以及工作人员高度的责任感，使黄山的管理工作落到了实处，收到了明显的管理效果。

山地安全管理还包括对某些自然原因导致的自然灾害的预防，如滑坡、洪水或泥石流的暴发等。在峡谷地貌地区，要定期封闭峡谷，检查谷壁两侧的状况，观察岩体的稳定性，检查有无活动性的裂缝和松动的岩石、峡谷上游是否有大量松散的堆积物，以便在峡谷两侧谷壁上端排除险石，以防止滚石、塌方、滑坡和泥石流的发生，保护游客安全。

另外，还应建立灾害预警系统、防灾救援系统，如建立火灾、山洪、森林病虫害观察站等。

（二）土地地貌及环境的保护

1. 控制游乐项目建设占用土地

20世纪八九十年代在我国各地滥建的大型人工景点，不仅给国家造成了巨大的经济损失，而且还造成对土地的大量占用和浪费。据估计，包括在建的和已经停业的在内，全国人造景点总数在1000座以上，全部投资不低于800亿元。这还不包括对耕地相关土地占用所造成的损失。而这些大型的人工景点，大多是急功近利的粗制滥造，大多入不敷出，经济效益很差。因此，必须严格控制人造景点、高尔夫球场、仿古城、游乐场等项目的建设数量，同时要处理好景区资源保护和城市建设的关系。

1995 年，肇庆市旅游委员会耗资 2500 万元统征土地 87 万多公顷，收回非法占地 20 多公顷，并通过全面调查取证、勘界和协调工作，在景区边界立起 99 块界碑，办理了七星岩景区国有土地使用证，使星湖风景区成为全国唯一竖立了景区界碑，取得了合法土地证的国家风景名胜区，从而解决了保护风景资源和生态环境的最根本问题。根据环境保护的规定，拆除了在景区乱搭滥建建筑物近 400 间，并将这些“窝棚区”改造为生态优美的植物观赏区。

2. 防治旅游项目建设带来的污染与破坏

在日本及东南亚一些国家，高尔夫球场的建设对环境的污染和破坏日益显现，因此人们对高尔夫球场的抵制情绪也越来越强烈。为此，这些国家先后出台了一系列政策，控制高尔夫球场数量，同时也制定了一些针对高尔夫球场及其他旅游项目建设对土地资源及环境的污染与破坏的防治对策。如日本对高尔夫球场使用农药做出了许多规定和限制，如千叶县规定新建的高尔夫球场不能使用农药。日本高尔夫球场的经营者也采取技术措施，以保证排放到水中的农药浓度不高于标准值；有关企业则研究、开发适用于高尔夫球场的农药和减少农药使用量的处理技术以及草坪养护的方法。此外，还定期监测高尔夫球场周围的环境质量，提高经营者的生态管理水平，防止对土地和水源的污染。

3. 溶洞旅游资源及环境的保护

（1）保护溶洞自然景观的原始风貌。溶洞是一种地下风景地貌资源，其类型和特色多种多样，具有其他地貌景观无法比拟的特殊吸引力。

溶洞的魅力就在于它的原始自然风貌，因此必须严格控制洞内的人工建筑，必须谨慎使用现代建筑材料和手段，坚持以保护为主，开发必须服从保护。

如北京银狐洞在施工中，采取鼓风、遮盖等办法，防止电焊产生的烟尘污染，缓冲放炮引起的冲击波对景物的损伤；对整个溶洞（地下河除外）不准使用电雷管，不准放大炮，尽可能减轻震动；而且在施工中尽量少用现代建材，管道、灯具、电线等都隐蔽起来，做到只见灯光，不见光源。

（2）加强溶洞安全管理。溶洞属半封闭空间，环境容量有限，溶洞的安全问题，除了保护好洞顶、洞壁及洞底的稳定状态外，还要对洞内的二氧化碳含量给予足够的重视。二氧化碳含量过高，会危害游客的身体健康。因此，必须采取防范措施，控制进洞的瞬时游客数量，做好人工通风等。

二、水体旅游资源及环境的保护

（一）河湖旅游资源及环境的保护

1. 控制工业及生活等污水、废水排放

由于生活污水和工业废水是造成城市或旅游区水体污染的主要原因，因此控制污水、废水向旅游区排放，减轻水体污染，保护水资源，是旅游区环境保护的首要任务。

（1）关、停、并、转、迁污染型企业。根据国务院《关于环境保护若干问题的决定》的要求，到2000年年底，全国所有工业污染源都要做到达标排放，否则就要采取关停并转迁措施。

旅游区要坚决采取措施，严格控制工业新污染源，抓紧治理旧污染源。在河湖等旅游区（点）周围，要严格禁止新建小造纸厂、小化工厂、小制革厂、小酿酒厂等污染严重的企业。现有污染企业，要按照“谁污染，谁治理”的原则，由污染者承担治理费用。对污染严重的实行限期治理，或者采取果断措施，关、停、并、转、迁。如桂林市为保护漓江水源，就曾下令关、停、并、转、迁了漓江上游一批污染型工业企业。上海市加强苏州河、黄浦江上游的污染防治，也采取了同样措施。

（2）改革生产工艺，推行清洁生产。这是实行全过程控制污染，减少排污量的最佳途径。首先，可采用改革工艺。减少甚至不排放污水。如用无污染或少污染的能源、原材料和产品替代毒性大、污染重的能源、原材料和产品；用消耗少、效率高、不排污或排污少的工艺、设备替代消耗高、效率低、产污量大的工艺、设备。其次，提高生产用水的重复利用率。尽量采用重复用水及循环用水系统，使废水排放减至最少或将生产废水经适当处理后循环利用。以工业企业为例，减少工业用水量不仅意味着可以减少排污量，而且可以减少工业新鲜用水量。因此，发展节水型工业对于节约水资源，缓解水资源短缺和经济发展的矛盾，减少水污染和保护水环境具有十分重要的意义。

同国外经济发达、工业先进的国家相比，我国大部分工厂水的浪费现象仍然十分严重。例如，钢铁行业，国外先进水平的吨钢耗水量一般为3～5m，而我国的平均水平为70～100m。因此，工业节约用水十分重要，并具有很大的潜力。

（3）建设污水处理设施。各旅游区（点）内的各类接待场所，如饭店、宾馆、疗养院、度假村、餐馆是旅游区的主要污染源和污染大户，必须要求其建设污水处理设施，实行污水处理达标后排放，禁止向水中排放没有处理的污水。严格执行“污染收费”制度并应加大收费力度。

（4）实行污染物排放总量控制制度。长期以来，我国工业废水的排放一直实施浓度控制的方法。这种方法对减少工业污染物的排放起到了积极的作用，但也出现了某

些工厂采用清水稀释废水以降低污染物浓度的不正当做法。污染物排放总量控制是既要控制工业废水中的污染物浓度，又要控制工业废水的排放量，从而使排放到环境中的污染物总量得到控制。实施污染物排放总量控制是我国环境管理制度的重大转变，它将对防治工业水污染起到积极的促进作用。

2. 河湖治理工程

（1）河湖截污工程。我国在河湖治理方面，截污是最基本的方法之一，但这种方法也存在很大的局限性。即截污后集中建污水处理厂的建设和运行费极高。即使在发达国家日本，生活污水集中处理率也只有 60%，特别是在 5 万人口以下的小城镇普及率只有 24%。而我国城市的生活污水集中处理率只有 10% 左右，要达到日本目前的普及率恐怕还得需要十多年的努力。目前，我国只能拿极有限的资金进行局部治理，可见仅靠这种办法不足以从根本上解决河湖污染问题。

（2）河湖清淤工程。即对河湖淤积的底泥垃圾进行清理，以改善河湖的水质。有两种方式：

①传统清淤方法。即使用传统的挖土机清淤和载重车辆外运的方式。此种方法的缺点是容易造成运输过程中的二次污染，非常不适合在人口密集、交通拥挤的城市使用。

②环保清淤方法。即管道输送清淤方法。主要是利用管道清淤技术来治理河湖底泥和垃圾。1998 年启动的北京市水系综合治理工程“六海”清淤治理，就是利用这种技术。

北京的环境整治事关重大，而河湖治理在环境整治中又占据着特殊重要的地位。城市河湖治理与山区和农村不同，城市建筑物集中、人口密集、交通拥挤，施工中不允许污染环境、堵塞交通，特别是北京市水系综合治理工程，既不能影响国家机关、企事业单位的正常办公，又不能妨碍居民的正常生活，并且时间紧、任务重、困难大。“六海”系什刹海（西海、后海与前海）、北海、中南海（中海与南海）的总称。特殊的地理位置和政治地位决定了这里的清淤施工不能使用传统的挖土机清淤和载重车辆外运的方式。在综合考虑了“六海”周围的交通道路、供水、供电、环保、旅游、安全保证等因素的基础上，北京市城市水系综合治理工程指挥部制订了“干海冲挖与远距离管道输送相结合”的经济环保型施工方案。

管道清淤技术在国外已被普遍采用，在我国，只在南方的一些港口清淤中采用过，但都不大成功。这次在北京的成功实施，为该技术在我国的运用积累了经验。

3. 旅游城市河湖污染防治

（1）将水污染防治纳入城市的总体规划。各城市应结合城市总体规划与城市环境总体规划，将不断完善下水道系统作为加强城市基础设施建设的重要组成部分予以规划、建设和运行维护。对于旧城区已有的污水、雨水合流制系统应做适当的改造。新城区建设应在规划时考虑配套建设雨水、污水分流制下水道系统。

（2）加快城市污水处理厂的建设。随着城市人口的增加和居民生活水平的提高，城市供水量和污水排放量也在不断增加，但城市污水处理率一直很低。就全国来说，城市生活污水排放量已达到全国污水排放总量的40%左右，很多大城市及沿海城市甚至接近70%，而我国的城市污水处理率只有10%左右。“八五”期间，我国城市日供水能力共新增2979万吨，而污水处理能力仅增加436万吨，两者差距的加大，使得城市生活污水对水环境的影响越来越大。因此，加快建设城市污水处理厂是迫在眉睫的事情。

（3）发展城市污水资源化。随着世界城市化进程加快，一些工业和人口过度集中的大城市严重缺水，旅游城市情况更加严重。因此，在水资源短缺地区，在考虑城市水污染防治对策时应充分注意与实行城市废水资源化相结合，在消除水污染的同时，开展城市污水回用技术的研究和开发，进行废水再生利用，以缓解城市水资源短缺的状况，这对于我国北方缺水城市尤有重要意义。

（4）改革水价制度。对生活用水和排污都要建立定额管理、累进加价的水价制度，通过经济杠杆调整，提高公众的节水意识，加强节约用水，减少排污。

4. 水体富营养化防治

（1）控制工业、生活污水的氮、磷流失。主要是加强对河湖边城镇、农村的工业污水和生活污水的有效处理，减少含有氮、磷等营养物质的废水、污水的排放。可通过制定合理的污水排放费征收标准，为污水处理产业化创造条件；对污水处理产业，政府可给予政策倾斜和财政扶持。

（2）合理利用化肥和农药，控制农业氮、磷流失。控制化肥中的氮、磷流失措施有：①改善灌溉方式和施肥方式，减少肥料流失。②科学定量施肥。特别是在地下水水源保护区，应严格控制氮肥的施用量。③大力推广生物肥料的使用。④加强造林、植树、种草，增加地表覆盖，避免水土流失及肥料流入水体或渗入地下水。

控制农药方面的氮磷流失措施有：①开发、推广和应用生物防治病虫害技术，减少有机农药的使用量。②研究采用多效抗虫害农药，发展低毒、高效、低残留量新农药，合理施用农药。③加强农药的安全施用与管理，完善相应的管理办法与条例。

（3）强制推广使用无磷洗衣粉，控制旅游企业含氮磷污水流失。我国每年消耗含磷固体洗衣粉300万吨，含磷废水给河流湖泊带来极大的污染，氮和磷是促使藻类生长的最重要的营养元素。科学家通过实验了解到，对氮元素进行限制，不能阻止水体富营养化的发生，因为，藻类能直接从空气中得到它所需要的氮元素，而且藻类死亡后，微生物会分解它们的“遗体”，得到的氮又可以被其他的藻类重新利用。只有限制水体中的磷元素，才能防止水体发生富营养化。因此，必须限制使用含磷洗衣粉。

5. 河湖两岸生态环境保护

一是抓好河湖两岸的绿化和护岸工作，通过改善生态环境质量，进而达到改善水环境质量的目的。二是抓好上游水源保护，在江河上游严格控制林木采伐量，建设和保护好水源保护林区，防止水土流失。

6. 充分利用水体自净能力

自然净化能力是一种可贵而有限的自然资源，合理的工业布局可以充分利用自然环境的自净能力，变恶性循环为良性循环，起到控制污染的作用。以河流为例，河流的自净作用主要是指排入河流的污染物浓度在河水流向下游时浓度自然降低的现象。如果在一段河流中有排污，应采用系统分析的方法，在一定水质要求下，充分利用河流的自净能力，合理布点组织废水排放。

7. 开发污水处理新技术

在目前的社会生产水平条件下，工业生产中产生废水和污水是不可避免的。为保证水体不被污染，必须在这些废水排入水体之前加以处理。

可利用的方法包括：物理处理法、化学处理法、生物处理法及物理化学法。还要依靠科技进步，积极研究和开发处理功能强、效果稳定、出水水质好、投资少、能耗和运行费用低、操作维护简便的污水处理新技术、新设备和新工艺，这也是防治水环境污染的一项重要工作。

8. 水上旅游交通的管理与控制

各种水上旅游交通是造成水体污染的一大原因。

（1）旅游交通污水、垃圾处理。水上交通游览船只，要利用污水箱、垃圾箱袋集中收集污水和垃圾，待靠岸后再处理，不能直接排入水中。

（2）旅游交通燃料污染控制。对水上游览船只要实行挂牌经营，控制船只的数量，要逐步淘汰燃油机动船只和破旧船只，杜绝跑、冒、滴、漏油现象。多利用无污染且噪音低的船只，如电瓶船、太阳能船等。

（二）海洋水体旅游资源及环境的保护

中国拥有18000多千米的海岸线和14000多千米的岛屿岸线，6500多个海岛，管辖海域约300万平方千米。海洋是重要的旅游资源，海滨、海岸、沙滩、珊瑚礁及红树林等一些特殊的海岸地貌是发展旅游业的重要资源。合理开发海洋资源，科学管理海洋环境是海洋经济可持续发展的必然选择。

1. 海洋功能区划

海洋功能区划是指根据海域区位、自然资源、环境条件和开发利用的要求，按照海洋功能标准，将海域划分为不同类型的功能区。通过海洋功能区划的实施，可以控制、引导海域的使用方向，保护、改善海洋生态环境。促进海洋资源的可持续利用。

国务院在有关文件中强调。海洋功能区划是海域使用管理和海洋环境保护的依据，具有法定效力，必须严格执行。

海洋旅游资源的开发和保护必须符合国家海洋功能区划的统一要求，严格执行国家标准。

2. 海洋自然保护区

目前，中国已建立海洋类型自然保护区 59 个，总面积 129 万平方千米，其中包括海湾保护区、海岛保护区、河口海岸保护区、珊瑚礁保护区、红树林保护区、海岸泻湖保护区、海洋自然历史遗迹保护区、海草床保护区、湿地保护区等。

3. 国民蓝色国土意识

海洋专家认为，海洋资源与环境的无节制开发和破坏，固然与人们急功近利、只看眼前利益有关。但根本的问题是，从总体上说，我国国民海洋国土观念十分淡薄。21 世纪是海洋的世纪，如果我们不加强这方面的教育，将会遭受更大的损失。

4. 控制陆源污染

主要是控制沿海大中城市的工业企业、海滨旅游地的各类旅游企业及其旅游服务设施所产生的废水、垃圾等对海洋环境的污染。应建立制度，加强旅游区重点排污口的监测、监视和管理。沿海大中城市要不断调整工业布局，加强技术改造，开展三废综合利用，对污染严重的企业限期治理或关、停、并、转、迁，要建设一批污水处理厂，控制新污染源，减少陆源污染物入海量。还可以采取深海远距离排放的办法，尽量减少对近岸水域的污染。在旅游胜地夏威夷，它的所有废水都要经过处理达标后，再排入 1000m 深的海底。

5. 防治海上溢油、漏油污染

为防止船舶和港口燃料污染海洋，我国各类船舶均按规定装备了油水分离装置，编制了《船上油污应急计划》。港口普遍建设了含油污水接收处理设施和应急器材，每年处理船舶含油污水 370 万吨，回收废油 42 万吨。为了防止海上石油开发对海洋环境的污染，钻井船舶全部配备了油水分离器和污水处理装置，各油田都配备了围油栏、化学消油剂以及溢油回收船。

6. 海洋防灾减灾

中国是世界上海洋灾害最严重的国家之一。以台风为例，全世界每年在热带洋面生成 80 多个台风，其中北半球有 60 多个，影响中国的有 20 多个。海雾、风暴潮、巨浪、海冰等灾害也很多。影响中国沿海的风暴潮、海浪、海冰、地震海啸、海岸侵蚀、台风和海雾，以及赤潮生物灾害等海洋灾害，在各类自然灾害总经济损失中占 35%。为了减轻海洋灾害损失，中国建成了多部门合作的、由近海到远海海洋环境及灾害观测网络和预报、警报系统，开展了主要海洋灾害分析、预警报和评估业务，建立了海上搜救中心和沿岸防灾准备应急系统，形成了独具特色的海洋减灾体系。

海滨旅游地的旅游设施建设，特别是近岸的旅游设施建设，要充分考虑到台风及风暴潮等灾害的影响。其主要防治措施包括多层次、大面积种植抗风性能强的树木，形成防风护林带；近岸带的旅游设施距海岸线要保持一定的距离，面对主风向的高层建筑物的立面不要太平直，以减少台风的破坏程度；加高、加固海（河）堤，营造和保护红树林，建筑防波堤和潜堤，防止海平面上升以及由此引起的海滩侵蚀。

（三）瀑布、泉水水体旅游资源及环境的保护

1. 瀑布保护

瀑布保护主要包括水量保护和水质保护两个方面。

(1) 瀑布水量保护。

①生态环境维护与建设。要保证瀑布有充足的水源和水量，就要严格保护瀑布上游及周围的生态环境。植树种草，严禁在坡地砍树开荒，要退耕还林，加强水土保护，防止水土流失加剧。

②处理好工农业生产和居民用水与旅游业的关系。对著名的瀑布风景旅游资源，要有一定的取水限制，尤其在枯水期，对工农业生产和居民用水可采取另辟水源的办法，以保证瀑布有充足的水量，发挥其旅游观赏的功能。

③护水工程建设。据来自贵州省水电厅信息，贵州省投资近 3 亿元，正在黄果树大瀑布上游 14km 处建设一座可灌溉 3000 多公顷农田的水库。这座容积达上万立方米的水库还有一个重要的功能：调节黄果树大瀑布枯水期的水量。黄果树大瀑布位于贵州西部打邦河支流白水河上，它高 74m，宽 81m，春夏季多雨时节，白浪滔天，气吞山河，是中国第一大瀑布，在世界排名第三。然而，黄果树大瀑布季节性特征十分明显：一到秋冬枯水期，瀑布明显“变小”，遇到干旱年份，大瀑布就成了涓涓细流，令不少前来观赏瀑布的游客感到失望。水库建成后，枯水季每天能调人 40 万立方米的水，足以让黄果树大瀑布枯季不枯，四季保持壮观的景象。

(2) 瀑布水质保护。要严禁在瀑布上游及周围开矿、建厂，以防止工矿企业的废水污染；同时要严禁向水中排放废水、垃圾等污染物。如黄果树旅游区，要防止六枝煤矿区直接向瀑布上游的白水河中排放洗煤水，以防“白瀑”变成“黑瀑”。

2. 泉水保护

(1) 保护好泉水周围的生态环境。

①抓好荒山荒地的植树绿化工作，加强水源涵养。据测定，每亩林地所涵养的水量为 20 万吨。松厚的枯枝落叶，可吸收降雨量的 50%~80%，雨后降水又会缓慢流出或渗入地下。在山区修建水库、塘坝拦截地表径流，既可灌溉，又能促使水的下渗。

②严禁在泉水周围开山采石或修建大型人工建筑；保护地表水下渗的通道，防止地下水水质的污染；对上游地区的污染源，要迅速采取措施治理，至少要防止其扩散。

（2）处理好与工农业生产及居民生活用水的关系。随着城市的发展和人口的增加，工农业及居民生活用水迅速增加，形成与泉水“争水”的局面。解决这一矛盾的具体措施如下：

①调整地下水来水的布局，控制供水水源地和泉水分布范围内的采水量，开采其范围以外的地下水，如果下游有较大的河流，可建设引水工程，增加供水水源。

②抓好计划用水和节约用水工作。要把工业节水作为重点，提高工业循环用水率。在农业生产中，要尽量用地表径流灌溉，减少地下水的用量。

第三节 旅游环境大气保护与噪声控制

一、旅游大气环境的保护

随着旅游业的迅速发展，游客对旅游区环境质量的要求越来越高，旅游主管部门和旅游区经营管理者对旅游区大气环境的保护应给予高度重视。从旅游区大气污染的发生原因与过程分析，防治和控制大气污染的工作重点主要是污染源及污染排放途径。污染源得到有效防治，也就基本上解决了污染问题，合理的排放途径，可以降低污染浓度，减少对旅游区的大气污染。如今，在解决大气污染方面可以采取许多方法和技术措施。

（一）统筹规划，合理布局

1. 划定保护区范围，搬迁旅游区内污染大的企业

在旅游区附近地区，生产部门尤其是工业生产部门的布局是否合理，与旅游区的大气环境关系极为密切，工业生产部门过分集中于旅游区附近地区，大气污染物排放量必然过大，且不易被稀释扩散。因此，在旅游区附近，应尽量不建设或少建设工、矿业企业，尤其是那些耗能高、污染大的工业部门，要尽量远离旅游区。对旅游区内现有的污染企业，要设法迁出。

2. 旅游区内工业生产部门与旅游设施的合理布局

若必须在旅游区附近地区布局必不可少的工业生产部门时，应将工业生产部门合理分散布设，要充分考虑当地的地形及气候等条件，厂址要设置在该地盛行风的下风区域，使污染物在自然环境中易于稀释扩散。此外，工厂区和旅游区之间要有足够的间隔距离，尽可能留出一些空地，用于绿化造林，以使工厂区排出的污染物有一个充分的扩散稀释的空间，而不是直接排入旅游区，以免对游客健康和生态环境造成危害。

另外，旅游服务设施也要科学布局。厕所、污水处理厂、垃圾集中处理场地等，应建在游览区、娱乐场、野营地、交通道路和旅馆餐厅的全年主导风向或旅游季节主导风向的下风侧；停车场设在下风侧，但应在厕所、污水处理厂、垃圾集中及处理地的上风侧，并与餐馆、旅馆、野营地、娱乐场、游览地等保持一定的空间距离，以减少汽车和灰尘对大气环境的污染；餐馆等饮食服务设施应建在旅馆、野营地、娱乐场和游览地的下风侧，但应建在停车场的上风侧。

（二）改进燃烧方式

中国的资源状况决定了以煤炭为主的能源结构，全国烟尘排放量的70%、二氧化硫排放量的90%都来自于燃煤。燃煤排放的相当一部分污染物是由于燃烧不完全而产生的。目前，我国烟尘年排放量约2300万吨，这与工业和民用均采用原煤散烧的方式有关。因此，改进燃烧方式，发展清洁能源，减少污染物的排放量，对于减轻大气污染十分重要。

1. 推广型煤

今后50年内，我国以煤炭为主的能源结构不会改变。在目前情况下，采用清洁煤技术，能够提高煤炭使用效率，减少燃煤对大气的污染。旅游业可根据实际情况，采用适宜的清洁煤技术。如推广型煤就是很好的方法。

我国人民经过多年实践，制成了一种型煤，即将散煤经过一定配方加工成型，它有利于充分燃烧和减少烟尘排放。据有关方面提供的资料，燃用上点式蜂窝煤与烧散煤相比，一氧化碳减少70%~80%，烟尘减少90%以上；若把全国民用的1亿吨散煤加工成蜂窝煤，每年可节约2500万吨原煤，为国家节省煤炭开采投资82万亿元。目前，四川省以及沈阳、太原、西安、北京、天津等城市已开始在部分行业中推广型煤，取得了较好的环境效益和社会效益。

2. 采用区域采暖、集中供热

所谓区域采暖、集中供热，就是利用集中的热源，如在城市的郊外设立几个大的热电厂和供热站，供应较大区域内的工业和民用采暖用热，以代替为数众多的低矮烟囱，是消除烟尘的有效措施。据测算，同样1吨煤，居民与企业分散使用比集中使用产生的烟尘多1~2倍，飘尘多3~4倍。

在旅游区内及其周围地区，采取区域采暖、集中供热有许多好处，可以提高锅炉设备的热效率，降低燃料的消耗量，一般可以将锅炉的热效率从50%~60%提高到80%~90%，还可利用废热，提高热利用率。

3. 改变燃料结构，发展新能源

对燃料要进行选择和处理，改变燃料结构。在有条件的旅游区点，要逐步推广使用天然气、煤气和石油。

（1）实现煤气化。由于气体燃料比固体燃料干净、方便、易于输送，因此，发展也较快，工业发达国家的大、中城市基本上实现了煤气化。近年来，我国气体燃料也有所发展，据统计，城市居民气化率 1980 年为 15.2%，1990 年已提高到 24%。一些大城市已基本实现民用煤气化。

（2）以油代煤。由于石油灰分低，燃烧时热效率高，有些国家改变燃料结构实行由燃煤向燃油转换，以减轻煤烟尘的污染。如美国原来烟尘污染较突出的匹兹堡市，由煤改油后，已成为“无烟”的匹兹堡市。

黄山在治理大气环境污染时采取的措施之一就是适时调整能源结构，已先后两次对风景区的燃料结构进行了调整，由烧柴、烧煤改为烧油、烧气及用电。能源结构的改变，既大大减轻了对风景区环境的污染，又极大地增强了各类基础设施的安全和用电可靠性。

（3）开发清洁能源和可再生能源。目前，世界上发展较快的清洁能源主要有地热能、风能、太阳能、天然气，另外，还有水能、潮汐能和生物能等。其中，地热能量相当于地球上全部煤储量的 1.7 亿倍，而且地热电站一般不需要庞大的燃料运输设备，也不排放烟尘。地热蒸汽发电排放到大气中的二氧化碳量远低于燃气、燃油、燃煤电厂。风是地球上潜力巨大的能源，如能将地球上 1% 的风能利用起来，即可满足整个人类对能源的需求。目前利用风能所提供的电量还不足全球总发电量的 1%。太阳能是取之不尽、用之不竭的清洁能源，但急需经济实用的太阳能利用技术。

在我国，水电、生物能、地热能等都是极有潜力的再生能源。《北京奥运行动规划》做出决定，在奥运会设施中要最大限度地开发利用太阳能、地热能、风能等可再生能源。在奥运场馆周围，80% ~90% 的路灯利用太阳能光伏发电技术；奥运村 90% 的洗浴热水采用太阳能集热技术。

（三）减少和治理交通废气污染

1. 改革汽车燃料和设备，控制汽车尾气污染

现代旅游的四大交通工具，飞机、火车、轮船、汽车都有程度不同的污染，尤其是汽车尾气污染最为严重、广泛，汽车还是产生光化学烟雾的重要污染源，汽车废气主要来自汽油的燃烧，因而改革燃料和设备是减少汽车尾气污染的有效措施。

在燃料改革方面，主要是清洁油品。车用燃料对车辆尾气排放有很大影响，所以要有计划地改善燃油品质。如采用无铅汽油代替有铅汽油，使用新型燃油添加剂以提高燃烧效率。也可采用液化石油气、天燃气等新燃料。

在汽车设备改革方面，一是改进内燃机的燃烧设计，主要是改进发动机本身结构。另外还可在排气系统安装附加的净化装置，如安装热反应器和催化转化器（将废气变为无害气体或降低排放量）；还可采用使废气再循环的废气回流管以降低 NO_x

排放量等。

到2000年6月，中国已全面实现了汽油无铅化，全国每年减少铅排放量达1500吨以上。

2. 推广和使用少污染的交通工具

研制、发展无公害汽车和高效交通系统，是长远的控制汽车大气污染的重要措施。在旅游城市，多用无轨电车代替汽车，在旅游区（点）及其周围多发展公共交通系统，鼓励使用电瓶汽车及一些畜力车和人力车等少污染或无污染的交通工具，都可以减少对大气污染物的排放。

3. 控制私人汽车拥有量，积极发展公共交通车

为保护城市环境，私人汽车均拥有率必须控制在适度水平。旅游城市和旅游区（点），应多发展公共交通系统，鼓励人们多使用火车、公共汽车等交通方式，减少使用私人汽车，控制进入旅游区的汽车数量。

有人测算，按目前价格，中国到2020年时，“公交优先”策略将只需要300亿美元的汽油和柴油消耗，而在以私人机动车为基础的策略下，汽油柴油总消耗将达到870亿美元。因此，大力发展公共汽车可以避免汽车对油料过大的需求，并有效控制机动车尾气排放而产生的城市大气污染。

4. 加强机动车排气污染控制

为加强机动车排气污染的控制，新修订的《大气污染防治法》，将防治机动车船污染单独作为一章，对机动车制造、使用和维修、燃油质量、监督检查等几个环节，分别做出了规定。对新机动车船规定“机动车船向大气排放污染物不得超过规定的排放标准”“任何单位和个人不得制造、销售或者进口污染物排放超过规定排放标准的机动车船”。对在用机动车，规定“不符合污染物排放标准的，不得上路行驶”。对燃油质量也做出了规定，国家鼓励和支持生产、使用优质燃料油，采取措施减少燃料油中有害物质对大气环境的污染。单位和个人应当按照国务院规定的期限，停止生产、进口、销售含铅汽油。对机动车排气污染的监督检查，从年度检查和日常检查两个方面做出了规定。

（四）植树造林，净化空气

植树造林是防治大气污染的一个经济有效的措施。因为植物有放出氧气和吸收各种有害有毒气体及净化空气的功能，所以旅游城市或旅游区的环境中应保持相当比例的绿地面积，以起到净化和缓冲大气污染的作用。尤其是厕所、停车场、垃圾处理场等服务设施内部及周围要多植树、种草、种花，既吸味、吸音，又能除臭、杀菌，能起到很好的美化、绿化、净化环境的作用。

二、噪声污染防治

（一）噪声污染控制途径

1. 噪声声源控制

这是噪声控制的根本途径。可通过研制和选用低噪声设备、改进生产工艺、提高机械设备的加工精度和安装技术，达到减少发声体的数目或降低声体的辐射声功率，或从根本上清除噪声声源。如餐馆、娱乐场所不允许使用高音喇叭，游览时间内不得进行产生噪声、干扰游客的作业，以及旅游区车辆禁止鸣笛等。

2. 噪声传播途径控制

即在噪声传播途径中减弱其强度。其具体措施包括：

（1）合理布局旅游区位置。如旅游区应与交通要道、工业区和商业区等隔开一定距离。在旅游城市，要把高噪声的工厂或车间与游览区、居民区、高教区、机关区等分隔开；在旅游区内部，要把强噪声设施设备，如锅炉房、水电房、宾馆厨房等与游客居住区、游览区隔离开。

（2）利用屏障（山冈、树木、草丛、建筑物等）阻止噪声传播。在各隔离带中间布置林带等屏障以隔声、滤声和吸声，以免相互干扰。

（3）把声源排放口朝向野外、地沟等对人群影响较小的地域。

（二）噪声控制管理

噪声控制立法是控制噪声的重要和有效措施。国际上控制噪声的立法活动从20世纪初就已经开始。20世纪50年代末60年代初以来，许多国家都陆续颁布了全国性或地方性的噪声控制法规，我国已公布了噪声污染防治法，为管理和控制各类噪声提供了法律依据。

（三）噪声控制技术

1. 吸声降噪

在室内的墙面或顶棚上饰以吸声材料、吸声结构，或在空间悬挂吸声板、吸声体，将叠加声波产生的混响声吸收掉以降低室内噪声级，这种控制技术称为吸声降噪。

吸声材料可用玻璃棉、毛毡、泡沫塑料、吸声砖等，或采用共振吸声和微穿孔板吸声结构。吸声技术可降低噪声10～15分贝。

2. 隔声降噪

应用隔声结构，阻碍噪声向空间传播，使吵闹环境与需安静的环境隔开。这种措施称为隔声降噪。隔声装置称为隔声围护结构，如隔声室、隔声墙、隔声罩、隔声屏等。例如，在城市高架道路上设置隔声屏障就不失为一种防治高架道路交通噪声的有效措施。据测试，一般可降低噪声 1 ~5 分贝不等。

1993 年，上海市有关部门投资 1000 万元，在市区内环线高架道路和南北高架道路 18 处敏感路段建造了声屏障，累计长度约 8000m，取得了明显的降噪效果。

3. 绿化降噪

绿化降噪是指栽植树木和草皮以降低噪声的方法。要消除城市噪声，除了改进车辆的设计，或在噪声响的机械和噪声集中的场所安装消音设备外，还应该在道路两旁多植树，扩大绿化区域，在住宅区里栽上多叶的花草树木，这样既能减弱噪声，又能美化环境。

第四节　旅游环境卫生

一、旅游垃圾的处理

控制旅游垃圾对环境污染和对人体健康危害的主要途径是实行对固体废物及旅游垃圾的减量化、无害化和资源化处理。

（一）旅游垃圾减量化处理对策与措施

“没有一种废弃物处理方法是全然安全的”，换句话说就是，各种废弃物处理方法对社会而言都有负面影响。所以，我们不可过分依赖废弃物处理设备，而要从固体废弃物的产出方面实行管制，实行垃圾减量，能回收再用的就要回收，剩余部分才当成“废弃物”进行处理。

北京市环境卫生管理局的资料表明：目前清运垃圾的实际成本已经达到每吨 35 元，垃圾处理（以无害化处理中最经济的卫生填埋方式计算）每吨 60 元，总计 95 元。以垃圾日产 1. 2 万吨计，要使垃圾全部进行无害化处理，北京市每年得花去 4. 2 亿元人民币。

旅游垃圾由于多位于旅游区点，如山地、度假地等，因此，更增加了收集与运输的难度与成本。所以旅游垃圾减量化处理，有着更现实的意义。垃圾减量的具体措施包括：

1. 净菜进城市或旅游区（点），减少垃圾产生量

目前我国的蔬菜大多未进行简单处理即进入居民家中，其中有大量泥沙及不能食用的附着物。据估计，蔬菜中丢弃的垃圾平均占蔬菜重量的 40% 左右，且体积庞大。如果在一级批发市场产地对蔬菜进行简单处理，净菜进城市或旅游区点，即可大大减少城市垃圾或旅游区点垃圾中的有机废物量。

2. 推行垃圾分类收集

城市垃圾收集方式分为混合收集和分类收集两种方式。混合收集通常指对不同产生源的垃圾不做任何处理或管理的简单收集方式。无论从保护生态环境和资源利用的角度看，还是从技术经济角度看，混合收集都是不可取的。实行垃圾分类收集，不仅有利于废品回收与资源利用，还可大幅度减少垃圾处理量。例如，荷兰实行垃圾分类收集后，使清运的垃圾量减少了35%。

最科学的垃圾分类方法是把垃圾分成可燃物、不可燃物、塑料、玻璃制品。如果真正实行了垃圾分类，仅每天在垃圾焚烧中就可节约开支2/3左右。

3. 物品的重复利用

物品的重复利用旨在减少浪费，对同一物体进行多次使用。这样做不但杜绝了浪费，节约了资源，还减少了垃圾的产量。香港政府规定，公务员办公用纸的正反面必须得到充分利用之后，方能被当作垃圾扔掉进行回收。日本理光复印机公司每年的产值上千亿元，而每天排放的垃圾还不足50千克。原因就在于部门与部门之间流通时用的包装箱循环使用，最多可达30次。

旅游饭店应贯彻物尽其用的原则，在确保不降低饭店的设施和服务标准的前提下，物品要尽可能地反复使用，把一次性使用变为多次反复使用或调剂使用，对于可以再利用和回收的物品，倡导员工继续使用。客房盥洗室尽量采用能够重新灌装的容器，减少一次性用品的用量。

4. 避免过度包装

旅游商品中有大量属纪念品、艺术品，由于人们看重的多是它们的艺术性或纪念意义，而非实用性，这就促发商品生产部门在包装上下了很多功夫，这无疑会增加旅游垃圾产生量。因此，必须强调包装废物的产生者有义务回收包装废物，这可以促使包装制品的生产者和销售者在产品的设计、制造环节少用材料，减少废物产生量，少使用塑料包装物，多使用易于回收利用和无害化处理处置的材料。

（二）旅游垃圾的无害化处理对策与措施

国内外城市垃圾和旅游垃圾的无害化处理方法主要有三种，即卫生填埋法、堆肥法、焚烧法。

1. 卫生填埋法

卫生填埋法是目前世界上最常用的垃圾处理技术。卫生填埋最早出现在1930年，到2000年，全球已有约1400座城市采用填埋法处理城市垃圾。

它的基本方法是先要对垃圾进行分类收集。通过分类，将可再生利用的废纸、金属、玻璃瓶、易拉罐等与其他废物分开，这样既可以使物尽其用，又可以减少垃圾量；剩余的无利用价值的垃圾进行减害化处理后，再运到填埋场，用推土机或压路机压实。

覆盖一层土，再放一层垃圾，这样逐层填埋，最后覆盖一层30cm厚的泥土。在填埋2~5年后，可在上面钻孔取沼气，用管道引到附近的沼气发电厂用于发电。这种方式的优点是：投资少、处理费用低、处理量大、操作简便等。其缺点是：

第一，垃圾场要占用大量土地。

第二，渗滤液问题至今仍然难以解决。防渗层老化及破损使渗滤液下渗，严重地威胁着地下水的安全。

第三，大气污染问题，由于气体回收设备复杂，投入大、效益低，所以很多垃圾填埋场不设气体回收系统，大量的有毒、有害气体被释放到空气中，气体污染十分严重，且填埋层中积聚的气体也时常引发爆炸事故。

2. 堆肥法

堆肥法是利用自然界广泛存在的微生物处理垃圾的一种技术。它通过生物反应，有控制地促进固体废物中可降解有机物转化为稳定的腐殖质。堆肥过程中的发酵阶段可以消除垃圾中的病原体；采用垃圾堆肥作“土壤改良剂”或“土壤调节剂”，可以增加土壤中有机质成分，提高农业产量。因此，堆肥法在发展中国家得到了较大的发展。但是，由于堆肥的肥效低、市场销售量小，堆肥法的垃圾减量化程度不高，对高分子有机物及重金属的污染无法解决等问题的存在，制约了垃圾堆肥法的普遍应用。

3. 焚烧法

焚烧法是一种高温热处理技术，即以一定的过剩空气量与被处理的废物在焚烧炉内进行氧化燃烧反应，从而使废物中的有害毒物在高温下氧化、热解而被破坏。这种处理方式可使废物完全氧化成无毒害物质。焚烧技术是一种可同时实现废物无害化、减量化、资源化的处理技术。其优点是：占地小、场地易选择、处理时间短、减量化明显（减重一般达70%，减容一般达90%）、无害化彻底、焚化的热量还能用于蒸汽发电等。其缺点是：易产生二次大气污染。所以焚化过程必须在焚化炉中封闭进行，焚化炉必须安装除尘和除烟装置，这无疑又增加了垃圾处理的成本。

（三）旅游垃圾资源化处理对策与措施

人们称垃圾是“摆错位置的财富”，垃圾的资源化处理就是对这种财富的发掘。垃圾是一种有开发价值的财富。垃圾资源化的前提是对垃圾进行分类处理。垃圾中的金属、玻璃、塑料、橡胶等物质经分选取出来，经过加工处理，就能变成有用的资源了。在德国，新闻纸的60%、玻璃瓶的50%、铜制品的40%，都是从垃圾中回收提取出来的。在美国，钢铁工业中有一半以上的原料是由废旧汽车提供的。

垃圾资源化是发展循环经济的重要环节。改革传统工艺，发展物质循环利用工艺，使生产第一种产品的废物，成为第二种产品的原料，使生产第二种产品的废物又成为生产第三种产品的原料等，最后只剩下少量废物排入环境，这样能取得经济、环境和社会多方面的效益。有关专家曾做过测定，每回收利用一吨废旧物资，可节约自然资源近120吨，节约标煤1.4吨，还可减少近10吨的垃圾处理量。根据国家有关部门估算，我国每年还有几百吨废钢铁、废纸未回收利用；每年扔掉的60多亿支废干电池中就有7万多吨锌、16万吨二氧化锰、1200多万吨铜；每年生产的1万多吨牙膏皮，回收率仅为30%。难怪废旧回收业被经济学家称为“第二矿业”。技术人员测算发现：1千克的垃圾相当于0.2千克煤所产生的热量。北京市一年产生的450万吨垃圾就是90万吨煤，而且烧后的炉渣还可以制砖，做到物尽其用。可见，垃圾的确是放错了地方的资源。

（四）“白色污染”的治理

1. 何谓“白色污染”

“白色污染”是指不可自然降解的废弃高分子有机聚合物排放到环境中所形成的一种现代污染现象。主要污染物是各种各样的塑料垃圾，包括塑料袋、快餐盒、饮料杯、废电器壳等。随着人口数量的不断增长，社会经济和人民生活水平的迅速提高，“白色污染物”的排放量猛增，污染日益严重，已到了非彻底治理不可的程度。据调查，仅北京市每天消耗的快餐盒就达200万个，全年大约8亿个；每天使用塑料袋大约6000万个，全年大约213亿个。“白色污染物”在城市垃圾总量中所占比重平均大约为10%，其中上海为11.84%，北京为12.6%，深圳高达14.05%。

2. “白色污染”的治理

为了控制住主要交通干线和大城市“白色污染”增长的势头，从1998年10月起，铁路客运以及在长江、太湖流域营运的交通工具和重点旅游景区已开始禁止使用一次性发泡塑料餐具。到2000年年底，全国已禁止生产、使用发泡塑料餐具；禁止生产、使用超薄塑料购物袋；建立生产商负责的包装物强制回收制度；在部分城市进行垃圾分类试点。

二、旅游厕所的建设与管理

（一）搞好旅游厕所的重要意义

厕所是人类日常生活的必备设施，也是人类社会文明进步的标志之一。它可以反映出：

（1）国民的卫生习惯；

（2）国民的公德水准；

（3）国民的审美意识；

（4）国民的受教育程度；

（5）国家经济发展水平和科学文化水平。

随着旅游业的不断发展，海内外旅游者对旅游厕所的要求也越来越高，以厕所卫生、厕所文化、用厕文明、卫生洁具革新等为主要内容的“厕所革命”已成为国家推进文明进步的一个切入点。旅游厕所的建设与管理水平，也成为一个国家、一个城市、一个地区、一个景点、一个旅游接待单位的总体旅游环境的重要标志。在21世纪我国要建设成为世界旅游强国，意味着要成为环境优美、设施完备、产品丰富、服务上乘的世界旅游目的地，全面、根本改进旅游厕所的状况则是最基本的要求之一。此外，改变中国旅游厕所状况，不仅是事关中国旅游质量、环境、形象和声誉的大事，是事关旅游生态环境保护的要事，而且也是全面改变全国人民卫生习惯和观念、推进中华民族文明进步和发展的重要措施。

（二）我国旅游厕所工作的基本目标和主要任务

2002年国家旅游局召开的全国旅游厕所建设与管理研讨会确定，当前我国旅游厕所工作的基本目标和主要任务是将我国旅游区（点）、旅游线路和旅游城市等旅游活动场所的所有旅游厕所，规划建设成清洁卫生、安全方便、生态环保、协调美观、服务规范的旅游服务设施，并要以旅游厕所建设和管理来推动全国城乡厕所建设与改造的“厕所革命”，推动全国人民进一步形成卫生文明的生活习惯，为提高全社会的文明程度作出贡献。

（三）我国旅游厕所建设的措施

改革开放以来，我国旅游厕所建设与管理虽然已经取得了令人振奋的成就，但与国际先进水平相比，差距仍然很大，旅游厕所“脏、乱、差、少”面貌没有得到根本改变，而且随着住宿、交通、游览等突出问题的解决，厕所问题由“次要矛盾”上升为“主要矛盾”，成为一段时间里海外旅游者投诉的重点。目前仍然是海内外旅游者满意度较低的领域。

1. 要有全新的观念

1988年2月，10个国家220位代表在日本东京举办了“国际厕所科学文化研讨会”。正是在这个大会上明确提出了口号：“公共厕所是一个国家的象征，厕所里面有科学、有文化，要研究发展。”随后，日本成立了“全国公厕科学文化协会”。该会确定每年11月11日为日本的“厕所文化节”，日本每年举办一次“全国公厕日”，届时议员要亲临公厕现场办公；日本还曾组织了“厕所文化考察团”赴欧洲六大城市，专门研究西欧各国的厕所现状和科学管理方法。

在我国，旅游厕所的建设与管理很长一段时间没有引起有关方面的足够重视，从一代一代人的“茅房”“茅坑”的称呼中就可见一斑。因此，更新历久形成的根深蒂固的鄙薄厕所问题的观念，提高全社会对加强旅游厕所建设与管理的重要意义的认识，教育和引导公民养成健康文明的生活方式和旅游方式，推进旅游厕所建设的现代化，的确是一件移风易俗的大事，更是提高“两个文明”建设水平和民族素质需要抓好的一项具体工作。所幸的是，我们已经在这方面有了可喜的转变，在认识上有所突破。2001 年 11 月 6 日，我国通过了《新世纪中国旅游厕所建设与管理桂林共识》，这是新中国成立以来的第一部“厕所宣言”。它表明了我国政府有关部门在旅游厕所建设与管理问题上，将以一个新的姿态，实现与国际社会接轨的决心和信心。

2. 重视规划设计与管理

（1）旅游厕所的选址、设计和建设，要尽量做到与其周围环境和谐，实现数量与质量、适用与美观的统一。许多城市在建厕过程中都十分重视厕所与周围环境的协调搭配，塑造了一批赏心悦目、美观实用的“厕所精品”。有的景区的厕所甚至也成了“景点”，在扬州瘦西湖畔，一座红墙绿顶、造型精巧的仿古建厕所几乎被所有初来游客视为景点，每天都有众多游客在其回廊、草坪中嬉戏休息。

（2）重要旅游区（点）的厕所还要适当增加文化内涵，在为旅游者提供方便场所的同时，发挥赏心悦目的功能。例如，为把张家界建设成为国内外知名的旅游胜地，2001 年，武陵源区从旅游厕所着手，对厕所规划设计和建设管理进行调查研究，决定在两年内投入 800 万元，兴建和改扩建 30 个星级旅游厕所，并确定厕所规划设计原则是宜藏不宜露，宜小不宜大，宜土不宜洋，宜暗不宜明。

2002 年年初，分期建设的黄石寨、袁家界等首批 6 个星级旅游厕所已投入使用，贺龙公园、神堂湾、宝峰湖等 7 处厕所也于 2002 年年底交付使用。被称为全市标志性旅游厕所的水绕四门四星级旅游厕所，外以片石为基，原木为墙，灰瓦盖顶，并饰有古色古香的花格木窗，富有浓厚的土家族建筑特色。内部装修也十分讲究。室内播放轻松的民族音乐，空气清洁无异味，冲洗设有自动感应装置，并为方便残疾人配装了专用设施，厕所前有小桥流水，背衬绿树翠竹，环境幽雅宜人。

不仅建设方面要有高水平的规划设计，管理方面也要体现高标准、严要求。具体表现为：

（1）所有旅游厕所都要建立起严格的、科学的、持久有效的管理制度和卫生保洁制度。普遍达到无污物、无蚊蝇、无异味的要求。

（2）所有旅游区（点）、餐饮点、购物点、文化娱乐点、游客休息点的旅游厕所，都要按照国家标准进行建设与管理，不断提高现代化、国际化的水平。武陵源风景区厕所为进行长效管理，全面实行了公司化运作，由专门成立的景区旅游厕所管理分公司统一管理，招聘的管理人员上岗前要进行培训，不仅要求规范服务，随时保证清洁卫生，还要能用简单的英语会话。

3. 注重创新

在我国，建设高标准厕所的最大问题是资金来源问题。泰安、桂林、成都等城市采用创新机制，充分调动投资人的积极性，集资修建旅游厕所的做法很值得借鉴。

泰安市城区公厕改建工程共需资金 1 亿多元，在没有财政补贴的情况下，泰安市制定了“谁建设、谁投资、谁受益”的政策，将城区公厕改建工程全面推向市场，面向社会公开拍卖公厕管理使用权。

桂林市则采取了“以商养厕”的方式，将街区公厕与相应的商业门面“捆绑”起来，公开招标，一些私营企业、个体工商、乡镇农户踊跃报名参加投标，出现了“要我建公厕”到“我要建公厕”的巨大转变。

从成都市区到九寨沟风景区 400 多千米的山路，沿途至少有十几处公厕，有趣的是，厕所竟然成了公路附近农民致富的新路子。有一些公厕还是当地的农民自筹资金修建的，大略算一下，每人每次上公厕的费用是 0.5 元，按每辆客车上有 20 人上厕所算，一辆车就可以赚到 10 元钱，而每天来往经过的车辆至少不下 10 辆，那就是 100 多元的收入，相当可观。有的公厕附近还衍生出了修车铺、农贸市场。

另外，广州创办了股份制厕所，很多旅游城市建设了生态厕所，昆明市的新概念厕所已投入使用。

4. 提高科技含量

2002 年，在新世纪旅游厕所建设与管理研讨会上，有关方面的专家、学者提出：

当前，我们必须重视发挥科学技术在提高旅游厕所建设与管理水平中的作用，让更多的科技成果在旅游厕所建设与管理领域开花结果。为此，专家们呼吁应有更多的科研设计单位和生产厂家投入厕所建设与管理的设计创新和科技创新，加快我国卫生洁具的升级换代，加快经济实用的建厕用材的推广，攻克在建设高标准“旱厕”及“生态厕所”“环保厕所”“流动厕所”等方面的技术难关，在全方位提高我国旅游厕所建设与管理水平的同时，让有关科技成果进入千家万户，造福人民群众。

5. 实施政府主导型战略

我国旅游厕所问题的较好解决方法是旅游业落实政府主导型战略的生动实践，以第一次旅游厕所建设高潮为例：为了从根本上解决旅游厕所问题，1994 年 7 月，国家旅游局和建设部联合发布了《解决我国旅游点厕所问题的若干意见》（以下简称《意见》）启动了在中国旅游业发展史上具有重大意义的“旅游厕所工程”，掀起了第一次全国建厕大高潮。《意见》就厕所建设总体规划、建设标准、后续管理等做了详细规定，为当时乃至目前的旅游厕所建设发挥了导向性作用。

6. 拓展旅游厕所建设的广度

（1）不但旅游区（点）的厕所要规划建设好，旅游区（点）之间的游客休息点、汽车加油站的厕所也要规划建设好。

（2）不但游览点和旅游线路上的厕所要规划建设好，旅游者其他活动场所，包括车站、码头、购物点、文化娱乐场所的厕所也要规划建设好。

（3）不但直接面向海内外旅游者的各种设施、场所的厕所要规划建设好，旅游城市面向公众的社会厕所也要大幅度提高建设与管理水平。

7. 体现环保理念

建厕工作对水源要求高，同时又有可能引起环境污染，因此在建设过程中，要体现环保意识，无上下水系统可供依托的山岳型景点厕所，应尽量建在能使污物自然化解、不造成环境污染的合适地点，加强自然通风措施，并采取“生态厕所”“沼气化粪”等先进技术，以保证厕所外观整洁，内部干净，使用安全。要充分发挥科技这一“第一生产力”的作用，例如，北京八达岭长城城楼因无上下水管道，修建“泰和通”免冲式厕所。一些不能有效解决上下水问题的海滩、山岳、森林草原等类型的旅游景区都可以引进这类厕所。

8. 表现人文关怀

各地旅游厕所的设计和建设，还必须按照与国际接轨的要求，对特殊人群给予关注：

（1）妇女。中高档旅游厕所要适当增加女厕厕位的数量，配备适应女性需求的设施。

（2）儿童。中高档旅游厕所要有专门适应儿童生理的厕位。

（3）残疾人。中高档旅游厕所要为残疾人提供位置判断方便、进出方便、使用方便的专门设施。

第五节　旅游文化民俗的环境保护

民俗风情与传统文化艺术都属于民族文化的范畴。

民族文化是指某个民族在其历史发展进程中创造和发展起来的具有本民族特点的物质文化和精神文化的总和。从文化的结构角度，民族文化可划分为三种形态：

第一，物质文化：包括民族传统服饰、饮食、民居建筑、生产生活用具等。

第二，行为文化：包括婚丧嫁娶、节日礼俗、待客礼仪、宗教仪式及行为规范等。

第三，精神文化：包括思想意识、价值观念、民族心理、宗教信仰以及民间艺术、民间歌舞、民间游乐及戏曲文艺、绘画雕塑等民间传承文化。

文化需要保护，从某种程度上说，文化的保护比自然的保护更为重要。因为人们可以通过封山育林，使森林植被恢复；通过防治污染，还河流和大气的清洁；通过保护珍稀生物，恢复它们的种群。总之，人们可以通过种种保护措施，使被破坏的大自然得到一定程度的恢复和再生。而文化一旦遭到破坏，则很难恢复和再生。

这里所指的文化，是特指那些在人类文明发展过程中产生并保留至今的活的珍稀濒危的文化遗存。在当今社会中，它们一般都处于弱势文化地位，非常珍稀而又脆弱，如果遇到现代社会主流文化的冲击而不加保护，必将很快灭绝。这些文化遗存，是代表人类多元文明的突出典范。保护人类文明的多元性和丰富性，是我们的神圣使命。

长期以来，人们对民俗风情和传统文化艺术等民族文化的保护提出了种种设想，出现了建设诸如文化村、民族文化生态村、文化保护区、生态博物馆等许多模式，综合分析这些保护模式，不难发现其中呈现出两种倾向：一种是封闭式保护，一种是开放式保护。前一种是消极的保护，而后一种则是积极的保护。下面就以少数民族文化的典型——云南泸沽湖摩梭人文化保护为例进行具体分析。

一、消极保护——封闭式保护

所谓封闭式保护即隔断少数民族地区与外界的联系。完全封闭隔离起来，维持其自然、原始的状态，任其发展演化，所以这种保护在国外又称为“冻结式”保护或木乃伊式的“真空化”保护。这种保护是否可行呢？

泸沽湖是我国最清澈的高原湖泊之一，泸沽湖不仅有高品位的自然资源，更有第一流的不可替代的人文景观。其文化核心是摩梭人母系家庭和“阿肖”走婚习俗。摩梭人母系家庭，指家庭世系按母系计算，子女从母居住，家庭无父亲血缘亲属关系；母亲为家长，舅掌礼仪、母掌财，以母系血缘实行家庭的权力分配。“阿肖”走婚习俗，指女不嫁，男不娶，只建立在情爱基础上的走婚关系。“阿肖”，意为亲密的情侣。因此，泸沽湖被人称为“东方女儿国”“母系氏族的最后一块领地”。这是人类母系氏族文化保留至今、世界上极为珍稀的文化遗存。不仅有很高的学术价值，而且极具旅游价值。

泸沽湖是一个文化脆弱区，泸沽湖旅游经济的发展，势必给摩梭人传统的文化形态、生活方式和价值观念带来冲击，可能导致摩梭文化的蜕变甚至消失，所以应对泸沽湖的摩梭文化加以保护。并在保护的前提下开展旅游业，形成以保护促开发，以开发促保护的良性循环。那么，又该如何有效地对摩梭文化加以保护呢？

经过专家们的考察研究证实，把泸沽湖封闭起来加以保护，不作开发，这既不现实也不可能。

泸沽湖的摩梭人文化之所以能够保留至今，一个重要原因是交通闭塞，地点偏僻，与世隔绝和经济落后，但现今的情况已不大一样。人类已经进入了新的千年，随着全球工业化和经济一体化的进程加快，商品经济无孔不入，交通日益方便，信息交流手段日益便捷，文化交流日益密切，当今世界上任何一个角落，想保持过去的封闭和落后，都是不现实和不可能的。就算我们划定所谓的“核心区”与“非核心区”，尽量减少因游客的进入而给“核心区”带来的文化影响，我们也无法阻止以电视、电话、互联网为代表的现代传媒的迅速普及，及其所携带的外来文化因子的渗入，以及当地居民与外界民众的交往。

其次，封闭的做法不符合国家关于西部大开发的战略，不符合四川和云南省关于加快发展旅游产业的方针政策，也不符合当地人民要求开发旅游、脱贫致富的强烈愿望。

摩梭人是摩梭人文化的创造者，是摩梭人文化的主人。他们拥有平等发展本民族或本族群文化的权利，我们必须尊重他们的权利。所以，如果少数民族群众不愿意再穿传统服饰，过传统生活，我们显然不可以为了旅游而剥夺“主人”追求现代化的良好愿望。

把泸沽湖封闭起来不开发，虽然有好的愿望，但结果很可能适得其反，封闭一旦打破，外来文化汹涌而入，反而会加速泸沽湖生态环境的恶化和文化的毁灭。

但是，不正确的、过度的旅游开发也必然造成该地区生态环境的恶化和文化的破坏。

唯一的选择是：采取正确的模式，积极而又适度地开发泸沽湖的旅游。

二、积极保护——开放式保护

开放式保护同样适用于建立生态村、文化村或文化保护区。但这里的所谓保护，是在开放中发展和保护，是保护与发展相结合的开放式保护，是政府的主导行为与当地居民的自愿参与相结合的保护。这种思想指导下的“文化保护区”的概念可定义为：文化保护区是以政府主导行为为前提。当地社区居民自愿参加为基础的、对人类文明进程中产生并保留至今的活的珍稀濒危的文化遗存加以保护的区域（文化特区）。

这里的关键是政府的作用和居民的自愿参与，二者缺一不可。

在世界历史上，有美洲印第安人保留地的模式。以美国为例，1830 年美国国会通过了印第安人迁徙法案，强迫各地印第安人化零为整，离开自己的家园，迁移到干旱贫瘠的地区，在那里划出若干保留地，把印第安人圈在其中，任其自生自灭。与此同时，美国政府又采取同化政策，鼓励印第安人吸收白人文化。170 年过去了，现在，美国印第安人有 100 多万人，保留地内的印第安人约占 1/3，他们大多一贫如洗，印第安人保留地已经成为美国最贫穷的地方。许多印第安青年纷纷走出保留地，到城市去谋生，但他们同样受到失业和贫穷的困扰。在今日的美国，由于商业文明的巨大冲击，印第安人文化已到了濒于灭绝的边缘。

暂且不论其强烈的殖民主义色彩，美国印第安人保留地的要害是，只谈“保留”，不谈“保护”。印第安人保留区是开放的，但只谈“开放”，不谈“保护”，不过是让弱势文化任凭强势文化宰割而已。

由此可见，当今世界，若欲保存弱势文化，政府主导性的保护行为乃是第一要事。舍此前提，则一切都无从谈起。其次，当地社区居民必须自愿参与保护行动。舍此基础，政府的主导行为则将落空。少数民族传统文化源于民间，根植于民间，所以民族传统文化的传承必须建立在民间主动配合的基础之上。面对民族社区在旅游业发展过程中出现的文化趋同现象，政府可以通过经济杠杆，使社区居民重新意识到本地传统文化的价值，从而激发他们的民族文化自豪感与文化自觉意识，促使他们主动地去维护本民族的文化传统，复兴本民族文化。另外政府还应大力加强法制建设，保护历史文化遗存，规范旅游开发商的行为，将部分旅游收益用于当地的文化保护和建设事业中，支持科研机构和民间文化团体开展抢救民族文化遗存、弘扬优秀传统文化的活动。

开放式保护主要强调在开放中发展和保护，保护应当与开发相结合。二者的结合点，则是开展旅游。在旅游开发中应从以下几个方面分别采取不同的方式对少数民族文化实行保护：

1. 保留

如上所述，对传统文化中正在趋同的物质文化特征进行保留，如保护传统的民族服饰、生产生活用具、建筑形式、饮食等。例如，可在泸沽湖划分出一个摩梭文化保留区。区内建设小型摩梭村寨，作为对摩梭传统文化进行全面抢救、研究、传习和展示的基地。它的主要功能是促进摩梭传统文化的保护与传承。在此基础上，以其丰富真实的文化表现形式为主体旅游资源开展旅游业。之所以称为“保留区”是为强调它是对摩梭文化发展过程中过去某一阶段文化有意识地保存。

2. 分离

对传统文化中的礼俗和宗教的仪式等实行分离保护。“分离”指的是出售给游客的文化样品与真正存在于本地居民间的文化内容相区别，以防止传统文化形式的内在价值受到扭曲或削弱。

3. 传承

它保证了本民族文化的稳定性和连续性，是民族文化保护的关键。民族文化的传承主要有物质的传承、行为的传承和精神的传承三种方式。其中物质传承和行为传承以及精神文化中的民族心理的传承是较易实现的。因为在一定程度上文化的传承是一种社会强制，每个人从一出生时就毫无选择地处于一定的文化氛围，并承袭这种文化。而集中体现本民族精神文化的神话传说、哲学、原始宗教、文学、艺术等方面的传承则需人为地促进。

以原始宗教为例：摩梭人信奉本族的原始宗教——“达巴教”（在云南的纳西族地区称为东巴教），其宗教古籍是用象形文字书写，而且至今尚有摩梭祭司“达巴”能够解读，被称为“当今世界上唯一活着的象形文字”。但由于历史的原因以及受到现代经济的冲击，达巴教日渐衰落。在泸沽湖地区老达巴已所剩无几，经书面临失传。所以应给摩梭年轻人提供便利的条件，引导他们学习、研究达巴经书中合理、科学的成分，实现本土宗教文化的传承。另外，应增加本民族文化传承的渠道，如在该地区的学校教学中适当加入本民族的历史、民间文学、艺术等教学内容；出版关于介绍摩梭文化方面的书籍或组织办社区性报纸等。

4. 提倡

传统文化的保护必须尊重当地人在新的经济环境下做出的选择，基于本民族自觉、内在的意愿。但尊重并不意味着放任自流，应通过多种形式积极提倡传统文化中合理的优秀的部分，力求保持其民族特色，培养村民良好的个人品质、社会公德和民族自豪感，提倡保持传统文化中真、善、美的德行和礼仪，尽量减少旅游业带来的消极影响。

知识链接

解读新修改的环境保护法

十二届全国人大常委会第八次会议于4月24日表决通过了新的《环境保护法》，新法将于2015年1月1日起施行。本次修改明确了新世纪环境保护工作的指导思想，加强政府责任和责任监督，衔接和规范相关法律制度，以推进环境保护法及其相关法律的实施。

这是一次全面修改。修改后的法律共七章七十条，与现行法的六章四十七条相比，有了较大变化。

保护环境是国家的基本国策

目前我国环境保护方面的法律有30多部，行政法规有90多部，新的环境保护法被定位为环境领域的基础性、综合性法律，主要规定环境保护的基本原则和基本制度，解决共性问题。

为此，新的环境保护法在总则中进一步强化环境保护的战略地位，依照《国务院关于落实科学发展观加强环境保护决定》以及《国务院关于加强环境保护重点工作的意见》确定的总体要求，将环境保护融入经济社会发展。

新法增加规定“保护环境是国家的基本国策”，并明确“环境保护坚持保护优先、预防为主、综合治理、公众参与、污染者担责的原则。”

新法在第一条立法目的中增加“推进生态文明建设，促进经济社会可持续发展”的规定；进一步明确“国家支持环境保护科学技术的研究、开发和应用，鼓励环境保护产业发展，促进环境保护信息化建设，提高环境保护科学技术水平。”

突出强调政府监督管理责任

新的环境保护法调整篇章结构，突出强调政府责任、监督和法律责任。

现行环境保护法关于政府责任仅有一条原则性规定，新法将其扩展增加为“监督管理”一章，强化监督管理措施，进一步强化地方各级人民政府对环境质量的责任。增加规定：“地方各级人民政府应当对本行政区域的环境质量负责。”“未达到国家环境质量标准的重点区域、流域的有关地方人民政府，应当制定限制达标规划，并采取措施按期达标。”

在政府对排污单位的监督方面，针对当前环境设施不依法正常运行、监测记录不准确等比较突出的问题，新法增加了现场检查的具体内容。

新法在上级政府机关对下级政府机关的监督方面，加强了地方政府对环境质量的责任。同时，增加规定了环境保护目标责任制和考核评价制度，并规定了上级政府及主管部门对下级部门或工作人员工作监督的责任。

规定每年6月5日为环境日

新的环境保护法增加环境日的规定，将联合国大会确定的世界环境日写入本法，规定每年6月5日为环境日。

为进一步提高公民环保意识，新法增加规定公民应当采用低碳节俭的生活方式。同时，增加规定公民应当遵守环境保护法律法规，配合实施环境保护措施，按照规定对生活废弃物进行分类放置，减少日常生活对环境造成的损害。

新法规定：各级人民政府应当加强环境保护宣传和普及工作，鼓励基层群众性自治组织、社会组织、环境保护志愿者开展环境保护法律法规和环境保护知识的宣传，营造保护环境的良好风气。教育行政部门、学校应当将环境保护知识纳入学校教育内容，培养青少年的环境保护意识。

设信息公开和公众参与专章

新的环境保护法修正案草案专章规定了环境信息公开和公众参与，加强公众对政府和排污单位的监督。

这一章主要规定了以下内容：一是明确公众的知情权、参与权和监督权，规定“公民、法人和其他组织依法享有获取环境信息、参与和监督环境保护的权利。”“各级人民政府环境保护主管部门和其他负有环境保护监督管理职责的部门应当依法公开环境信息、完善公众参与程序，为公民、法人和其他组织参与和监督环境保护提供便利。”二是明确重点排污单位应当主动公开环境信息，规定“重点排污单位应当如实向社会公开其主要污染物的名称、排放方式、排放浓度和总量、超标排放情况，以及防治污染设施的建设和运行情况。”并规定了相应的法律责任。三是完善建设项目环境影响评价的公众参与，规定“对依法应当编制环境影响报告书的建设项目，建设单位应当在编制时向公众说明情况，充分征求意见。”“负责审批建设项目环境影响评价文件的部门在收到建设项目环境影响报告书后，除涉及国家秘密和商业秘密的事项外，应当全文公开；发现建设项目未充分征求公众意见的，应当责成建设单位征求公众意见。”

应每年向人大报告环境状况

新的环境保护法在发挥人大监督作用方面作出新规定。

新法突出了人大常委会监督落实政府环境保护的责任，规定，县级以上人民政府应当每年向本级人大或者人大常委会报告环境状况和环境保护目标的完成情况，对发生重大环境事件的，还应当专项报告。

科学确定符合国情环境基准

新的环境保护法增加了要求科学确定符合我国国情的环境基准的规定。

目前，符合我国国情的环境基准缺失，现行我国环境标准主要是在借鉴发达国家环境基准和标准制度上制定的。国家现已建立了重点工程试验中心，建立国家环境基准已具备基本框架。

国家建立健全环境监测制度

新环境保护法完善了环境监测制度。

新法通过规范制度来保障监测数据和环境质量评价的统一，规定国家建立、健全环境监测制度。国务院环境保护主管部门制定监测规范，会同有关部门组织监测网络，统一规划设置监测网络，建立监测数据共享机制；监测机构应当遵守监测规范，监测机构及其负责人对监测数据的真实性和准确性负责。

完善跨行政区污染防治制度

新的环境保护法完善了跨行政区污染防治制度。

对于跨行政区污染防治，现行环境保护法仅在第十五条作出有关政府协商解决的原则性规定。新法明确规定，国家建立跨行政区域的重点区域、流域环境污染和生态破坏联合防治协调机制，实行统一规划、统一标准、统一监测，实施统一的防治措施。

重点污染物排放将总量控制

新的环境保护法补充了总量控制制度。

新法一是规定国家对重点污染物实行排放总量控制制度。二是建立对地方政府的监督机制。重点污染物排放总量控制指标由国务院下达，省级人民政府负责分解落实。企业事业单位在执行国家和地方污染物排放标准的同时，应当遵守重点污染物排放总量控制指标。对超过国家重点污染物排放总量控制指标或者未完成国家确定的环境质量目标的地区，省级以上人民政府环境保护行政主管部门应当暂停审批其新增重点污染物排放总量的建设项目环境影响评价文件。

提高服务水平推动农村治理

新的环境保护法针对目前农业和农村污染问题严重的情况，进一步强化对农村环境的保护：一是增加规定各级人民政府应当“促进农业环境保护新技术的使用，加强对农业污染源的监测预警，统筹有关部门采取措施”，保护农村环境。二是增加规定“县、乡级人民政府应当提高农村环境保护公共服务水平，推动农村环境综合整治。”三是规定“施用农药、化肥等农业投入品及进行灌溉，应当采取措施，防止重金属及其他有毒有害物质污染环境。”四是规定，畜禽养殖场、养殖小区、定点屠宰企业应“采取措施，对畜禽粪便、尸体、污水等废弃物进行科学处置，防止污染环境。”五是增加规定“县级人民政府负责组织农村生活废弃物的处置工作。”

没有进行环评的项目不得开工

新的环境保护法增加规定“未依法进行环境影响评价的建设项目，不得开工建设”。

新法将环境保护工作中一些行之有效的措施和做法上升为法律，完善环境保护基本制度：增加规定“未依法进行环境影响评价的建设项目，不得开工建设”，并规定相应的法律责任：“建设单位未依法提交建设项目环境影响评价文件或者环境影响评价文件未经批准，擅自开工建设的，由负责审批建设项目环境影响评价文件的部门责令停止建设，处以罚款，并可以责令恢复原状。”同时，增加环境经济激励措施，规定“企业事业单位和其他生产经营者，在污染物排放符合法定要求的基础上，进一步减少污染物排放的，人民政府应当依法采取财政、税收、价格、政府采购等方面的政策和措施予以鼓励和支持。企业事业单位和其他生产经营者，为改善环境，按照有关规定转产、搬迁、关闭的，人民政府应当予以支持。”

明确规定环境公益诉讼制度

新的环境保护法明确规定环境公益诉讼制度。

新法规定：对污染环境、破坏生态，损害社会公共利益的行为，依法在设区的市级以上人民政府民政部门登记的相关社会组织，和专门从事环境保护公益活动连续五年以上且信誉良好的社会组织，可以向人民法院提起诉讼，人民法院应当依法受理。

同时规定，提起诉讼的社会组织不得通过诉讼牟取利益。

情节严重者将适用行政拘留

新的环境保护法针对目前环保领域“违法成本低、守法成本高”的问题突出，进一步加大对违法行为的处罚力度。

新法规定：企业事业单位和其他生产经营者有下列情形之一，尚不构成犯罪的，由县级以上人民政府环境保护主管部门或者其他有关部门将案件移送公安机关，对其直接负责的主管人员和其他直接责任人员，处十日以上十五日以下拘留；情节较轻的，处五日以上十日以下拘留：建设项目未依法进行环境影响评价，被责令停止建设，拒不执行的；违反法律规定，未取得排污许可证排放污染物，被责令停止排污，拒不执行的；通过暗管、渗井、渗坑、灌注或者篡改、伪造监测数据，或者不正常运行防治污染设施等逃避监管的方式排放污染物；生产、使用国家明令禁止生产、使用的农药，被责令改正，拒不改正的。

资料来源：四川省环境监测总站，http：//www. scemc. cn/zdzl/hb/8603. htm.

思考题

1. 旅游环境保护规划对于自然和人文旅游资源要求方面有哪些不同？
2. 如何进行旅游垃圾的处理？
3. 不同类型旅游环境资源应该如何保护？

第九章　旅游规划产品设计与保障体系

【教学目的】

了解旅游规划产品的特点和分类，理解旅游线路规划的要求，掌握旅游保障体系的组成和要求。

【教学内容】

1. 旅游规划产品的定义、特点和分类
2. 旅游线路规划的原则和内容
3. 旅游规划保障体系的组成和要求

【重点难点】

教学重点：旅游线路规划设计要求

教学难点：旅游保障体系的组成与规定

第一节　旅游规划产品设计

一、产品与产业

产业是由企业或者公司和在此工作的人而组成的群体。产业生产产品、服务和产品与服务的组合。产品是开发、发展或制造出来的某种东西。这意味着由买者使用或消费它。服务是一种活动或者是一种给人带来利益的行为。如果你雇用了一名会计去计算你的所得税或者你因为感冒而去看医生，这个时候说明你正在购买某种服务。大多数的产业生产产品或者服务中的任意一个。但是，旅游业是同时产生生产与服务的独特的产业。当消费者购买了他们的游船产品，他们也购买了许多服务。一些人为它们计划旅行行程、替他们安排宾馆和游船以及预定膳食。事实上，决定乘坐游船游览——与其说是他们自己旅游，还不如说他们得到了相应的服务。

二、旅游规划产品

旅游产品从供给的角度，强调供给方把旅游资源转化为服务、设施和商品等向旅游者提供，旅游产品是旅游吸引物、旅游景观、旅游服务和设施、旅游商品等的综合体。从需求的角度，强调旅游者自主选择旅游行程，亲身体验旅游过程，旅游产品时旅游者的一次旅游经历。根据旅游产品的特点，旅游规划产品是基于旅游产品分类所规划设计的具有旅游功能的产品或服务。

三、旅游产品的特征

（一）无形性

大多数产业的产品是有形的。他们能被看到、被触摸到，有时甚至能够感觉和品尝。他们有重量，并占据一定的空间。一辆汽车、一双鞋和一台洗衣机都是有形的产品。另外，旅游产品具有无形性。旅游结束后不能看或触摸，旅游产品包括在飞机上的飞行，坐游船在大洋上巡游，在宾馆里住宿休息，参观艺术博物馆，观看景色，在夜总会度过一个美好时光等。这些产品是体验。一旦产生了这种体验，它们只能存在脑海里。像坐在飞机的座位里，睡在宾馆的床上，在餐厅里吃的食物等有形产品都是用来创造体验的。但是，这些不是消费者所要追求的目标。相反，顾客追求的是无形利益——快乐、轻松、便利、兴奋——这些能在这个领域里得到体验。有形物体提供了想追求的无形事物的方法。

（二）生产和消费的同步性

大多数的旅游产品在相同的时间、相同的地点里被生产与消费。理解这种相互依赖是重要的，首先看一看有形产品是如何进行生产与消费的。大多数的有形商品是在一个地方生产，在另一个地方被消费的。相比之下，大多数的旅行产品首先被销售，然后在同时进行生产与消费。旅游产品被同时地生产和消费的事实在供应商与消费者之间引起了互相依赖。因为旅游产品的生产和消费发生在供应商提供的设施或提供的房间里，消费者和供应商必须互相联系，并且将他们的相互联系发展成旅游体验。在旅游业，旅游者和旅游公司雇员之间的相互依赖是提供高质量服务的关键。

（三）不可储存性

不可储存性是旅游和观光产品的另一个特征，是与生产旅游产品的同时，就要想到其被消费这个事实有关。一家航空公司在它的每个航班上有特定的座椅数出售。一家宾馆一个星期的每个晚上能有特定的房间数。如果飞机起飞后没人购买航班具体的座椅或者在天亮前没有预约宾馆的具体房间，那么销售这些产品的机会就会失去，并且永远不再回来了。在旅游公司的账务报表里它就不能保持。相对照的是，有形产品有很长的货架寿命。以洗衣机为例，洗衣机离开流水作业线后，将被储存在仓库里直到他们被销售。在零售店里他们能摆放数月。如果他们不能顺利地被销售，他们可以被移到商店的另一个展示台上，或者运到另一个商店，或者暂时把它们放回原处。为了鼓励快速地销售它们，可以将它们的价格降低。有形产品的货架寿命的长与短是不同的。但是，即使像水果和蔬菜那样的更易腐烂的产品，可以在他们的保鲜期内销售。对于无形的旅游产品来说，是不适合应用货架寿命的。

（四）季节性

许多旅游与观光产品是具有季节性的。季节性指在一年的不同时期旅游需求是波动的。在冬天，居住在美国北方的人成群地去阳光充足的佛罗里达州、阿里桑那州、墨西哥和加勒比海，以逃避寒冷的天气。在这些地区增加了对宾馆的房间和别墅的需求。在夏天，当北方人停留在家里去享受自己的温暖气候时，这种需求就减少了。尽管一般把旅游产品的季节性归诸于天气条件的影响，它也能归诸于受到周末甚至是一天的某一个时间段的需要波动。这一点在航空公司上很明显。星期五或星期一的航班通常比星期二至星期四的人多。因为大多数的人——特别是商业旅行者——要在周末回家。通常白天的航班明显比夜晚的人多，这是因为大多数的旅行者宁可在白天到达目的地。节假日也影响到对旅游产品的需求。

（五）不可移动性

一般产品可以从生产地向市场地运输，发达的物流业使得顾客在自己的居住地就可以买到全国各地甚至世界各国的商品。但是，旅游产品是不可移动的，旅游者必须亲自到旅游地区消费、体验旅游产品。

（六）无权性

一般的实物商品，通过市场交易，购买者即享有该物体的所有权。旅游产品的所有权一般是不可转让的。旅游产品中的床位、机座、车位、船位等，旅游者购买的只是在一定时间和空间中的使用权，而不是它们的所有权。其他如名山大川、名寺古刹、海滨、沙漠、森林、草原等景物，属于国家所有的资源，旅游者只是享有一段时间内的观赏、享用权，不能拥有所有权。

（七）独特性

当然，当旅游产品独特时，类似性就不是一个问题，例如，许多旅游目的地和景点已经有了固有的吸引力，因为他们是如此的不同和著名。像故宫、长城、夏威夷、华盛顿特区、黄石国立公园、埃菲尔铁塔、白金汉宫和自由女神像提供了不能复制的体验，并且相对地做些小宣传就能吸引成千上万的人。这些标准化的记忆也吸引了许多旅行者。比起连锁宾馆来，其他的人宁可选择不标准的产品，因为它们具有某种魅力——也许停留在一个奇特的附带早餐的家庭式小旅馆。这种旅游产品的独特性，将在所有的市场营销努力中被特征化。这帮助了潜在顾客从相似产品中清楚地识别它的特性并且区别它。

（八）互补性

旅游者很少单独购买一种旅游产品。即使是商务旅游，人们也是基本上对快速有效地到达目的地感兴趣，除了购买飞机票外，他们还将购买汽车租赁和宾馆住宿等的旅游产品。一个旅游产品的购买引起另一个旅游购买的连锁反应（如图 9 - 1 所示）。结果，影响了从一个旅游产品到另一个旅游产品，也使之更好或者更坏。如果一家载着乘客去滑雪地的航班改变了路线或者取消了航班，滑雪地的经营活动将受到影响。如果少量的滑雪客去滑雪地，对附近的餐厅和商店来说，来店的顾客就将减少。尽管他们是分别独立着的，所有这些商业活动的命运却是相互联系的。旅游产品的这种相互联系被认作是互补的，并且它是所有旅游产品都具有的特性。

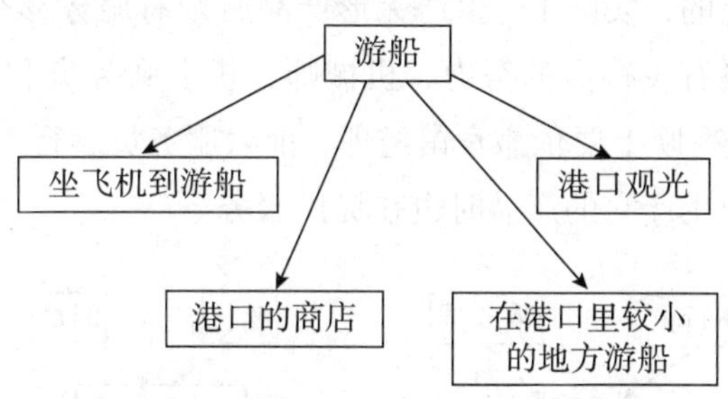

图 9 - 1　旅游产品的购买与连锁购买行为

旅游供应商已经越来越意识到他们产品的互补性。因此，许多公司正在参与到联合市场营销行动的队伍中去。飞机与游船包价旅游产品，在设计旅游包价中，依靠某家航空公司或游船公司的协作是联合市场营销的一个例子。旅游者的常客计划经常是各公司协作的根源。例如，通过对经常惠顾一家特定的连锁宾馆的客人进行积分，积分达到一定程度后可以享受汽车租赁的折扣。

由于在争夺人们的可自由支配的收入上竞争激烈，联合市场营销的行动和其他的相互努力是非常必要的。可自由支配的收入意味着除了人们为了生计而支出的必需品——食物、衣服和居住之外所剩余的钱。在休闲和度假方面消费金钱只是使用可自由支配收入的一种方式。在市场上新房子、录像机、个人电脑和许多其他的有形产品吸引着消费者。许多人想到的只是旅游供应商的互相竞争，实际上，从非旅游产品而来的竞争更具有威胁性。

四、旅游产品与旅游服务的关系

服务是一种履行为其他人的利益而做的活动或者行为。这些服务能由人或者机器来做。银行提供保障人们金钱的安全的服务（存款业务）。如果你要从你的账户提取钱，你能去自动取款机或请一位银行出纳员去处理这些事。尽管能从机器接受一些旅游服务（例如，你能从自动售票机购买一张航空公司的机票），旅游与观光业的大多数的服务是由人来进行的。

产业在生产产品时，也许生产服务，也许不生产服务。生产简单的有形产品的产业不会像生产服务那样。在购买或者使用这些产品时，顾客不需要帮助。例如，一个干净的盒子或一罐泡菜能在自选商店里购买。一双鞋或一条浴巾能通过商品清单来订货。这些产品不需要过多的修理服务也能使他们长期使用。其他的生产有形产品的产业提供服务用以支持提高产品自身的价值。提供服务可以包含产品的安装或者周到的维修服务。像计算机这样复杂的产品，公司可以提供教顾客如何使用它的服务。通常顾客决定购买某一产品时，很大程度上取决于这些基本的支持服务，例如，顾客会从有一个好的服务部门或从有经验的修理人员和汽车修理机器的零售商处购买汽车。无形产品的服务不是附加在产品上的，实际上，生产无形产品必须有服务移交，否则将不被生产。一架飞机的飞行不能没有飞行员的努力、机械师、机上乘务员和许多人的努力（如图9－2所示）。在宾馆住一晚上要依靠宾馆经理、前台服务员、行李搬运工和客房服务员的全体人员。当旅游业生产它的产品时也在提供服务。

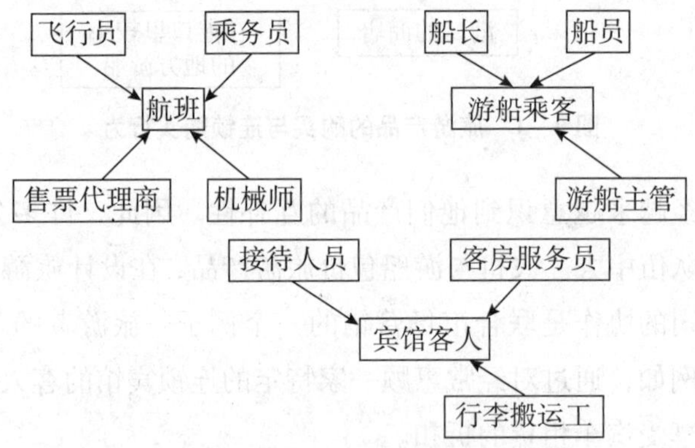

图9－2　产品与服务的不可分割性

五、旅游产品的分类

旅游产品和服务的特性，决定了旅游产品的分类标准多样化，目前我国旅游产品在规划设计中可以根据产品的特征、性质、功能、周期等角度进行分类（如表9－1所示）。

表9－1　旅游产品分类

1　观光旅游产品
1.1　自然观光产品

续 表

1.1.1 地表类观光产品（名山、洞穴、峡谷、沙漠、岛屿等）
1.1.2 水域类观光产品（大川、湖泊、温泉、喷泉、瀑布、海滨等）
1.1.3 生物类观光产品（森林、草原、野生动物等）
1.2 人文观光产品
1.2.1 历史遗迹产品（古典园林、寺庙、宫殿、古城、古民居、其他古建筑等）
1.2.2 现代观光产品（革命纪念地、城市风光、各类场馆、社会活动场所、观光工业——企业及企业产品、大型工程等）
1.2.3 人造景观产品（微缩景观、仿古村落、主体公园、外国城/村、野生动物园、水族馆等）
1.2.4 观光农园
2 度假旅游产品
2.1 海滨度假旅游产品（度假地）
2.2 乡村度假旅游产品（度假地）
2.3 森林度假旅游产品（度假地）
2.4 野营度假旅游产品（度假地）
2.5 城市度假产品（度假村、中心）
2.6 温泉度假产品（度假村、中心）
2.7 湖滨度假产品（度假村、中心）
3 康体休闲产品
3.1 体育旅游产品
3.1.1 滑雪旅游产品
3.1.2 高尔夫旅游产品
3.1.3 戏水运动项目
3.1.4 球类运动项目（乒乓球、网球、台球等）
3.2 保健旅游产品
3.2.1 医疗型旅游产品
3.2.2 疗养型旅游产品
3.2.3 力量型康体运动项目
3.3 生态旅游产品
3.3.1 乡村旅游
3.3.2 绿色旅游
3.3.3 野地旅游
3.3.4 赏花旅游

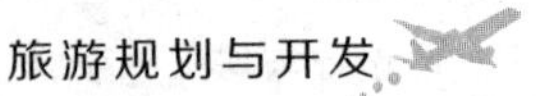

续 表

3.3.5 森林旅游
3.4 娱乐休闲类旅游产品
3.4.1 游乐项目（游乐园等）
3.4.2 被动休闲产品（桑拿、按摩等）
3.4.3 歌舞文艺类产品（MTV、KTV 等）
3.4.4 游戏类产品（电子游戏、棋牌游戏等）
4 商务旅游产品
4.1 会议旅游产品（大型会务中心等载体）
4.2 奖励旅游产品
4.3 大型商务型活动
4.3.1 大型国际博览会或交易会
4.3.2 大型国际体育活动
4.3.3 大型纪念或庆祝活动
4.3.4 大型艺术节
5 文化类旅游产品
5.1 修学旅游产品（博物馆旅游等）
5.2 民俗旅游产品（民俗村、民俗家庭、民俗节庆活动等）
5.3 艺术欣赏旅游（喜剧、影视、音乐、绘画、雕塑、工艺品等）
5.4 宗教旅游产品
5.5 怀旧旅游产品
5.5.1 怀古旅游产品
5.5.2 仿古旅游产品
5.5.3 寻古旅游产品
5.5.4 寻根旅游产品
5.6 名人故居、墓地游
5.6.1 古堡、古城游
6 专项旅游产品
6.1 登山
6.2 潜水
6.3 考古
6.4 运动
6.5 探险

续　表

6.6　科考
7　特色旅游产品
7.1　享受型旅游产品（豪华列车、豪华游船、美食、总统套间）
7.2　刺激型旅游产品
7.2.1　探险旅游产品
7.2.2　冒险旅游产品
7.2.3　密境旅游产品
7.2.4　海底旅游产品
7.2.5　沙漠旅游产品
7.2.6　斗兽旅游
7.2.7　狩猎旅游
7.2.8　体育观战旅游

第二节　旅游线路规划设计

旅游线路和游览路线的组织规划是将一定区域内旅游产品按一定思路、原则和旅游市场需求，以旅游线路形式进行组合安排的规划。旅游线路组织规划包括旅游目的地旅游线路规划和旅游目的地内的游览路线规划两方面。旅游目的地旅游线路是旅游地向外销售的旅游产品，旅游目的地内的游览路线是旅游地实现旅游产品交易的游览路线组织安排，两者有很大的区别。

一、旅游线路规划与设计

随着旅游事业的发展，旅游市场对旅游线路的社会客观选择日益受到重视，在旅游开发过程中切实加强旅游资源保护的迫切性日趋提高。旅游线路组织规划，对旅游产品的组织结构、特色与整体质量，对旅游服务设施和基础设施的建设布局与利用强度，对旅游资源的保护，均具有重大的影响。

旅游线路规划的任务，是根据旅游市场的需求、旅游点产品策划和旅游资源的保护要求，结合服务设施和基础设施的条件，合理安排推出整个旅游活动线路，使旅游产品、服务设施以一定的方式连结成一个具有特定旅游服务指向的整体。

（一）旅游线路规划原则

旅游线路可由开发者、经营者根据旅游者个人意愿确定，也可以根据旅游市场需求开发，还可以由旅游者自由选择，再由旅游开发者、经营者加以完善。无论是哪一种旅游线路，都离不开设计、开发与组织，并要求随旅游市场的变化而更新。旅游线路的组织与设计是旅游规划中的重要内容，直接关系到旅游规划地区宣传重点及旅游产品销售能否实现。旅游线路设计一般要依据以下原则：

1. 突出主题

为了使旅游线路具有较大的吸引力，在线路设计时，应将性质或形式有内在联系的旅游点有机地串连起来，形成一条主题鲜明、富有特色的旅游线路，并在旅游交通、食宿、服务、购物、娱乐等方面加以烘托。不同类型的旅游线路，应设计不同的主题，体现出各具特色的吸引力。观光旅游线应多安排丰富多彩的游览节目，在有限的时间内让游客更多地参观和领略有代表性的风景名胜和社会民俗风情。在专题旅游路线设计时，根据所确定的具体专题项目（如科学考察、生态旅游等）组织景点和活动内容，做到合理选择、大胆取舍，处理好主辅关系，突出主题性质。

2. 多层次

为了最大限度地满足大众旅游者的需求，在旅游规划中，需要充分利用规划地区或周围的旅游点，设计出沿线景点多且多变的多层次旅游路线。以最大限度地满足游客的需求，并可根据旅游市场的变化，机动灵活地推出不同的旅游线路。小范围的旅游线路设计可充分利用规划地区范围内及周围旅游点，组成各具特色的旅游线路，以适应市场需要。大范围的旅游线路设计是跨省、市长线的旅游线路设计，一是组织本省游客游全国各旅游区的环线，二是组织外省、市旅游者来旅游目的地游览的各类特色旅游专线等。此外，还可设计跨国（地区）旅游线路，包括入境、出境旅游线路。

3. 以旅游热点，带动温点与冷点

在旅游规划设计和组织旅游的线路时，还必须从旅游目的地乃至周围地区出发，合理兼顾冷点、温点旅游资源，做到以“热”带“温”、带“冷”，充分发挥区域旅游功能的优势。由于旅游者行为的基本规律是最大效益原则，对旅游线路选择的基本出发点是以最小的旅游消费和有限的旅游时间获取最大的旅游收益，旅游线路上的选点多是著名的、最有价值的旅游点，而旅游设计者将旅游热点与温点、冷点搭配起来组织旅游路线，不一定取得良好的观览效果。为了避免这种情况，在旅游线路带动性的设计中，应该选择的旅游冷点与温点特色突出，可“游”性、可“观”性强，而非是一般景点的堆凑；旅游冷点、温点与旅游热点互补性强、可达性高，它们的开发有利于增强主题思想；在开发旅游冷点与温点时，应加强力度，提高它们的文化品位，使它们真正地充当旅游热点的辐射点、分流点。总之，只要设计者了解旅游者心理及其变化趋势，独具慧眼、大胆创新，不断开拓新线路、新景点，是可以使“冷”“温”点通过扶植变成“热”点。

4. 创新、更新旅游线路

由于旅游市场具有不稳定性和可选择性，旅游线路的设计要随着市场的变化而不断创新和更新换代。旅游线路只有不断更新，才能使旅游点（地）具有强大的吸引力和生命力。旅游线路的更新与创新需要规划设计者有超前的意识、深厚的文化知识涵养、旺盛的创新感。在各项专题旅游线路设计中，运用更新与创新手法，更可引起轰动效应，取得意想不到的效果。

5. 区间协作

以旅游线为纽带，不同的旅游区之间，可以优势互补、联合促销、互相促进。旅游线路可依托著名的旅游区或旅游目的地，将能相辅助的但知名度较弱的旅游区或旅游目的地串联起来，形成区间协作，共同发展。

（二）旅游线路分类

旅游线路的分类，是为了更好地从不同角度认识旅游线路的特点。从不同旅游线路组织目的、要求和性质，形成不同的旅游线路的类型。

1. 按旅游活动的空间范围分类

旅游线路按旅游活动的空间范围可分为洲际旅游线路、洲内旅游线路、跨国旅游线路、国内旅游线路和区内旅游线路等。大尺度的旅游线路多选择著名的、最有价值的风景区和旅游城市。迎合游客出游的“最大效益原则”，在旅游线路的安排上基本不走“回头路”。小尺度的旅游线路多呈节点状，选择中心城市为节点，向四周旅游点作往返性短途旅游。

2. 按旅游性质和内容分类

旅游线路按旅游性质和内容可分为观光游览型、休闲度假型、专题型、综合型。观光型旅游线路一般串连多个旅游点，可满足游人观览、猎奇的需要。由于游客重复利用同一线路的可能性较小，因而旅游路线成本较高。休闲度假型旅游线路多用于满足游客休息、度假的需要，旅游线路的设计要简要、经济，旅游线路串连的旅游一般为1～2个，旅游停留时间长。专题型旅游线路多围绕一个主题，串连多个内容相似的旅游点，以满足旅游者深层次、单项旅游的需求。

旅游线路针对性强，虽客流有限，主题设计可多样化，旅游市场前景较好。如“94中国文物古迹年”推出的孔子周游列国线、秦始皇东巡线、徐霞客旅游线等和“97中国旅游年”推出的中华民俗游、宗教文化游、中华健身游、青少年度假游等。综合型旅游线路根据旅游者的需求，把不同性质的旅游点或城市串连在一起，巧妙配合，如古城西安与风景城市桂林的配合、江南山水风光与内蒙古大草原风情的配合形成综合性特色的旅游线路，满足大众性旅游者的需求，深受游客的喜爱。

3. 按使用的主要交通工具分类

旅游线路按使用的主要交通工具可分为航海、航空、内河大湖、铁路、汽车、摩托车、自行车、徒步及混合型等旅游线路。旅游线路按旅游过程可分为全包价旅游线路、小包价旅游线路。按旅游活动区域分类有周游型和逗留型两种，周游型线路一般是环线模式，由于周游的旅游目的是观赏，旅游线路应尽可能路过更多的旅游地和旅游点；逗留型的旅游目的是观光、度假和娱乐等，线路设计要使游客“快进漫游”。

旅游线路组织规划是灵活的，还需要在实践中获得创新，以推动旅游业的发展。

（三）规划内容

旅游线路组织规划，主要包括确定旅游流的主流向，确定各旅游线段的性质、组织旅游产品，合理安排转换节点，确定旅游线路的空间结构，合理安排时间结构等内容。

1. 确定旅游流的主流向

根据旅游区的条件和旅游市场的需求，以强化产品特色、提高产品的“组合力”为主要目的，确定旅游目的地的主游线，安排观光旅游、生态旅游、修学旅游、休闲度假旅游等各项特种线路。

2. 确定各旅游线段的性质

旅游线路是连续的，但每一段旅游线所处的位置和所承担的功能却有很大的不同。确定各线段的性质是旅游线路组织规划中的关键性工作。旅游产品需要针对具体客源市场进行设计，根据具体需求组织可供销售的景区（点）和旅游服务。

3. 确定旅游线路的空间结构

旅游线的组织形式千变万化，主要有辐射型、环型和带型三种基本结构。在三种基本型的基础上，根据需要可组合成多种方式的旅游线路空间结构。

4. 合理安排时间结构

旅游者群体要求在一定的时间内完成旅游活动，而各旅游区所能吸引游客逗留的客观条件也有所不同，因此，旅游线路组织规划应根据具体条件，合理安排一日游、三日游、一周游等不同时间的旅游线路。

二、游览路线规划

游览路线规划是在旅游景点和旅游景区内的游览活动安排。旅游活动是游客在旅游景点和旅游景区空间上的流动过程，任何一种类型的旅游规划，都必须安排好游览路线，通过游览道的建设，组织贯通旅游景点和旅游景区的旅游网络。

游览路线规划是旅游网络的科学组织，又是美学的艺术的创造，在手法上需要采用步移景异、曲径通幽、豁然开朗、峰回路转和渐入佳境等手法，可采用单一手法或几个手法并用。成功的设计手法会推进旅游区的发展。

（一）游览方式

旅游地游览方式类型包括小径步行游览、缆车游览、汽车游览、火车游览，以步行小径最为普遍。游览方式的组织有空中游、陆地游、水下游、地下游览等，丰富多彩。空中游，利用直升机、索道缆车游览，俯视远眺，邈邈奇观尽收眼底。陆地游，可分步游、乘车游（汽车游、马车游、驴车游、狗爬犁游等）、乘船游、骑马游（骑骆驼游、骑牛游）等，生动活泼，别具风情。水下游览的海底潜水和地下游的岩洞游，如到另一世界，别有一番情趣。

旅游景点和旅游景区的游览道路一般分是景外游览道和景内游览道。景外游览线为旅游景点和旅游景区外围的主要干道，用以游客游览运输。景外游览道规划要求路面平整，无尘土。旅游车行驶在游览道上既有远景吸引，又可在近处观看，车过后还能回味，留在记忆中。游览道路两旁用树组成景窗，有景则开，无景则合，切忌两侧林深无缝，视线夹在狭窄的无变化的空间走廊里。

景区内游览道路一般以游步道和小型游览车道为主。具体要求沿途有丰富的风景观赏面，有最佳的视角和视距，以扬景之长，避景之短；景内游步小径宜曲不宜直，宜陷不易夷，宜狭不宜宽，保留自然风貌，让游人或登山，或越涧，或穿林，或涉水，不断变幻空间变幻视线，处处领会诗情画意的意境。根据步行的长度和攀登的高度，适时设休息点，走走停停，随处可安，灵活行止。规划多条景区游览线，供不同年龄、兴趣的游人选择。游览线尽量为环形，不走回头路，使游人处处感到新奇，游兴未尽。

（二）规划原理

游览路线规划的关键是组景。组景就是按着美学和心理学的原理，通过科学设计和组织游览路线，使旅游者在游览中获得大量信息和快感，达到最佳的观赏效果。具体规划原理要求如下：

第一，景物之间要有时空连续性，动感观比静感观强。静感观的感受只产生一个孤零零的不连续画面，动观的感受则是把一个个孤立面联系起来，形成景观整体的印象。游览路线组合成的各个艺术画面，正如连续镜头组合成的电影画面，能使人产生强烈的感受。所以，在组景设计应充分考虑动观的效果。

第二，力求突出突变的动观效果。突变的动观比渐变的动观给人感受量大。“山塞疑无路，湾回别有天”是人们对游三峡巫峡段的突变动观效果的概括。因此，在组景中常常采用先藏后露的障景手法，使旅游者的感受达到最大限度的强化。

第三，多次重复出现某一事的，以达到加深认识，强化美感的目的。在游览路线设计中，要使旅游者从不同角度、不同侧面观赏到主景或标志性景物，以强化感受，达到“日出峨眉照沧海，与人万里长相随”的境界。

第四，在动观游览路线的规划中，要富于变化，做到有扬有抑、有旷有实、高低起伏、曲曲折折，使人目不暇接、步移景异。

第五，要加强景观提示。有提示的景观比无提示的景观感受要强。因为旅游者游览正如读书一样，是信息积累和深化的过程。如果你对某一事物已有一定了解，又到实践中去验证，就会把理论认识与感知认识统一起来，达到信息的系统化和深化。所以，在规划中应在游览道路的重要出入口、功能区、景区、重要景点设置导游标志，对游览内容和注意事项加以说明，加强游览效果。

（三）规划原则

在旅游区域内的各个景区、景点和景物都是固定的孤立存在的，各有自身的个性，只有通过游览路线规划，将公路、河道、索道和人行道，采取一些艺术手法将各部分连接起来，形成完整的游览系统，发挥旅游区域整体效益。游览线路规划应遵循以下原则：

（1）组景主题鲜明，有统一感、层次感和变化感。规划中要对反映主题的景物多设计几个观景点，从不同角区、部分重复观览，以强化游人的感受。

（2）游览路线组织有序，符合人们认识事物过程。可采取文学创作中的“凤头、猪肝、豹尾”的创作原则安排游览路线，做到有人景、有展开、有高潮、有结尾。人景要新奇，引人入胜；有展开，即在景象特征、景感类型、游览方式和活动内容上不断变换，一波未平，一波又起，迂回曲折，起伏迭宕，使旅游者驰骋想象，流连忘返。有高潮是将旅游感受最集中、最突出的景点，安排在游客兴致最浓的时候，可利用泄景手法制造悬念，使之隔而不断，若即若离，延长高潮时间，待到成熟时达到“千呼万唤始出来”的高潮效果。结尾应响亮、明快，让人感到“余音绕梁，回味无穷”。

（3）合理安排顺序与节奏。在旅游线路设计时，要预先筹划线路的顺序与节奏点，使旅游活动做到有起有伏，有动有静、有快有慢、有观光游览又有参与娱乐，既要使游客的整个旅游活动始终保持在兴奋点上，又要考虑旅游者的心理和生理、精力状况做到有张有弛。只有这样，旅游者才能获得心理、生理上的满足，旅游线路也就如同一部艺术作品有序幕、发展、高潮和尾声。例如，桂林山水旅游线。一般旅游者到达桂林后，首先安排观览七星岩、芦苗岩、叠彩山，象鼻山，领略由绿水、青山、奇洞组成的桂林风景，然后去游览举世闻名的漓江山水而形成旅游高潮，到阳朔又掀起一个小高潮，作为尾声安排参观灵渠或市内自由活动，从而使游客情绪有张有弛，体力与精力都有相应的调整。

（4）合理安排旅游转换节点。旅游转换节点为不同性质的旅游线段的连接之处或游线枢纽，是游客的旅游方式切换点，也是不同游客群体的游线分岔点。旅游线路组织规划所设计的旅游转换节点要避开旅游核心区，旅游转换节点地带须安排停车场、交通换乘中心，安排适当级别的服务设施。

（5）时空艺术原则。通过旅游线路组织，使旅游活动丰富多彩、有张有弛、劳逸结合，形成欲扬先抑、步移景异、峰回路转的时空艺术效果和富有特色的组合产品。

（6）规模适度原则。旅游线路密度须与实际的旅游景点规模相匹配，过疏会导致组合松散、吸引力不集中；过密会导致生态环境破坏和旅游吸引力下降。旅游线路密度与自然条件密切相关，如草原、森林、丘陵地带的旅游线路密度应小。

（7）选择最佳观赏点。在游览路线规划中，要选择景点观赏的最佳位置，形成远景、近景、特写景的组合。在游览路线规划选择观赏点时，要“美则显之，丑则隐之”。在游览路线规划中，对路线布局和观赏点确定需要有远、中、近、特写画面的变化，视度也应有平、俯、仰的变化，相互配合，提高游览质量和旅游区的知名度。在游览中，被观赏的景物由于观赏点的变化，会获得不同的观赏效果，改变了观赏位置，就会导致景象发生变化，使旅游者产生不同的意境：“远山来此与堂平”为平视意境，“登泰山而小天下”为俯视意境，“突兀天梯蜀道难”是仰视意境。

（8）选择性原则。旅游区或旅游目的地，应对旅游产品进行多种组合，设计多种线路，为旅游者提供多种旅游选择。每一线路上，旅游者也可根据自己的兴趣进行选择和拼合，为游客需求的多样性、时尚变化、散客旅游的发展、容量调节创造条件。

（9）资源保护原则。游览线路设计必须以资源保护为前提，不能过量安排游客。对重要的旅游资源要错时和错季规划旅游线路。

第三节　旅游规划保障体系

旅游支持保障体系规划是旅游发展的辅助性规划，包括旅游规划安全保障体系、旅游人力资源保障体系、旅游交通保障体系等子系统。

一、旅游规划安全保障体系

旅游活动在安全的基础上进行，旅游安全保障体系是旅游支持保障体系规划中最基本和最核心的规划。旅行社、旅游饭店、旅游汽车和游船公司、旅游购物商店、旅游娱乐场所和其他经营旅游业务的企事业单位是旅游安全管理工作的基层单位。一项有效的旅游安全保障体系包括安全人员、安全设施和安全步骤三大内容。

安全人员和安全设施是有形的资源，安全步骤则规定了如何使用这些资源达到组织目标的具体做法。凡与旅游安全有关的一切事情都与这三大内容相关联。旅游安全涉及旅游的食、住、行、游、购、娱各方面，具体有行游安全、人身安全、饮食安全、住宿安全、购物安全等方面。旅游安全保障体系具体有旅游企业安全管理工作职责、风景名胜区旅游安全保障体系、旅游饭店旅游安全保障体系、漂流旅游安全保障体系等主要内容。

（一）旅游企业安全管理工作职责

旅游企业是旅游安全管理工作的基层单位，按照国家旅游局《旅游安全管理暂行办法实施细则》（1994 年 1 月 22 日，国家旅游局颁布），需要制定旅游企业安全管理工作职责。旅游企业安全管理工作职责内容包括：

（1）设立安全管理机构，配备安全管理人员，建立安全规章制度，并组织实施；建立安全管理责任制，提高从业人员的安全知识和防范技能，配备与经营范围相适应的专人安全管理人员和安全设施，严格遵守操作规程，定期检查，保障旅游者人身、财产安全。

（2）建立安全管理责任制，将安全管理的责任落实到每个部门、每个岗位、每个职工。

（3）把安全教育、职工培训制度化、经常化，培养职工的安全意识，普及安全常识，提高安全技能，对新招聘的职工，必须经过安全培训，合格后才能上岗。并接受当地旅游行政管理部门对旅游安全管理工作的行业管理和检查、监督。

（4）经营涉及人身安全的特殊旅游项目和客运架空索道、缆车、漂流、滑雪、攀岩、滑翔等特种旅游项目，需要配备专业人员，提供安全保障，并为旅游者购买保险提供服务。大型游乐场等旅游项目，设备、设施要符合国家有关安全标准，并定期检测。游乐设备、设施需要经国家认可的检测机构检测合格，保持安全运行状态，具备必要的安全保障措施。涉及人身安全的漂流、客运架空索道、缆车、漂流、滑雪、攀岩、滑翔等旅游项目，旅游经营者需要加强设备、设施的日常维护和保养，保证安全运转；坚持日常的安全检查工作，重点检查安全规章制度的落实情况和安全管理漏洞，及时消除不安全隐患。对用于接待旅游者的汽车、游船和其他设施，要定期进行维修和保养，始终处于良好的安全技术状况；在运营前进行全面的检查，严禁带故障运行。

（5）对旅游者的行李要有完备的交接手续，明确责任，防止损坏或丢失。

（6）在安排旅游团队的游览活动时，要认真考虑可能影响安全的诸项因素，制定周密的行程计划，并注意避免司机处于过分疲劳状态。

（7）开展登山、汽车、狩猎、探险等特殊旅游项目时，要事先制定周密的安全保护预案和急救措施，重要团队需按规定报有关部门审批。

（8）凡涉及旅游者人身、财物安全的事故均为旅游安全事故，旅游企业负责为旅游者投保，直接参与处理涉及单位的旅游安全事故，包括事故处理、善后处理及赔偿事项等。

国家旅游局《旅游安全管理暂行办法实施细则》将旅游安全事故分为轻微、一般、重大和特大事故四个等级。轻微事故是指一次事故造成旅游者轻伤，或经济损失在1万元以下者；一般事故是指一次事故造成旅游者重伤，或经济损失在1万~10万（含1万）元者；重大事故是指一次事故造成旅游者死亡或旅游者重伤致残，或经济损失在10万~100万（含10万）元者；特大事故是指一次事故造成旅游者死亡多名，或经济损失在100万元以上，或性质特别严重，产生重大影响者。事故发生后，现场有关人员应立即向本单位和当地旅游行政管理部门报告。一般、重大、特大安全事故发生后，地方旅游行政管理部门和有关旅游企事业单位要积极配合有关方面，组织对旅游者进行紧急救援，并妥善处理善后事宜。地方旅游行政管理部门在接到一般、重大、特大安全事故报告后，要尽快向当地人民政府报告，对重大、特大安全事故，要同时向国家旅游行政管理部门报告。

旅游企业安全管理工作职责规划是旅游活动正常进行的保证，需要规划到旅游企业安全管理工作职责的每一个细节，保证旅游安全万无一失。

（二）风景名胜区旅游安全保障体系

风景名胜区旅游安全保障体系根据《风景名胜区条例》《风景名胜区安全管理标准》等国家有关法规进行，详细规定风景名胜区旅游的各项安全管理要求。

国家《风景名胜区安全管理标准》规定有五项风景名胜区安全管理指标，是风景名胜区旅游安全预防规划的基本内容。

1. 游览安全管理

游览安全管理是旅游活动进行中的安全管理，涉及游览环境、旅行社和导游。游览安全规划，首先是游览环境安全，在旅游景区景点内，设置规范、醒目的公共信息图形符号标志、地域界限标志、游览导向标志、安全标志和通信等必要的服务设施，对具有危险性的区域或者项目，设立明显的提示或者警示标志，并采取必要的防护措施。在游览危险地段及水域或猛兽出没、有害动植物生长地区，安全防护措施要完善，要有专人负责安全，明示游览活动需要遵守的规定。

旅游景区（点）需要根据旅游安全、环境保护、文物保护以及服务质量的要求，确定旅游接待承载能力，实行游客流量控制，安全救助措施完善。当旅游景区（点）达到或者接近游客流量控制标准时，旅游景区（点）经营者应当告知旅游者，及时进行疏导，并实行分时进入或者限制进入，做到无超容量接待、无游人挤踩伤亡事故。

经营涉及人身安全的旅游项目，需要采取安全保障措施。对旅游中可能造成危险的情况，需要事先向旅游者作出真实的说明和明确的警示。发生安全事故时，旅游经营者需要及时救护并向有关部门报告。

旅行社组织旅游观光活动时，要保证所提供的服务符合保障旅游者人身、财产安全的要求；对可能危及旅游者人身、财产安全的事宜，应当向旅游者告知，并采取防止危害发生的措施。导游员在引导旅游者旅行、游览过程中，应当就可能发生危及旅游者人身、财产安全的情况，向旅游者作出真实的说明和明确的警示，并按照旅行社的要求采取防止危害发生的措施。

2. 治安安全管理

治安管理是旅游度假的景区治安管理，通过规划保证景区无盗窃钱物、盗伐破坏森林、损毁名胜古迹等重大事件；保证无聚众斗殴、闹事、抢夺财物等重大事件；保证不发生重大刑事案件。

治安管理规划要注意通过正面形式的宣传与告诫，开展健康、文明的旅游文娱活动，严厉打击封建迷信、卖淫嫖娼、赌博吸毒等各种有害活动。

3. 交通安全管理

交通安全管理规划是对旅游交通过程安全的规划，需要严格执行交通法规，制定景区安全行车制度，抓好车辆管理，景区内各种机动车辆有保养、检修制度。

规划要求景区内的道路符合规定标准，及时维修，按道路交通管理的有关规定设置标志，保障道路畅通，确保进入风景名胜区的车辆安全行驶。

规划要求游船、缆车、索道、码头等交通游览设施安全管理制度健全，有专人负责，严格遵守操作规程，定期检查，保证运行安全，不发生责任死亡和重大伤害事故。

4. 消防安全管理

消防安全管理是对旅游住宿场所灾害的准备救护管理，规划要求严格执行《消防条例》和《古建筑消防管理规则》等消防法规，按要求配备灭火器材，分布合理。消防器材登记造册，专人管理，定期检查。

规划要求火警通信设备和器材有保养制度，保持完好，确保通信畅通。建立安全用电制度，保证用电安全，无因违章用电引起的事故发生。规划要求消防车辆及时维修保养，专车专用，随时保持警戒状态。

规划要求制定林木防火管理办法。重点部位禁烟禁火标志醒目，并有专人监督管理。全年火警控制在十起以内，做到“有火不成”灾，保证古建筑、古树名木无火灾。

（三）旅游饭店安全保障体系

旅游饭店是游客集中休息的场所，旅游住宿安全至关重要。依据旅游安全预防所要求的安全人员、安全设施和安全步骤三大内容，根据不同旅游饭店的类型和等级，确定相应的安全人员和安全设施，保证饭店安全营业。

在旅游饭店安全预防规划中，需要加强安全人员的培训，因为复杂的安全设备要依靠安全人员使用。旅游饭店安全设备简繁程度差异甚大，安全人员需要从旅游饭店最简单的门窗插销的了解到最重杂的警报系统的掌握，需要了解该设备的用途及其局限性，了解设备的需要程度与可行性，以确保安全设备对旅馆业有效，对饭店安全有效。饭店配备了安全设备，需要遵从安全步骤，需要规划与安全设备相适应安全实施步骤。

旅游饭店的安全预防规划的核心任务，就是确保游客的人生安全与财物安全。由于过往游客人生地疏，不具有当地居民那种轻而易举就能识别闯入者的能力，因而需要有效的环境安全措施，以减少游客遭受损害的机会。人身安全涉及建筑物、场地及建筑物内部设施。确保游客人身安全的内部设施，包括布局、照明、围墙和大门、闭路电视及报警系统等诸多因素。研究游客人身安全时，应重视环境因素、安全人员、客房门户、公共防卫、电脑与通信等多种因素的变化，确保游客在旅游饭店的安全。

1. 环境因素

旅游饭店环境安全包括栅栏、酒店建筑结构、毗邻建筑物、大门、客房门户、易燃品、照明、财物保险等因素，需要确保处于安全需要的正常状态。

栅栏是旅游饭店的重要防护设施，需要保证栅栏够高，足以防止坏人攀越。栅栏是按不能从其下方爬行的要求来设计。垃圾箱、焚烧炉等要远离栅栏，以防用来帮助攀越栅栏。

酒店建筑需要能防火，特别是屋顶要求既坚固又能防火。毗邻建筑物要求与旅游饭店有隔离，拆除从毗邻的建筑物的屋顶或窗口进入饭店的通道。饭店与毗邻建筑物之间的门窗需要按时关闭，避免毗邻建筑物失火殃及饭店。

旅游饭店大门要求坚固，维修良好，大门铰链有无磨损。在饭店停业时，所有的门需要上锁或上栓；在非营业时间，各出路口要由安全人员把守，或由中心控制室保护系统管理。在饭店入口处避免行乞或妓女闲荡，保证客人乘坐出租汽车或其他公用交通工具到达饭店大门时无任何危险。

旅游饭店客房门户门框要坚固，玻璃门要用铁丝网或铁条加固，一旦玻璃门或轻型窗架敲破后，要无法摸到门锁，门上铰链的设计与定位可以防止链芯被人拨除或敲坏。门插销的设计和安装可以防止坏人用“撬门棍”或其他工具轻易取下。门锁的设计和门框的固定可以防止门框被人拆毁，防止破门而入。门插销的设计和制作要求无法被人弄断。门锁安装牢固，无法撬掉。要求检查门锁保持良好的使用状态，门钥匙要保管在可靠的员工手里，离店后要交回钥匙。

在接待宾客的场所不存放易燃品。饭店区内照明以及室外，包括街道、通过、小道、小弄、进货场地、员工和客人进出口等地的照明要求良好。旅游饭店财物保险的保险箱要求防火，固定在地上或墙上，要用混凝土固定位置，安装报警系统。

2. 安全人员

旅游饭店的安全人员是饭店安全的具体实施者，规划时必须考虑是否有可能使用本店安全人员，或雇用合约安全人员或兼职警察。旅游饭店安全人员需要经过筛选和培训，同时受到应有的监督。专职的安全人员不再指派“其他工作”，以保证他们全心全意从事安全工作。雇用商业化的安全服务人员，要核实过对方的确具有提供完善的安全服务的能力，有益于举行对付紧急情况的演习。饭店的安全部门应用闭路电视及类似的监视提高安全效率。员工和客人所使用的停车场要有足够的警卫、警察或侦察设施。

3. 公共防卫

旅游饭店必须建立周密的外围公共防卫系统。需要关注饭店所在的地区容易发生的问题，分析产生社会不安定、破坏公共财产或其他类似安全问题的潜在因素，分析饭店四周的交通状况是否会带来特殊麻烦，饭店要与警察局及消防队保持密切联系，备有警察局和消防队主要人员的电话号码，要为警察与消防队进店提供方便；要保证一旦发生火灾，饭店有充足水源供应，保证在供水系统发生故障，或因断电无法供水时，有备用的水泵系统，并方便消防队用水；要防止盗贼通过地下工作管道、地下道、下水道和地下水道等处非法进入饭店的危险，对煤气、水的排污线路和电、电话的线路管道要采取保护措施，避免遭到破坏。

4. 电脑与通信

电脑与通信是旅游饭店安全的管理和内外联系的重要方式和手段，从旅游饭店安全的角度，需要考虑饭店所安装的电脑是否已使该电脑获得店外电脑系统的支持，以保证电脑的准确无误。安装电脑设备的场所要安全可靠，电脑操作房要采取保护措施，避免受投掷物损坏。通信中心（如电话间等）的位置要安全，对电线和电缆等要采取足够的保护措施，制订对付危急情况的通信系统的计划。

在犯罪率很低的社区，定期检查与周边社区有关的人身安全体系和营业活动也十分重要。在制订人身安全计划时，近邻的建筑和居民区、餐馆、娱乐场及其他对客人有吸引力的场所等因素都应于考虑。在确定置于安全体系控制下的饭店场地与范围时，饭店内部建筑的设计将决定客人和员工对居民住宅区内的活动进行监视的程度。安全区可从客房延伸到大厅过道、大堂和室外场地。给予应有的关注则又成了问题的核心。要能弄清哪一些地方可以得到适度的安全，可以确定饭店的安全范围。

（四）漂流旅游安全保障体系

漂流旅游是指漂流经营企业组织旅游者在特定的水域，乘坐船只、木筏、竹排、橡皮艇等漂流工具进行的各种旅游活动。漂流旅游安全保障体系内容主要包括漂流旅游安全管理、漂流旅游安全培训、漂流旅游安全救助等。

1. 漂流旅游安全管理

漂流旅游属特种旅游活动，安全管理工作以保障旅游者人身及财产安全为原则，实行“安全第一，预防为主”的方针。只有加强对漂流旅游的管理，保障漂流旅游者的安全，才能促进漂流旅游有序发展。

漂流旅游安全管理执行政府旅游行政管理部门和旅游漂流企业共同管理。政府旅游行政管理部门的管理是对漂流旅游企业的资质管理和经营过程管理。漂流旅游企业资质的管理，第一，对符合标准的漂流旅游企业，发给旅游部门认可的证书，并会同有关部门对其使用的漂流工具进行登记管理。已领取旅游部门发放认可证的经营企业，进行漂流工具的买卖、转让、租赁、抵押、报废等活动，须到旅游行政管理部门备案。第二，政府旅游行政管理部门对漂流旅游企业经营过程的安全管理有三方面：一是根据当地漂流水域状况和使用漂流工具的情况，制定漂流旅游安全和服务标准，审核检查漂流旅游企业的各项安全管理规章制度，并根据安全和服务标准对经营企业进行检查；二是定期对漂流旅游的码头设施和接待设施以及漂流旅游企业的漂流工具进行检查。经营漂流旅游企业投入经营使用的漂流工具必须经有关部门检验，持有载明乘客定额、载重量、适航内容的合格证书，按有关规定选配操作人员，救生设备齐全；三是定期检查漂流旅游企业是否在有关部门考察核定的、符合安全标准的水域内进行漂流旅游经营，是否保持漂流水域的畅通及航道标志明显。

经营漂流旅游企业对安全的管理，第一，根据国家旅游安全管理的有关规定及有关部门的规章制度建立健全安全生产管理规章制度；第二，设置专门的安全管理机构或确定专人负责安全管理工作；第三，确保证所提供的漂流旅游服务符合保障旅游者在漂流旅游活动中的人身及财产安全的要求，在码头、漂流工具上应放置足够的救生衣或使用其他救生装备；第四，要保证漂流工具安全可靠，严格遵守核定的载客量，严禁违章操作；第五，要求由旅游者自行操作漂流工具进行漂流的，企业工作人员要事先将有关注意事项详细告知旅游者，并在易发生事故的危险地段安排专人负责安全监护；第六，要明确告示患有精神病、心脏病、高血压、痴呆病等病症的患者以及孕妇、老人、小孩和残病人等，不宜参加漂流旅游。

2. 漂流旅游安全培训

漂流旅游安全培训由政府旅游行政管理部门和旅游漂流企业共同进行，培训对象为漂流旅游的从业人员，培训内容有漂流安全教育和漂流旅游水上运动技术和水上救护技术。执行漂流旅游工具操作的人员必须经当地水运管理部门考试合格后方可上岗，上岗前必须由旅游管理部门或经营企业进行旅游服务和旅游安全教育培训。

3. 漂流旅游安全救助

漂流旅游安全救助由旅游行政管理部门和旅游漂流企业联合进行，主要内容是制定漂流旅游安全救助预案和执行漂流旅游安全救助。

地方旅游行政管理部门应及时了解漂流水域情况，一旦发生影响漂流旅游安全的洪水、塌方、河道堵塞等情况，立即通知企业停止漂流旅游活动，并及时协助有关部门做好旅客疏导和安全工作。

经营漂流旅游的企业应根据有关规定和具体漂流水域情况制定意外事故处理预案。在漂流过程中发生旅游者伤亡事故或危及旅游者安全的其他事故，均为漂流旅游安全事故。一旦发生安全事故，经营漂流旅游的企业应立即采取措施，组织救助，并向当地旅游行政管理部门及其他有关部门报告。地方旅游行政管理部门在接到事故报告后，立即将情况向上级旅游行政管理部门报告，并积极配合公安、交通、卫生等部门组织事故调查、伤员的救治和其他善后工作。事故处理结束后，当地旅游行政管理部门责成漂流旅游的经营者整理出事故处理报告，内容包括事故发生的时间、地点、事故原因、伤亡情况及财产损失、经验教训、处理结果等。当地旅游行政管理部门在将事故处理报告核定后，报上级旅游行政管理部门备案。

二、旅游人力资源保障体系

人力资源是旅游规划开发的基础性保障，人力资源虽有流动性，但也有培养周期较长的资源属性。人力资源管理的意义是为旅游目的地提供有劳动能力、有服务意识、有专业知识和创造力的人。有计划、有步骤的实施人力资源招募、甄选、培训和开发等计划以及通过贯彻始终的组织活动、管理行为等。

（一）旅游人力资源管理的目标

人力资源管理目标可分为终极目标与直接目标两个方面。就直接目标来说，是从人的角度提高企业效率，促进企业的稳定发展。从终极目标来说，人力资源管理活动的最终目的是提高员工和企业的工作绩效和效益，提高企业竞争力，实现企业价值最大化。并在实现企业目标的基础上，努力实现员工的个人目标，使企业与员工共同发展。

1. 旅游企业的服务性

旅游企业是提供服务的企业，经营重点是提供优质的劳务性服务。企业在为旅游者提供服务时，主要是提供企业员工的活劳动，而物质产品则起到辅助服务销售的作用。旅游企业的多样化、涉外性，与消费市场紧密相连。旅游消费属于现场消费，旅游服务的消费过程就是企业员工与旅游者直接接触的过程。企业服务质量水平的高低直接影响顾客消费的满意程度，决定着企业对顾客的吸引力，进而也就决定着企业的经济效益。

旅游企业人力资源管理，不仅是高质量完成服务过程、实现组织目标的必要保证，也是企业实施服务竞争战略的基础。西方旅游企业把人力资源管理的重点放在激励、安抚员工，挖掘员工潜能上；我国旅游企业人力资源管理的重点是，培训、调整劳动关系和稳定员工队伍。旅游企业亟待解决的是改变观念，重新认识员工的作用和责任。

2. 旅游企业的员工流动

许多优秀的企业已经在控制人员流动方面采用了一些值得借鉴的方法：①利润分享并实行持续的激励计划。②绩效工资，按劳取酬。③利用先进技术实施人力资源开发，帮助员工提升素质，使员工可以根据自身情况进行自我培训。旅游企业人力资源培训与开发是指旅游企业针对其内部员工有计划、有组织实施的系统学习和挖掘潜力的行为过程，通过员工知识、技能、态度乃至行为发生定向改进以及潜力的发挥，确保员工能够按照预期的标准或水平完成工作任务。

3. 旅游企业员工甄选

多样化和专业化的人才将成为旅游业人才招聘需求的趋势。此外，旅游是一个特定的行业，工作具有相对独立性和挑战性。因此科学合理的招聘是旅游企业完善管理机制、提高经营效率的重要环节。旅游企业的招聘渠道包括内部招聘和外部招聘两种类型。

4. 旅游企业人力资源配置原则

旅游企业人力资源配置指的是将旅游企业人力资源投入到各个局部的工作岗位，使之与物质资源相结合，形成现实的经济运动。旅游企业人力资源的科学配置，是旅游企业人力资源生产与开发之后的关键环节，也是旅游企业人力资源经济运动的核心。从宏观角度说，旅游企业人力资源的配置就是要达到充分就业和合理使用，以形成良好结构，保证旅游企业顺利发展的需要，取得经济的最大效益和自身比较高的使用频率。因此，旅游企业人力资源配置要遵循以下原则：

（1）充分投入原则

在旅游企业人力资源处于供不应求和供求平衡状态时，比较容易达到充分利用。在旅游企业人力资源供过于求的状态下，则应当通过各种措施扩大需求，增加投入，尽量减少人力资源的闲置和浪费。

（2）合理运用原则

旅游企业人力资源的合理使用应当包括员工的潜能发挥、员工社会地位的提高，以及有关劳动的各种社会关系的协调等，即有着一定社会效益的内涵。

（3）良性结构原则

在宏观的人力资源处于良性结构的情况下，人力资源状况能够适应社会经济发展的需要，并能有利于旅游企业在较长时间内保持协调，从而取得较大的经济效益。

（4）提高效益原则

提高效益是重要的经济学原则。高效劳动是一种较好的状况，可能接近或者达到充分利用人力资源的程度；低效劳动、零效劳动、负效劳动显然是人力资源运用很不合理的状况，应当向高效劳动转化。

（二）人力资源建设

高素质的旅游从业人员是保障旅游业长远发展的关键因素。为提高旅游从业人员的专业素质和职业技能，应注意以下建设角度：

（1）强化旅游管理部门宏观调控职能。建立旅游专业人才供需平衡模式，协调管理部门，整合教育资源，建立完善的教育体系，加强旅游人才培养。

（2）符合市场规律的旅游培训管理体制。依托当地高校院所的人力资源优势，整合组建多种形式的旅游人才培训基地与培训网络；加快旅游教育培训机构管理体制的完善，引进企业化运作机制，提高硬件水平和培训教师的水平。

（3）借用外部旅游教育和培训资源培养人才。例如，成立旅游顾问旅游咨询机构，聘请全国知名学者作为常年顾问，对旅游业发展的人才培养提供信息和咨询；与具有国际水平的培训机构建立稳定的联系，通过合作，培养具有国际市场开拓能力和经营管理能力的高级旅游人才；采用多种形式，与国内外其他旅游教育培训部门的合作，培养专业人才。

（4）完善中等旅游职业教育。随着旅游业的发展，中等职业教育应纳入旅游行业管理范畴，逐步扩大办学规模，提高旅游教学、实验设备水平，多渠道筹集资经营办学条件，加强师资队伍建设，为专业教师提供必要的专业技术培训。

（5）有针对性的培养一批市场急需的专业人才。培养一批旅游规划和旅游市场营销专业人才，适应旅游资源大开发、旅游业大发展对人才的需求。

（6）鼓励竞争，稳定队伍。设立旅游专业人才市场和信息库，沟通供需渠道，促进旅游人才的专业化管理。

（7）出台《旅游从业人员素质要求大纲》（以下简称《大纲》）。根据《大纲》的要求，定期对旅游从业人员进行测评，采用划分等级的形势，鼓励不断学习、积极进取，以此鼓励全员素质的提高。

三、旅游交通保障体系

旅游交通规划是旅游交通业协调、有序发展的基本保障。旅游交通规划是在深入调查研究和科学分析及预测基础上对旅游交通业未来发展的筹划与安排。旅游交通规划是在对旅游交通业过去、现在及今后发展的考察、调查、研究、分析和预测的基础上，针对旅游交通现实和潜在市场需求，适应旅游业发展对交通运输的要求，编制的旅游交通未来发展的蓝图，描绘旅游交通业的发展目标、发展战略、总体规模、建设重点和分阶段建设方案。

（一）旅游交通规划基本原则

旅游交通规划应确定规划总目标和分阶段目标。总目标是规划期满旅游交通业发展将要达到的定性和定量指标，分阶段目标则是指规划分阶段将要达到的定性与定量指标。定性指标一般是指国际先进水平、国际中等水平、国内先进水平或国内中等水平等指标。定量指标包括旅客运输能力总量、旅游交通站场（合机场、港口码头）的建设规模及布局、各种交通工具的数量和比例、旅游交通线路网络长度及布局等指标。在不同时期、不同地区、不同等级的旅游交通规划，要遵循不同的规划原则。

1. 市场导向原则

在商品经济条件下，旅游交通服务必须能够满足旅游市场需求，才能具有市场竞争力，赢得较大的市场占有率。旅游交通规划必须遵循市场导向原则，根据市场需求，确定旅游交通的运输能力、设施与线路布局、营运方式等，以保持旅游交通供给与需求的总体平衡。

2. 综合配套原则

旅游交通是一个综合性产业，横向与行、住、食、游、购、娱六大要素共同构成了旅游业，关系十分密切；纵向与公路、铁路、航空、水运等交通方式之间，以及各交通方式的运输工具、线路、始终停靠站（机场、港口码头）等设施之间，也存在着相互配合、相互制约的联系。在制定旅游交通规划时，必须坚持综合配套原则，保持旅游交通纵向、横向联系协调一致，以完善的旅游交通体系促进整个旅游业的健康发展。

3. 经济效益原则

旅游交通作为一个经济产业，必需讲究合理的投入产出，以良好的经济效益保证该产业的良性循环运转。旅游交通是一个资金、技术密集型服务行业，基础设施建设和人员培训的投入额巨大，在营运过程中又有较大的设备损耗和燃料消耗，导致了旅游交通投资回收周期长，回报率低等特点。所以，旅游交通更要注重投入产出的科学性，把经济效益作为决定旅游交通能否实现良性循环发展的决定因素。

4. 突出重点原则

旅游交通是一个庞大的、伸缩性很强的系统工程，在建设过程中往往受到社会、经济、政治等大环境发展变化的影响。在规划时，必须抓住主要矛盾和事关全局的关键环节，突出重点，兼顾一般。突出重点的主要目的，是制定相应的倾斜政策，集中人力、财力和物力。保证重点项目顺利实施，为一般项目的建设奠定基础。旅游交通的重点，是指对外旅游交通枢纽、旅游交通的主导方式、通往主要旅游客源地和旅游区的旅游干线通道等。

5. 地方特色与国际标准相统一原则

旅游交通业的发展应符合本地实际情况，依据其特有的地理、地形和客源地、旅游区（景点）的分布特点，因地制宜地设计和建设具有地方特色的旅游交通体系。旅游道路的开辟以不破坏景观和生态环境的完整为出发点，旅游交通要从实际上出发，

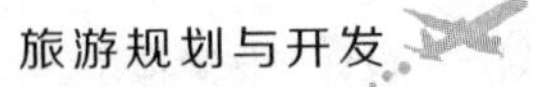

合理规划，合理布局。同时，要在保持特色的前提下，与国际标准、惯例接轨，尤其是旅游交通服务更要向国际标准看齐，提供国际水平的优质服务。例如，采用先进的交通运输工具、多种文字指路牌、国际通用路标，服务人员具备一定的外语知识等。

6. 便于游览原则

便于游览是旅游交通区别于一般社会交通的主要特性之一，在规划上应予充分体现。包含着两个方面的内容，一是“旅速游慢、旅短游长”，即旅行速度要快，旅行时间要短，使旅游者把尽可能多的时间用于游览，从容地参加各种游乐活动；二是“旅中有游，游旅结合”，把旅行与游览合而为一，使旅游者在乘坐交通工具的过程中得以欣赏沿途风光、风情，体验乘坐特色交通工具的乐趣。

（二）旅游景区道路规划

旅游景区道路，是旅游景区不可缺少的构成要素，是旅游景区的骨架、网络。旅游景区道路的规划布置，往往反映不同的旅游景区面貌和风格。应进行各类交通流量和设施的调查、分析、预测，提出各类交通存在的问题及其解决措施等内容。

1. 规划原则

风景区交通规划，应分为对外交通和内部交通两方面内容。对外交通应要求快速便捷，布置于风景区以外或边缘地区。对外部交通的水、陆、空等机动交通的种类选择、交通流量、线路走向、场站码头及其配套设施，均应提出明确而有效的控制要求和措施。内部交通应具有方便可靠和适合风景区特点，形成合理的网络系统。

风景区道路规划，应符合合理利用地形，因地制宜地选线，同景观和环境相配合；对景观敏感地段，应用直观透视演示法进行检验，提出相应的景观控制要求；不得因追求某种道路等级标准而损伤景源与地貌，不得损坏景物和景观；应避免深挖高填，因道路通过而形成的竖向创伤面的高度或竖向砌筑面的高度，均不得大于道路宽度，并应对创伤面提出恢复性补救措施等规定。

2. 路功能

景区路与城市道路不同，除了组织交通和组织游览线路之外，还有景观要求，景区路的地面、线型、色彩等也是园林景观一部分。景区路引导游人到景区，沿路组织游人休憩观景，景区路本身也成为观赏对象。此外，景区的主要道路、次要道路、林荫道、滨江道、休闲小径、健康步道都有不同的功能。

3. 路尺度

由于景区中主要道路、次要道路、林荫道、滨江道、栈道、休闲小径、健康步道等路的功能不同，尺度要求也有区别。一般而言，联系全景区的主要道路宽 7 ~ 8m，便于两辆旅游大客车平行交会，还可以通行生产、救护、消防等车辆。沟通各景点的次要道路宽 3 ~ 4m，能通轻型旅游客车。供游览观光的林荫道、滨江道和休闲小径，主要是人行道，尺度有两种。双人行走1.2～1.5m，单人0.6～1m。景区路的尺度、分布密度应该是人流密度客观、合理的反映。在人多的地方，如游乐场、入口大门等的景区路尺度应该适当加大一些。

景区路通车频率不高，人流也分散，不必追求雄伟气魄，但需注意景区路两侧空间的变化，疏密相间，留有透视线，有适当缓冲草地，以开阔视野，可以观窗外之景，调节旅游情趣。

4. 道路风格

景区路有两种不同风格，自由、曲线的风格，规则、直线的风格。可采用一种方式为主，另一种方式为辅。不管采取什么式样，景区路忌讳回头路、断头路，除非有一个明显的终点景观和建筑。

景区路可以不对称中轴，可以根据功能需要采用不同宽度。如转折处不同宽狭，坐凳、椅处外延边界。景区路与亭、小广场相结合，宽狭不一，曲直相济，使园路生动多变。

为了延长游览路线，增加游览趣味，提高绿地的利用率，景区路往往设计成婉蜒起伏状态。在转折处布置一些山石、树木，或者地势升降，做到曲之有理，路在绿地中；而不是三步一弯、五步一曲，为曲而曲，脱离绿地而存在。

5. 道路铺设

景区路可采砂、石、木、预制构件等铺设。砂土为基层，上可透气，下可渗水的园林生态环保道路。景区路的铺设要与园林景观相协调，自然、野趣，少留人工痕迹。

景区交通主要干道要牢固、平坦、防滑、耐磨，线条简洁大方，便于施工和管理。小径或休闲林荫道，在选取石料时，可变化大小或拼砌方法，使之丰富多彩。选用块料的大小、形状，除了要与环境、空间相协调，还要适于自由曲折的线型铺砌。表面粗细适度，粗要可行儿童车，走高跟鞋，细不致雨天滑倒跌伤。块料尺寸模数，要与路面宽度相协调。使用不同材质块料拼砌，色彩、质感、形状等，对比要强烈。景区路可使用点状路面，如间隔铺砌旱汀步，也可使用空心植草砖。

在景区内的同一空间、同一走向的景区路，采用一种式样的块料铺装较好。在景区不同地方可采用不同的块料铺砌，表达景区的不同性质、用途和区域，形成全景区道路的统一中与变化效果。

应多采用自然材质块料，接近自然，朴实无华，价廉物美，经久耐用。旧料、废料略经加工也可利用。碎大理石花岗岩板、拆房的旧砖瓦也是传统景区路的好材料，可广为使用。石屑更是常用填料。块料路面的边缘，要加固，往往损坏从这里开始。砌块拼砌后，需要检查边缘是否整齐。加放侧石，检查是否可起到加固园路边缘和防止水土冲刷的目的。

景区栈道的铺设有别于一般景区路。运用于景区的栈道有两种形式，一种是架于悬崖峭壁之上，一种是铺设草地之上。悬崖峭壁栈道构造方式为先沿石壁开出宽1~2m石道，上横铺木梁木板。或在崖壁上横向凿孔（口宽10cm×20cm、深50cm），以插入粗木梁（间距约2m），并下加斜撑。梁上再铺厚木板，道宽约2~3m，又于路之旁侧加构铁链或木栏。草地栈道随景点蜿蜒，用防腐防变质木材为木桩或水泥桩全架空离地面40cm以上，上铺木板成2m宽的栈道，大树或小树时而从中穿出，不用砍树，不用挖方填方，栈道色彩形态要与大自然和谐。

设计较好的景区路，常是浅埋于绿地之内，隐藏于绿丛之中的，尤其是山麓边坡外。规划要求路比“绿”低，但不一定是比“土”低。在园路单边式两侧，距路1m左右，要安排很浅的明沟，解决由此带来的是汇水问题，降雨时汇水泻入的雨水口，天晴时乃是草地的一种起伏变化。

（三）公路交通规划内容

公路交通专项规划内容包括公路交通方式的地位与作用；旅游交通总运力中所占比例；公路线路长度、等级及布局；旅游汽车的数量与档次；公路汽车客运站、停车场的规模和布局等。

由于公路交通本身的灵活性、大众性和便于游览性，公路交通是旅游地内部旅游交通的主导方式。对于小型旅游地，公路交通还是与周边旅游交通枢纽城市联系的对外交通主导方式。

1. 公路等级

依据国家《公路工程技术标准》（JTJ1—81），公路根据使用任务、功能和适应的交通量分为高速公路、一级公路、二级公路、三级公路、四级公路五个等级。高速公路为专供汽车分向、分车道行驶并全部控制出入的干线公路。四车道高速公路一般能适应按各种汽车折合成小客车的远景设计年限年平均昼夜交通量为2500~55000辆；六车道高速公路一般能适应按各种汽车折合小客车的远景设计年限年平均昼夜交通量为45000~80000辆；八车道高速公路一般能适应按各种汽车折合成人客车的远景设计年限年60000~100000辆。高速公路具有特别重要的经济意义，专供汽车分道行驶，全部立体交叉和全部控制进出口的公路。

一级公路为供汽车分向、分车道行驶的公路，一般能适应按各种汽车折合成小客车的远景设计年限年平均昼夜交通量为1500~30000辆，连接重要政治、经济中心和通往重点风景区，可供汽车分道行驶，并部分立体交叉、部分控制进出口的公路。二级公路一般能适应按各种车辆折合成中型载重汽车的远景设计年限年平均昼夜交通量为3000~7500辆，连接政治、经济中心或大风景区的干线公路。三级公路一般能适应按各种车辆折合成中型载重汽车的远景设计年限年平均昼夜交通量为1000~4000辆，沟通县级以上城市的一般干线公路。四级公路一般能适应按各种车辆折合成中型载重汽车的远景设计年限年平均昼夜交通量为双车道1500辆以下，单车道200辆以下。四级公路为沟通县、乡、镇的重要支线公路。

公路等级应根据公路网的规划，从全局出发，按照公路的使用任务、功能和远景交通量综合确定。一条公路，可根据交通量等情况分段采用不同的车疲乏数或不同的公路等级。各级公路远景设计年限，高速公路和一级公路为20年，二级公路为15年，三级公路为10年，四级公路一般为10年，也可根据实际情况适当调整。对于不符合本标准规定的已有公路，应根据需要与可能的原则，按照公路网发展规划，有计划地进行改建，提高通行能力及使用质量，以达到相关等级公路标准的规定。采用分期修建的公路，必须进行总体设计，使前期工程在后期仍能充分利用。

2. 客运站

根据交通部JT3109—84《公路汽车客运站级别核定和建设要求》的规定，我国公路汽车客运站分为一级、二级、三级、四级，具体标准如下：

一级客站为旅客日发送乘客量在7000以上（含7000）人次的车站；人口稀少及少数民族地区在5000以上（含5000）人次的车站；省（自治区）、直辖市人民政府所在地，如无日发送乘客量在7000以上（含7000）人次的车站，可将具有代表性的一个车站列为一级站；省（自治区）、直辖市、自治州（盟）人民政府和地区行政公署所在地如无日发送乘客量在7000人次以上，可将日发送量在3000以上（含3000）人次的一个车站列为一级站。

二级客站为日发送乘客量在3000（含3000）人次的车站，不足7000人次的车站；除已列为一级站的省、自治区、直辖市人民政府所在地及省（自治区）辖市、自治州（盟）人民政府和地区行政公署所在地车站，一律不低于二级站；县级人民政府所在地如无符合二级标准的车站，可将日发送乘客量在1500以上（含1500）人次的一个车站列为二级站；国家列为重点旅游区的车站。

三级客站为日发送乘客量在500以上（含500）人次的车站；除已列为一级、二级车站的县级人民政府所在地车站；一般旅游区车站。

四级客站为日发送乘客量不足500人次的乡（镇）人民政府及乡（镇）级以下行政单位所在地车站。

3. 交通座位

旅游交通运输能力要求达到旅游者能够进得来、出得去。交通运输能力的大小以到达或路过旅游目的地的所有交通工具在一定时期内所能运载的旅客人次。对于交通比较发达的地区，很难衡量运载旅客能力的大小，因为可能有游客自备车、旅行社自备车等。而对于交通比较不发达地区或有定期往返交通工具的地区则较易衡量。

通常，一次旅行过程中，交通工具的每个座位（铺位）接待一个旅客，那么这个交通工具座位（铺位）的多少就是它接待能力的大小。例如，一个50座的定期往返汽车，如果每天往返一次，同接待的能力为每天50人次，年接待的能力为50×365人次。

4. 停车场

停车场很重要，场地的不足，会对客房出租率和餐馆就座率产生限制作用。国外一般标准，旅馆每2~4个房间要求一个汽车空位。对于旅游地和旅游点，凡是有车可达的，需要开辟停车场。所需的面积可用下式计算：

$$A = r \times g \times m \times n/c$$

式中，A 为停车场面积（平方米）；r 为高峰时游人数（人）；g 为各类车的单位规模（平方米/辆，见表9－2）；m 为乘车率；n 为停车场利用率；c 为每辆车容纳人数（人/辆）。停车场利用率和乘车率一般可取80%。

表9－2　各类车单位规模

类型（人数）	小汽车（2人）	小旅行车（10人）	大客车（30人）	特大客车（30人）
单位面积（平方米/辆）	17~23	24~32	27~36	70~100

5. 公路绿化

按交通部交公路字〔1983〕1048号《公路里程和公路养护统计指标及计算方法的规定》（试行）规定，公路两侧宜林路段栽植的行道树有90%以上达到绿化规定的株、行距，树木胸径不小于2cm，高度不低于2m并整齐成行，发育良好，在公路养护质量评定中，绿化得6分以上的路段。计算绿化里程比重时，应剔除不宜植树的路段。其计算单位为：千米。

绿化比重（%）＝绿化里程/（公路总里程－不宜植树路段里程）×100

不宜植树路段：指沼泽、盐碱、戈壁、高寒地以及石方路段。

6. 公路交通标识体系

公路交通标识体系是一种空间导向与标识系统，也是帮助游客了解和识别旅游目的地的标识体系。当游客初次进入旅游目的地，不了解旅游目的地的内容、进入方式和下榻地点，道路是最直接的“导游”。公路交通标识体系要求在道路沿线特别是在道路分岔口设置导向标志（方向牌），在核心旅游区设置解说牌和安全警示牌等，为游客答疑解难，帮助旅游者自主、安逸、高效地循路向前，获得高质量、无干扰的旅游经历。

公路交通标识体系，除道路导游标识外，还须设置公厕、路标、门牌、邮局、银行、餐馆、旅店、机场、车站、码头标志等标识。为便于识别，各种标识应采用国际惯例。

（四）航空交通规划内容

在进行省市旅游发展规划和国家风景名胜区发展规划时，需要进行航空交通专项规划。航空旅游交通专项规划是根据发展规划进行航空旅游交通布局，确定航空交通方式的地位与作用，在旅游交通总运力中所占比例，机场的规模、等级及选址，航空线路长度、性质与布局，民用客机机群的规模与档次等。航空旅游交通是以国际旅游者为主要客源市场的大、中城市和边远旅游地的对外旅游交通主导方式。

中国的航空交通线路分为四类，即国际航线、地区航线、国内干线和地方航线。国际航线是指中国与其他国家之间的航空线。地区航线是指祖国大陆与港澳地区之间的航空线。

国内干线指连接全国政治、经济中心各大城市的航空线。地方航线指省（直辖市、自治区）内各地之间的航空线。

中国的机场可分为一级、二级、三级、四级，一级机场设有能起降全重 160 吨以上飞机、具备三类或二类精密进近设备的跑道，可供国内和国际远程航线使用的机场。二级机场设有能起降全重 70 ~ 160 吨飞机、具备 M 类或一类精密进近设备的跑道，可供国内和国际中程航线使用的机场。三级机场设有能起降全重 22 ~ 70 吨飞机、具备一类精密进近设备的跑道，可供近程航线使用的机场。四级机场设有能起降全重 22 吨以下飞机、具备相当的仪表进近设备或简易目视助航设备的跑道，可供短途航线和地方航线使用的机场。

国际民用航空组织按跑道长度把机场分为 1、2、3、4 四类，并按使用机型的翼展和主起落架轮组外侧轮子外缘间的宽度把机场分为 A、B、C、D、E 五类，然后用 1 个数字和 1 个字母作为机场等级的代号。其中 1A 级机场最小，4E 级机场最大。

作为要开发国际旅游和建设国际旅游度假城市的旅游城市、国家风景名胜区，需要规划建设可供国内和国际远程或中程航线使用的机场，需要开通与其他国家重要旅游城市的国际航线、与港澳地区的地区航线航空线，连接全国政治、经济中心各大城市的航空线。

（五）水运旅游交通规划内容

在进行沿海、沿内河旅游城市和旅游区的旅游规划时，需要进行水运旅游交通专项规划。水运旅游交通专项规划要明确水运交通方式的地位与作用，在旅游交通总运力中所占比例，港口码头的规模、等级、数量及选址，水运线路长度、数量、航道等级及布局，旅游客船和游船船队的规模与档次等。水运旅游交通是沿海、沿内河旅游城市的内部旅游交通主导方式之一，主要观光游览和娱乐方式。

海洋交通线路可分为远洋航线、近洋航线和沿海航线三种。远洋航线指跨越大洋的航线。近洋航线指一国港口至邻近国家港口之间的航线。在中国，主要是指中国港口东至日本海、西至马六甲海峡、南至印度尼西亚沿海、北至鄂霍次克海的各国港口之间的航线。沿海航线指本国沿海各港口之间的海上运输线。在我国，沿海航线包括自辽宁省的鸭绿江口起至广西北仑河口止的大陆沿海和中国所属各岛屿沿海诸港口之间的航线。

根据《全国天然、渠化河流及人工运河通航试行标准》（1982 年修订稿）规定，中国内河航道分为七级，一至七级航道的驳船吨位依次是：3000 吨、2000 吨、1000 吨、500 吨、300 吨、100 吨和 50 吨。内河航道根据其在全国水运运输网中的地位与作用，可分为国家航道、地方航道和专用航道。国家航道指在全国水运网中处于重要地位，发挥骨干作用的航道，包括可通航 300 吨级上船舶的干线航道；绔省、直辖市、自治区可通航 300 吨级以上船舶的干线航道；沿海干线航线和主要海港航线；国家制定的重要航道。它由国家交通部或交通部授权的省、直辖市、自治区交通主管部门管理。地方航道指在地方水运网中处于重要地位和发挥重要作用的航道，由省、直辖市、自治区交通主管部门管理。专用航道指由军事、水电、林业、旅游等部门以及其他企、事业单位自行建使用的航道，由专用航道的建设和使用部门管理。

在我国，港口是指位于江风湖、海、水库和人工运河沿岸，具有一定的水、陆条件和设施。供船舶停靠、上下旅客、装卸货物和补给燃料物品等，设有港务管理机构，年旅客吞吐量在 1 万人次以上或货物吞吐量在 1 万吨以上的地方。客运码头是指供船舶靠泊和旅客上下的建筑物。港口码头供一艘船舶靠泊的位置称为泊位，一般把停靠万吨级以上船舶的泊位称作深水泊位，把停靠 1000 ~ 9000 吨级船舶的称作中级泊位，把停靠 1000 吨级以下航舶的称作小泊位。

（六）铁路旅游交通规划内容

在进行省市旅游发展规划和国家风景名胜区发展规划时，需要进行铁路旅游交通专项规划。铁路交通专项规划应确定铁路交通的地位与作用，在旅游交通总运力中所占比例，火车站的数量和布局，铁路线路长度、等级及布局，旅客列车和旅游专列的数量与档次等。铁路交通一般是铁路沿线旅游城市，特别是以国内旅游者为主要客源市场旅游地的对外旅游交通主导方式。在面积较大的旅游城市和省份，铁路交通还可能成为内部旅游交通的主导方式之一。

铁路等级是铁路的基本标准，设计铁路时，首要任务就是确定铁路等级。我国铁路的等级通常分为三级，用罗马数字Ⅰ、Ⅱ、Ⅲ表示。等级的划分是根据具体线路在路网中的作用和远期年客货运量来确定的。所谓的远期年客货运量，是指具体线路在交付运营后第 10 年，其重车方向的货运量和客车对数折算的货运量之和。每天 1 对客车按1.0个百万吨（Mt）货运量折算。

Ⅰ级铁路是指在全国铁路网中起到骨干作用的铁路，远期年客货运量在20Mt以上。Ⅱ级铁路分两种情况，一是指在全国铁路网中起骨干作用的铁路，远期年客货运量小于20Mt；二是指在全国铁路网中起联络、辅助作用的铁路，远期年客货运量在10Mt以上。Ⅲ级铁路是指为某一区域服务，具有地区运输性质的铁路，远期年客货运量在10Mt以下。

铁路客站主要由站房、站台、站前广场和库房等服务设施组成。其中，旅客站房按最高集结人数，可分为小型、中型、大型和特大型四个等级。小型站房最高集结人数在400人以下；中型站房最高集结人数为400～1500人；大型站房最高集结人数为1500～4000人；特大型站房最高集结人数在4000人以上。

四、旅游设施保障体系

旅游服务设施应相对集中，规模合理，设置符合用地布局和功能分区的要求，严格限定在核心景区以及其他实施严格保护区域以外的地区。

旅游服务设施规划包括游人与游览设施现状分析、客源分析预测与游人发展规模的选择、旅游服务设施配备与直接服务人口估算、旅游基地组织与相关基础工程、旅游服务设施系统及其环境分析五部分。

游人现状分析，包括游人的规模、结构、递增率、时间和空间分布及其消费状况。游览设施现状分析，应表明供需状况、设施与景观及其环境的相互关系。

客源分析与游人发展规模选择应符合五项规定，第一，分析客源地的游人数量与结构、时空分布、出游规律、消费状况等；第二，分析客源市场发展方向和发展目标；第三，预测本地区游人、国内游人、海外游人递增率和旅游收入；第四，游人发展规模、结构的选择与确定，应符合《游人统计与预测》的内容要求；第五，合理的年、日游人发展规模不得大于相应的游人容量。

旅游服务设施包括旅行、游览、饮食、住宿、购物、娱乐、保健和其他等类相关设施。应依据风景区、景区、景点的性质与功能，游人规模与结构，以及用地、淡水、环境等条件，配备相应种类、级别、规模的设施项目。

（一）旅游服务设施原则

旅游服务设施规划可依照经济可行性、与旅游区性质和功能一致性、有一定的弹性等原则进行。

1. 经济可行性

配套设施的选择不仅符合投资能力，要力争有较好的经济效益，同时还要考虑它的日常维护费用和淘汰速度，力求经济实惠。

2. 与旅游区性质和功能一致性

不能设置与旅游区性质和规划原则相违背的设施，必须按照规划确定的功能与规模来进行。设施的配套满足使用要求，既不能配套不周全，造成旅游区在使用上的不便，也不能盲目配套造成浪费。

3. 有一定的弹性

波动是旅游市场的显著特征，设施配套应考虑这一情况，使之有一定的灵活适应力。

（二）旅游住宿规划

旅游住宿规划要本着旅游住宿设施要稳健发展，适度超前；要综合考虑多层次、不同档次的消费者的需求；区域分布要合理，即要考虑服务接待能力、生态环境的容量，又要考虑经济效益；考虑服务标准化和个性化、管理规范化、操作科学化等方面的因素，为旅游者提供一个安全、舒适的休息环境。

1. 年住宿接待能力计算

提供住宿的床位（客房）多少决定了其接待能力。每张床位每天接待一个人，一年最大可能的接待能力为365 人/天，则所有床位接待能力为总床位数乘以365 人/天。实际上很难达到最大的接待能力，还要考虑到平均客房出租率（开房率）。

一年内住宿的接待能力＝总床位数×365×平均客房出租率（人天）。

有的住宿设施使用时间可能不足365 天，如野营地、季节性较强的度假村等，则要换成实际平均使用的天数（营业天数），通过调查旅游目的地所有能够提供给旅游者的床位数，则很方便地得到住宿的接待能力（供给量）。

2. 旅馆面积指标

建议按国家《旅游规划通则》旅馆面积指标执行。

3. 客房数量计算

根据旅游者的不同需求和经济状况，旅游客房设计有多种类型，其中是常见的是单人间、双人间、三人以上的集体间等。标间的数量为总床位数除以2，在双人间的基础，也设一些自然单间，以满足个别旅游者的特殊需求，它一般占双人间总客房的10% ~15%。客房的计算方法为：

$$总房间数（M）=B\times 2+（B\times 2\times 10\%）-（B/2\times 2.5\%）$$

式中，B 为房间数，10%为自然单间所占比例，2.5%为自然单间重复数比例。

4. 旅馆床位规模计算

根据国家质量技术监督局和中华人民共和国建设部联合发布的中华人民共和国国家标准《风景名胜区规划规范》（GB 50298—1999）中的计算方法：

床位数＝平均停留天数×年住宿人数/年旅游天数×床位利用率

如果能够估计到旅游者人次和平均逗留天数（过夜数），则能够估计出旅游目的地所需的床位数：

床位数＝估计需住宿的旅游者人次×平均逗留天（夜）÷（365×平均客房出租率）

也可以用下式：

$$R = t \times P \times L/(s \times n \times o)$$

式中，R 为平均每天客房需求数；t 为游人总数；p 为有住宿需求的游人占游人中的百分比；L 为平均逗留天（夜）数；s 为每年能用的营业天数；n 为每个客房平均住客数，即用任何一段时间内的游人数除以游客人天数；o 为预测平均客房出租率。

一些旅游地区淡旺季比较明显，为了解决旺季供求矛盾，除了其他的手段（如提高价格、实行分流），提供补充住宿也是一种很好的方法。补充住宿是指住在亲朋好友家里、租用私人住房、住野营帐篷等。许多国家补充住宿床位往往占总住宿床位的较大比例。

5. 旅游公寓面积指标

建议按国家《旅游规划通则》旅游公寓面积指标执行。

（三）商业、饮食业设施规划

旅游区内商业、饮食接待能力与提供服务的方式有关。如饮食，同样面积，快餐店由于人们就餐时间短，可以多接待一些人；而在餐馆里，人们就餐时间长，接待的人就少一些。一般地，饮食接待能力取决于营业总面积、人均就餐所需面积、营业时间、人均就餐所需时间等因素，有时还取决原材料供应。

旅游区内商业、饮食业服务设施的建筑面积，可采用在区内接待总床位数的基础上，按0.4～0.6平方米/床的指标作估算。旅游区内单个商店的面积平均在90～130平方米为宜。但有些商店可以组织在一起，由一个中心来管理，不同类型的商店可以混杂地组织起来创造有趣和多样的公共购物环境。

（四）文娱设施规划

文娱性建筑的总建筑面积，可按0.1～0.2平方米/床的指标作估算。文娱设施的项目除了电影院、多功能厅、露天影剧场、图书阅览、青年中心、夜总会、舞厅等之外，还可根据旅游区的具体情况设置植物园、展览及游乐性建筑、动物园等。

（五）体育设施规划

户外体育活动场地的总面积可按5～8平方米/床的指标进行估算，而游乐性建筑的面积可按0.2平方米/床的指标进行估算。旅游区体育活动内容除了活动场、篮、排球场、网球场、室内网球、室内游泳池、体育厅、跑马中心等之外，还可根据本身的条件组织其他活动，如登山、野外考察、海底欣赏、冲浪等。

（六）管理与医疗等设施

旅游区内管理、医疗等设施的总建筑面积可按0.2平方米/床的指标进行估算。

（七）旅游基地规划

游览设施布局应采用相对集中与适当分散相结合的原则，应方便游人，利于发挥设施效益，便于经营管理与减少干扰。应依据设施内容、规模、等级、用地条件和景观结构等，分别组成服务部、旅游点、旅游村、旅游镇、旅游城、旅游市六级旅游服务基地，并提出相应的基础工程原则和要求。旅游基地选择应符合以下原则：

（1）有一定的用地规模，既应接近游览对象又应有可靠的隔离，符合风景保护的规定，严禁将住宿、饮食、购物、娱乐、保健、机动交通等设施布置在有碍景观和影响环境质量的地段；

（2）应具备相应的水、电、能源、环保、抗灾等基础工程条件，靠近交通便捷的地段，依托现有游览设施及城镇设施；

（3）避开有自然灾害和不利于建设的地段。

依风景区的性质、布局和条件的不同，各项游览设施既可配置在各级旅游基地中，也可以配置在所依托的各级居民点中，其总量和级配关系应符合风景区规划的需求，应符合《游览设施与旅游基地分级配置表》规定。

五、旅游基础工程保障体系

旅游景点和旅游风景区的基础工程规划，应包括交通道路、邮电通信、给水排水和供电能源等内容，根据实际需要，还可进行防洪、防火、抗灾、环保、环卫等专项工程规划。

（一）规划要求

风景区基础工程规划，应符合下列规定：

（1）符合风景区保护、利用、管理的要求。

（3）同风景区的特征、功能、级别和分区相适应，不得损坏景源、景观和风景环境。

（3）要确定合理的配套工程、发展目标和布局，并进行综合协调。

（4）对需要安排的各项工程设施的选址和布局提出控制性建设要求。

（5）对于大型工程或干扰性较大的工程项目及其规划，应进行专项景观论证、生态与环境敏感性分析，并提交环境影响评价报告。

（二）邮电通信规划

邮电通信规划，应提供风景区内外通信设施的容量、线路及布局，符合以下规定：

（1）各级风景区均应配备能与国内联系的通信设施。

（2）国家级风景区应配备能与海外联系的现代化通信设施。

（3）在景点范围内，不得安排架空电线穿过，宜采用隐蔽工程。

（三）给水排水规划

风景区给水排水规划，内容包括现状分析；给水、排水量预测；水源地选择与配套设施；给水、排水系统组织；污染源预测及污水处理措施；工程投资框算。给水、排水设施布局还应符合以下规定：

（1）在景点和景区范围内，不得布置暴露于地表的大体量给水和污水处理设施。

（2）在旅游村镇和居民村镇宜采用集中给水、排水系统，主要给水设施和污水处理设施可安排在居民村镇及其附近。

（四）供电规划

风景区供电规划，应提供供电及能源现状分析、负荷预测、供电电源点和电网规划三项基本内容。并符合以下规定：

（1）在景点和景区内不得安排高压电缆和架空电线穿过。

（2）在景点和景区内不得布置大型供电设施。

（3）主要供电设施宜布置于居民村镇及其附近。

动脑筋

上海外滩踩踏事故

2014 年 12 月 31 日晚，离 2015 年新年钟声敲响还有 25 分钟，上海外滩陈毅广场发生群众拥挤踩踏事故，造成 36 人遇难 47 人受伤。原来喜庆的跨年活动，为什么会发生踩踏悲剧？

在大多数人印象里，踩踏事故往往与逃避临时发生的灾难引起的恐慌性挤压联系在一起，类似地震、爆炸、火灾等。依照群体心理学，这些灾难会造成群体恐慌，使人群陷入一种极端焦虑的状态而不能自拔，拥挤、跌倒、踩踏便接连发生。一个典型案例便是 1994 年克拉玛依友谊馆火灾，火灾共造成 288 名学生遇难，医生鉴定表明，死因除了烧伤、窒息，还有近百名孩子是被踩踏身亡。

但大多数踩踏事故都并非逃难引起的恐慌性挤压导致。中国劳动关系学院安全工程系教师王起全等人在发表于2008年的论文中表示，经他们统计，2000—2006年，国内外大型活动中发生85起踩踏事故。但这些踩踏事故主要并非由地震、爆炸等灾难事故诱发的恐慌性挤压踩踏，多发于节日庆贺、体育赛事、宗教活动期间人群集中之地。人群过于密集拥挤，有人跌倒后引起连锁反应，短时间造成大量人员叠压引起挤压和踩踏伤。

触发点虽然很小，后果却很惨烈。王起全等人所统计的这85起踩踏事故，共造成4026人死亡，7513人受伤，平均每起踩踏事故死亡人数约为47人，受伤人数约为88人。平均每起事故都达到了中国规定的特别重大伤亡事故级别（30人以上死亡）。

1. 有学者认为，当每平方米人口达到7人时，政府应该启动应急预案，进行疏导和控制，如何在实践中进行环境容量的合理预警？

2. 旅游事故中，如何通过有效的安全管理，避免类似事故的发生？

思考题

1. 旅游产品的特点有哪些？
2. 简述旅游线路规划原则和规划内容。
3. 风景名胜区旅游安全保障体系的内容主要包括哪些？
4. 影响旅游饭店安全的主要环境因素有哪些？如何做好饭店的环境安全规划？
5. 简述进行景区道路交通规划要考虑的问题。

第十章　旅游专题规划

【教学目的】

了解自然保护区、风景名胜区、历史文化名城、主题公园的概念与发展；理解自然保护区规划编制的指导思想与原则、风景名胜区的主要类型与规划要求，历史文化名城的特点与分类，主题公园的类型与功能；掌握自然保护区规划编制方案，风景名胜、历史文化名城规划保护，主题公园规划的原则与重点。

【教学内容】

1. 自然保护区规划
2. 风景名胜区规划
3. 历史文化名城规划
4. 主题公园规划

【重点难点】

教学重点：主题公园规划的原则与重点，风景名胜区的主要类型与规划要求

教学难点：自然保护区规划编制方案，历史文化名城规划保护，典型规划案例分析

第一节　自然保护区规划

一、自然保护区的概念与发展

自然资源和生态环境是人类赖以生存和发展的基本条件。人类在长期的社会实践中，认识到保护好自然资源和生态环境，保护好生物多样性，对人类的生存和发展具有极为重要的意义。保护自然资源和生态环境的一项重要措施是建立自然保护区，自然保护区建设已成为衡量一个国家进步和文明的标准之一。通过保护有典型意义的生态系统、自然环境、地质遗迹和珍稀濒危物种，以维持生物的多样性，保证生物资源的持续利用和自然生态的良性循环，这对有13亿人口、农业在国民经济中占重要基础地位的中国来说显得尤为重要。

自然保护区，是指对有代表性的自然生态系统、珍稀濒危野生动植物物种的天然集中分布区、有特殊意义的自然遗迹等保护对象所在的陆地、陆地水体或者海域，依法划出一定面积予以特殊保护和管理的区域。

1956 年我国建立了第一个自然保护区——广东肇庆鼎湖山自然保护区。在近 40 年的时间内，特别是20 世纪80 年代以来，自然保护区事业发展很快，在全国初步建成一个类型比较齐全的自然保护区网络。这对保护自然资源和生态环境，特别是保护珍稀濒危物种发挥了重要作用，但现有自然保护区的数量、面积和管理现状同我国拥有的生物多样性及各类自然资源的丰富程度相比，是远不相适应的，在加强现有自然保护区建设和管理的同时，必须新建一批自然保护区。

自然保护区建设是一项公益性事业，需要国家及地方各级人民政府加强领导，积极扶持。为进一步加强自然保护区建设，并将自然保护区的建设和管理纳入国民经济和社会发展计划，有必要制定一个符合国情的全国自然保护区发展规划。

二、自然保护区建设和管理现状

（一）目前我国规定，凡具有下列条件之一的，应当建立自然保护区

（1）典型的自然地理区域、有代表性的自然生态系统区域以及已经遭受破坏但经保护能够恢复的同类自然生态系统区域；

（2）珍稀、濒危野生动植物物种的天然集中分布区域；

（3）具有特殊保护价值的海域、海岸、岛屿、湿地、内陆水域、森林、草原和荒漠；

（4）具有重大科学文化价值的地质构造、著名溶洞、化石分布区、冰川、火山、温泉等自然遗迹；

（5）经国务院或者省、自治区、直辖市人民政府批准，需要予以特殊保护的其他自然区域。

（二）自然保护区建设现状

自然保护区数量和面积发展较快，初步形成了全国自然保护区网络。截至 1995 年年底，我国共建立了不同级别、各种类型的自然保护区 799 个，总面积 7185 万公顷，约占陆地国土面积的 7. 48%。其中，国家级自然保护区 106 个，面积 1719 万公顷；省级自然保护区 337 个，面积 5140 万公顷；市级自然保护区 82 个，面积 40 万公顷；县级自然保护区 274 个，面积 286 万公顷。长白山、鼎湖山、卧龙、武夷山、梵净山、锡林郭勒、博格达峰、神农架、盐城、西双版纳、浙江天目山、贵州茂兰 12 个自然保护区加入了世界人与生物圈保护区网络。

除了自然保护区以外，我国还建立了风景名胜区512处（其中，国家级风景名胜区119处），总面积960万公顷，约占国土面积1%；建立森林公园755处（其中，国家级森林公园266处）。风景名胜区和森林公园的建设，在保护我国自然资源和生态环境方面，起到了积极作用。

自然保护区在保护区自然资源和生态环境以及珍稀濒危物种方面发挥了重要作用，以下按照1993年全国自然保护区统计进行分析，具体表现在：

（1）已建立的以森林生态系统和野生动植物为主要保护对象的自然保护区总数达551个，总面积1766.8万公顷，约占森林面积的13.2％，几乎分布于全国所有的林区和生物地理区域，代表着各种森林植被类型；

（2）已建立的以草原与草甸生态系统和野生动植物为主要保护对象的自然保护区15个，总面积134.3万公顷，约占草原面积的0.8%；

（3）已建立的以荒漠生态系统和野生动植物为主要保护对象的自然保护区15个，总面积3574.9万公顷，约占荒漠面积的18.6%；

（4）已建立的以内陆湿地和水域生态系统及湿地珍禽和水生野生动植物为主要保护对象的自然保护区80个，总面积766.9万公顷，约占内陆湿地和水域面积的20.2%；

（5）已建立的以海洋和海岸生态系统及海洋珍稀动植物为主要保护对象的自然保护区59个，总面积132万公顷，约占近海海域和海岸带面积的0.28%；

（6）物种资源得到了较好的保护，特别是《国家重点保护野生动植物名录》中的257个野生动物种和类群以及《中国珍稀濒危保护植物名录》中的354个植物种中的绝大多数在自然保护区得到了保护；

（7）已建立的以自然遗迹为主要保护对象的自然保护区46个，总面积11.3万公顷，使一大批具有重要科学价值的自然遗迹得到了保护。

（三）自然保护区管理现状

（1）初步建立了自然保护区法规体系。近10多年来，我国陆续颁布了一系列有关环境保护和自然资源的法律法规。1985年7月经国务院批准，林业部公布施行了《森林和野生动物类型自然保护区管理办法》，1994年10月国务院批准颁布了《中华人民共和国自然保护区条例》（以下简称《自然保护区条例》），农业、地矿、海洋等有关部门也制定了相关类型自然保护区管理的行政规章，使自然保护区建设和管理的法规体系日趋完善。

（2）初步形成了环保部门综合管理和林业、农业、海洋、地矿、水利、建设等分部门管理相结合的自然保护区管理体制。统一规划和政策，各部门分工合作、共同努力，有力促进了自然保护区事业的发展。

(3) 管理机构建设和管理人员配备逐步得到加强。1995年年底，已建立的799个自然保护区中，有536个建立了管理机构，占67%，有570个自然保护区配备了管理人员，占71.3%。

(四) 目前我国自然保护区存在的主要问题

(1) 现有自然保护区数量和面积不能适应自然保护工作的需要。我国是人口最多的发展中国家，巨大的人口压力和快速的经济发展，导致自然资源过度开发，环境受到污染，生态遭到破坏，生物多样性迅速减少，危及经济社会的持续发展。已建立的自然保护区不能满足保护的需要。

(2) 自然保护区建设未能得到普遍重视，发展不平衡。长期以来，自然保护区建设一直未能很好地列入各级政府的国民经济和社会发展计划，有些地区和部门不理解自然保护的意义或仅从眼前和局部经济利益出发，不重视自然保护工作。目前，全国尚有9个省市自然保护区面积占国土面积的比例不到1%。少数地区甚至在已建自然保护区内进行高强度开发活动，使一些自然保护区名存实亡。

(3) 经费投入严重不足，制约了自然保护区事业的发展。自然保护区建设是经济社会持续发展的基础性工作。但长期以来自然保护区建设和管理经费主要依靠各级行政主管部门从部门经费中解决。由于经费所限，投入缺口很大。

(4) 缺乏一个切实可行的全国自然保护区发展规划。近年来，自然保护区建设速度加快，使1990年编制的“全国自然保护区与物种保护‘八五’计划和十年规划”已远不能适应发展的需要。国民经济的高速发展，也给自然保护区建设提出了更高的要求。为使自然保护区建设布局和类型更加科学合理，把一些急需保护的地区尽快保护起来，及早制定我国自然保护区中长期发展规划是非常必要的。

(5) 自然保护区管理工作落后于建设速度。由于经费、人才、法制建设、土地使用权属等因素的制约，自然保护区管理工作明显落后于建设的速度。目前，全国尚有37.9%的自然保护区未建立管理机构，31.5%的自然保护区未配备管理人员，现有管理人员中科技人员比例也较低。这些都不利于自然保护区管理、科研、宣传教育等工作的开展，影响了自然保护区功能和效益的发挥。

三、自然保护区规划编制的指导思想与原则

(一) 自然保护区发展规划编制的指导思想

以减缓和控制生态环境恶化、保护自然资源和生物多样性、最终实现自然资源的持续利用和自然生态系统良性循环为目的；根据国情和国力，近期从抢救保护角度出发，合理确定规划目标和划定保护区域；到规划期期末，在全国范围内，建成布局合

理、类型齐全、管理科学、执法严格的自然保护区网络，使我国的自然保护事业接近或达到国际先进水平。

（二）自然保护区规划编制的基本原则

（1）根据自然地带的递变规律和自然资源的分布特点，全面合理地规划自然保护区。

（2）全面规划和突出重点相结合。2000 年前，把自然保护区建设的重点放在热带、亚热带、温带生物多样性丰富地区和人口密集地区，并根据主要保护对象的典型性和代表性，确定不同生物地理区域的国家级自然保护区。

（3）从抢救应该保护的生态系统和珍稀濒危物种出发，把该保护的关键地区尽可能划定为自然保护区。对因开发时间较长原生态环境消失，但其次生环境有代表性，或经人工恢复，或在保护条件下能自然恢复为有保护价值的生态系统，也应划定为自然保护区。

（4）加强自然保护区的能力建设，逐步提高自然保护区的管理水平。

四、自然保护区规划编制方案

（一）自然资源的分布及丰富程度存在着地域分异规律

尤以自然生态系统和物种更为明显。为此，应根据不同自然区域来合理规划自然保护区。

（二）分区规划

根据自然条件、社会经济状况、自然资源分布特点等因素，参照 1984 年有关部（委、局）编制的《自然保护区区划》，全国共划分为 9 个自然区域。中国自然保护区分区规划如表 10－1 所示。

表 10－1　　中国自然保护区分区规划

自然区域名称	2000 年			2010 年
	数量（个）	面积（万公顷）	占土地面积（%）	占土地面积（%）
东北山地平原区	160～170	640～665	5.4～5.6	>7
蒙新高原荒漠区	75～85	2255～2385	8.4～8.9	>12
东北平原黄土高原区	100～110	95～110	1.4～1.6	>2
青藏高原寒漠区	32～37	4290～4310	24.8～24.9	>26
西南高山峡谷区	65～75	330～370	5.1～5.7	>7

续 表

自然区域名称	2000 年			2010 年
	数量（个）	面积（万公顷）	占土地面积（%）	占土地面积（%）
中南西部山地丘陵区	175 ~ 185	200 ~ 295	3.0 ~ 3.2	>4
华东丘陵平原区	215 ~ 235	220 ~ 235	2.6 ~ 2.8	>3.5
华南低山丘陵区	100 ~ 110	105 ~ 110	3.8 ~ 4.1	>5
中国管辖海域区	85 ~ 95	450 ~ 480	1.5 ~ 1.6	>3
全国合计	1000 ~ 1100	8665 ~ 8960	8.7 ~ 9.0	>10

注：管辖海域栏的比例数为自然保护区占我国管辖海域面积（%）。

（1）东北山地平原区。本区是自然资源丰富的地区，森林主要分布于大、小兴安岭、长白山等地，是我国现存最大的原始林区，森林面积约占全国的1/4。草原主要分布于大兴安岭以西地区，尤以呼伦贝尔草原为我国仅有的两大个片高草草原之一。小兴安岭东南侧和长白山北端的三江平原是湿地分布比较集中的地区。规划到2000年，全区自然保护区总数达160 ~ 170个，面积达640 ~ 665万公顷，占全区土地面积的5.4% ~5.6%；到2010年，自然保护区面积占土地面积的7%以上。

（2）蒙新高原荒漠区。本区是八个陆地自然区域中面积最大的一个区，区内地貌类型复杂，气候干燥，地表植被稀疏而单纯，生态系统脆弱，对人为干扰非常敏感，一旦破坏很难恢复。本区矿产资源丰富，又是未来国家开发和建设的重点，应抢救性地建立一批自然保护区。规划到2000年，自然保护区总数达75 ~ 85个，面积达2255 ~ 2385万公顷，占全国土地面积的8.4% ~8.9%；到2010年，自然保护区面积占土地面积12%以上。

（3）华北平原黄土高原区。本区是我国开发最早的地区之一，长期垦殖和其他生产活动的影响使自然景观发生了很大变化，原生植被已不复存在，但一些次生植被加以保护，促其恢复对保护生态环境很有意义。西部的黄土高原，由于植被的破坏已成为水土流失最严重的地区。规划到2000年，全区自然保护区总数达100 ~ 110个，面积达95 ~ 110万公顷，占土地面积的1.4% ~1.6%；到2010年，自然保护区面积占土地面积2%以上。

（4）青藏高原寒漠区。本区自然条件非常独特，高原自然景观保存比较完整，高寒类型的野生动物资源丰富且极具代表性。人口稀少，开发强度低，适宜建立大面积的自然保护区。规划到2000年，全区自然保护区总数达32 ~ 37个，面积4290 ~ 4310万公顷，占土地面积24.8% ~24.9%；到2010年，自然保护区面积占土地面积26%以上。

（5）西南高山峡谷区。本区是世界上高山植物区系最丰富的区域，古老和孑遗植物种类很多。同时，本区曾是第四纪冰川期动物的避难所，珍稀动物种类较多，邛崃山、凉山、岷山等地则是大熊猫的主要分布地，本区是我国自然保护区建设的重点地区。规划到2000年，全区自然保护区总数达65～75个，面积达330～370万公顷，占土地面积5.1%～5.7%；到2010年，自然保护区面积占土地面积7%以上。

（6）中南西部山地丘陵区。本区动、植物组成比较复杂，珍稀濒危物种较多。同时本区也是重要的粮、油作物产区。由于长期毁林开荒，森林覆盖率低，水土流失严重，野生动植物种类减少，不少物种濒于灭绝。规划到2000年，全区自然保护区总数达175～185个，面积达280～295万公顷，占土地面积3%～3.2%；到2010年，自然保护区面积占土地面积4%以上。

（7）华东丘陵平原区。本区是人口最密集、工农业最发达的地区。由于长期开发，除少数山区外，原生植被残存较少。从抢救保护该地区残存的自然生态系统和野生动植物出发，规划到2000年，全区自然保护区总数达215～235个，面积达220～235万公顷，占土地面积2.6%～2.8%；到2010年，自然保护区面积占土地面积3.5%以上。

（8）华南低山丘陵区。本区是我国热带雨林、季雨林分布区域，动植物资源丰富，种类繁多。但长期垦殖使天然林遭到严重破坏，动植物资源日趋减少。加强本区自然保护区建设，对于生物多样性保护具有非常重要意义。规划到2000年，全区自然保护区总数达150～160个，面积达400～410万公顷，占土地面积3.8%～4.1%；到2010年，自然保护区面积占土地面积5%以上。

（9）中国管辖海域区。本区包括我国内水、领海、专属经济和大陆架范围内的全部海区、海洋岛屿及海岸带。本区动植物资源丰富，有多种具有典型性的海洋生态系统。但由于盲目开发，致使许多珍稀动植物及其生态环境遭到严重破坏（如文昌鱼、珊瑚礁、红树林等）。规划到2000年，全区自然保护区总数达85～95个，面积达450～480万公顷，占我国管辖海域面积1.5%～1.6%；到2010年，自然保护区面积达900万公顷左右，占我管辖海域面积3%左右。

（三）分类规划

我国的自然保护区共分为三个类别九种类型，不同类形的自然保护区其保护重点各有侧重。针对各类自然资源的分布状况和特点，以及各种类型自然保护区建设的现状，规划在继续加强森林生态系统、野生动物、荒漠生态系统、内陆湿地和水域生态系统等类型自然保护区建设的同时，“九五”期间重点加强草原与草甸生态系统、海洋和海岸生态系统、野生植物、地质遗迹、古生物遗迹等类型自然保护区的建设，使各种类型自然保护区都得到发展，全方位保护好我国的自然资源和生物多样性。

（四）部门建设规划

林业、农业、海洋、地矿等资源行政主管部门是自然保护区建设的主要力量，各部门要按照《自然保护区条例》和《森林和野生动物类型自然保护区管理办法》、《海洋自然保护区管理办法》等有关部门规章和国务院有关自然资源管理的分工，积极做好本部门的自然保护区建设和管理工作。环保部门应切实加强自然保护区的综合管理。除上述部门外，还要动员一切有能力、有条件的部门和单位，共同参与自然保护区的建设。各部门截至1995年年底自然保护区建设情况及规划如表10－2所示。

表10－2　部门自然保护区建设规划

部门	已建自然保护区			2000年			2010年
	数量		数量（个）	面积		数量（个）	面积
	（个）	总数	国家级	（万公顷）	总数	国家级	（万公顷）
林 业	574	73	6100	600~610	100	6050~6200	>700
农 业	37	4	316.6	90~100	10	1240~1290	>110
海 洋	19	7	22.5	40~50	12	70~100	>60
地 矿	10	2	7.4	30~40	7	25~30	>50
环 保	149	19	1144.3	180~200	20	1200~1250	>200
其 他	10	1	71.2	60~100	1	80~90	>90
合 计	799	106	7185	1000~1100	150	8665~8960	>1200

（五）管理规划

1. 加快立法步伐

“九五”期间，重点制定与《自然保护区条例》相配套的规章、制度和标准，制定各类自然保护区的管理细则以及各省、自治区、直辖市及有立法权的城市的地方自然保护区管理法规。同时，国家环保局会同有关部门抓紧制定《自然保护区监督管理方法》、《国家级自然保护区评审办法》等有关法规和规范，进一步完善自然保护区的法规体系。条件成熟时，由国家环保局会同有关自然保护区行政主管部门，组织力量，起草《自然保护区法》。

2. 加强管理机构建设

针对目前尚有1/3左右的自然保护区尚未建立管理机构或未配备管理人员的状况，规划分期解决。到2000年，自然保护区管理机构建设和管理人员配备达到80%以上；到2010年，达到90%以上。

3. 加强自然保护区基本建设

规划“九五”期间，重点解决已建的国家级自然保护区的基本建设，并争取达到50%以上的自然保护区完成基本建设规划和投资；2010年前，70%以上的自然保护区完成基本建设规划和投资。

第二节　风景名胜区规划

一、风景名胜区的概念与发展

风景名胜区，是指具有观赏、文化或者科学价值，自然景观、人文景观比较集中，环境优美，可供人们游览或者进行科学、文化活动的区域。风景名胜包括具有观赏、文化或科学价值的山河、湖海、地貌、森林、动植物、化石、特殊地质、天文气象等自然景物和文物古迹，革命纪念地、历史遗址、园林、建筑、工程设施等人文景物和它们所处的环境以及风土人情等。

风景名胜区划分为国家级风景名胜区和省级风景名胜区。国家级风景名胜区，自然景观和人文景观能够反映重要自然变化过程和重大历史文化发展过程，基本处于自然状态或保持历史原貌，具有国家代表性的，可以申请设立国家级风景名胜区。国家级风景名胜区由国务院批准公布。省级风景名胜区，具有区域代表性的，可以申请设立省级风景名胜区。省级风景名胜区，由省、自治区、直辖市人民政府批准公布。

国家对风景名胜区实行科学规划、统一管理、严格保护、永续利用的原则。自1982年起，国务院总共公布了8批、225处国家级风景名胜区。其中，第一批至第六批原称国家重点风景名胜区，2007年起改称中国国家级风景名胜区。中国旅游资源丰富，风景名胜众多。国务院分别于1982年、1988年、1994年、2002年和2004年先后公布了五批国家级风景名胜区，截至2009年12月，中国国家级风景名胜区已达208处，其中22处被列入联合国教科文组织《世界遗产名录》。

目前，我国风景名胜区所在地县级以上地方人民政府设置的风景名胜区管理机构，负责风景名胜区的保护、利用和统一管理工作。国务院建设主管部门负责全国风景名胜区的监督管理工作。国务院其他有关部门按照国务院规定的职责分工，负责风景名胜区的有关监督管理工作。省、自治区人民政府建设主管部门和直辖市人民政府风景名胜区主管部门，负责本行政区域内风景名胜区的监督管理工作。省、自治区、直辖市人民政府其他有关部门按照规定的职责分工，负责风景名胜区的有关监督管理工作。

二、风景名胜区的主要类型与规划要求

（一）目前我国风景名胜区的主要类别

（1）山岳型：泰山、黄山；

（2）湖泊型：江苏太湖、杭州西湖；

（3）河川型：长江三峡、辽宁鸭绿江；

（4）瀑布型：黄果树瀑布、黄河壶口瀑布；

（5）海岛海滨型：青岛海滨、厦门鼓浪屿；

（6）森林型：西双版纳、蜀南竹海；

（7）岩溶型：桂林漓江、云南石林；

（8）火山型：黑龙江五大连池、云南腾冲火山；

（9）人文风景型：八达岭、十三陵、麦积山、承德避暑山庄。

（二）风景名胜区的规划要求

风景名胜区的规划也称风景区规划，是保护培育、开发利用和经营管理风景区，并发挥其多种功能作用的统筹部署和具体安排，经相应的人民政府审查批准后的风景区规划，具有法律权威，必须严格执行。

1. 风景名胜区规划分为总体规划和详细规划

风景名胜区总体规划的编制，应当体现人与自然和谐相处、区域协调发展和经济社会全面进步的要求，坚持保护优先、开发服从保护的原则，突出风景名胜资源的自然特性、文化内涵和地方特色。风景名胜区详细规划，应当符合风景名胜区总体规划。

风景名胜区详细规划应当根据核心景区和其他景区的不同要求编制，确定基础设施、旅游设施、文化设施等建设项目的选址、布局与规模，并明确建设用地范围和规划设计条件。

2. 风景名胜区总体规划应当包括下列内容

（1）风景资源评价；

（2）生态资源保护措施、重大建设项目布局、开发利用强度；

（3）风景名胜区的功能结构和空间布局；

（4）禁止开发和限制开发的范围；

（5）风景名胜区的游客容量；

（6）有关专项规划。

3. 时间期限

风景名胜区应当自设立之日起 2 年内编制完成总体规划。总体规划的规划期一般为 20 年。

4. 编制管理

国家级风景名胜区规划由省、自治区人民政府建设主管部门或者直辖市人民政府风景名胜区主管部门组织编制。国家级风景名胜区的总体规划，由省、自治区、直辖市人民政府审查后，报国务院审批。

国家级风景名胜区的详细规划，由省、自治区人民政府建设主管部门或者直辖市人民政府风景名胜区主管部门报国务院建设主管部门审批。省级风景名胜区的总体规划，由省、自治区、直辖市人民政府审批，报国务院建设主管部门备案。省级风景名胜区的详细规划，由省、自治区人民政府建设主管部门或者直辖市人民政府风景名胜区主管部门审批。省级风景名胜区规划由县级人民政府组织编制。

编制风景名胜区规划，应当采用招标等公平竞争的方式选择具有相应资质等级的单位承担。

风景名胜区规划应当按照经审定的风景名胜区范围、性质和保护目标，依照国家有关法律法规和技术规范编制。

编制风景名胜区规划，应当广泛征求有关部门、公众和专家的意见；必要时，应当进行听证。

风景名胜区规划报送审批的材料应当包括社会各界的意见以及意见采纳的情况和未予采纳的理由。

风景名胜区规划经批准后，应当向社会公布，任何组织和个人有权查阅。

风景名胜区内的单位和个人应当遵守经批准的风景名胜区规划，服从规划管理。

风景名胜区规划未经批准的，不得在风景名胜区内进行各类建设活动。

经批准的风景名胜区规划不得擅自修改。确需对风景名胜区总体规划中的风景名胜区范围、性质、保护目标、生态资源保护措施、重大建设项目布局、开发利用强度以及风景名胜区的功能结构、空间布局、游客容量进行修改的，应当报原审批机关批准；对其他内容进行修改的，应当报原审批机关备案。

风景名胜区详细规划确需修改的，应当报原审批机关批准。

政府或者政府部门修改风景名胜区规划对公民、法人或者其他组织造成财产损失的，应当依法给予补偿。

风景名胜区总体规划的规划期届满前 2 年，规划的组织编制机关应当组织专家对规划进行评估，做出是否重新编制规划的决定。在新规划批准前，原规划继续有效。

三、风景名胜的保护

风景名胜区内的景观和自然环境，应当根据可持续发展的原则，严格保护，不得破坏或者随意改变。风景名胜区管理机构应当建立健全风景名胜资源保护的各项管理制度。风景名胜区内的居民和游览者应当保护风景名胜区的景物、水体、林草植被、野生动物和各项设施。风景名胜区管理机构应当对风景名胜区内的重要景观进行调查、鉴定，并制定相应的保护措施。

在风景名胜区内禁止进行下列活动：

（1）开山、采石、开矿、开荒、修坟立碑等破坏景观、植被和地形地貌的活动；

（2）修建储存爆炸性、易燃性、放射性、毒害性、腐蚀性物品的设施；

（3）在景物或者设施上刻画、涂污；

（4）乱扔垃圾。

禁止违反风景名胜区规划，在风景名胜区内设立各类开发区和在核心景区内建设宾馆、招待所、培训中心、疗养院以及与风景名胜资源保护无关的其他建筑物；已经建设的，应当按照风景名胜区规划，逐步迁出。

在国家级风景名胜区内修建缆车、索道等重大建设工程，项目的选址方案应当报国务院建设主管部门核准。

在风景名胜区内进行下列活动，应当经风景名胜区管理机构审核后，依照有关法律法规的规定报有关主管部门批准：

（1）设置、张贴商业广告；

（2）举办大型游乐等活动；

（3）改变水资源、水环境自然状态的活动；

（4）其他影响生态和景观的活动。

风景名胜区内的建设项目应当符合风景名胜区规划，并与景观相协调，不得破坏景观、污染环境、妨碍游览。

在风景名胜区内进行建设活动的，建设单位、施工单位应当制定污染防治和水土保持方案，并采取有效措施，保护好周围景物、水体、林草植被、野生动物资源和地形地貌。

国家建立风景名胜区管理信息系统，对风景名胜区规划实施和资源保护情况进行动态监测。

国家级风景名胜区所在地的风景名胜区管理机构应当每年向国务院建设主管部门报送风景名胜区规划实施和土地、森林等自然资源保护的情况；国务院建设主管部门应当将土地、森林等自然资源保护的情况，及时抄送国务院有关部门。

第三节　历史文化名城规划

一、历史文化名城的概念与发展

历史文化名城是指“保存文物特别丰富，具有重大历史文化价值和革命意义的城市”。历史文化名城保护规划是保护历史文化名城，协调保护与建设发展，以确定保护原则、内容和重点，划定保护范围，提出保护措施为主要内容的城市规划的专项规划设计。历史文化名城保护规划是从保护城市地区文物古迹、风景名胜及其环境为重点的专项规划，是文物管理和城市总体规划的重要组成部分。城市是人类社会经济文化发展的产物，是标志人类所处时代和所处地域的社会缩影，它反映了某个时代和地域在政治、经济、文化上的最高成就，是一批长期积累起来的历史文化遗产。

为保护这些具有历史、艺术、科学价值的文化遗产，世界上许多国家采取了保护政策，加强保护规划，并专门为之立法。意大利的威尼斯基本保持了原来的风貌。法国巴黎旧城区基本保存了原有的布局。美国恢复和保护了威廉斯堡18世纪殖民地时期的古镇。苏联在1949年公布了历史名城名单，把这些城市置于建筑纪念物管理总局的特殊监督之下。日本于1971年发布了《关于古都历史风土保存的特别措施法》，对历史文化名城加强了保护。

我国由国务院于1982年、1986年和1994年先后公布了三批国家历史文化名城，共99座。此后，分别于2001年增补2座，2004年增补1座，2005年增补1座，2007年增补7座，2009年增补1座，2010年增补1座，2011年增补6座，2012年增补2座，2013年增补3座，一共122座。截至2013年9月，国务院已审批的历史文化名城共有122座（琼山市已并入海口市，两者算一座。但根据国务院意见分计为2处，而住房和城乡建设部、国家文物局在做统计报告及海口市政府在编制城市总体规划和历史文化名城保护规划时则被合并为一处），它们犹如散嵌在祖国大地的颗颗璀璨明珠，散发着夺目的光芒。

二、历史文化名城的特点与分类

中国的历史文化名城丰富多彩，各具特色。

按照历史和自然文化特征，中国历史文化名城可分为七类：①历史上以政治中心为主的都城、省城、州城或府城、县城；②风景如画、依托山水名胜和重点文物古迹为主的名城；③以传统手工业、商业特别著称的名城；④少数民族地区传统文化特色突出的名城；⑤边境、口岸及长城沿线以军事防御为主的历史城镇；⑥以海外交通为主的港口名城；⑦重点革命纪念地名城。其中有不少名城可以兼有几个特征。

中国历史文化名城分为2级：①国家历史文化名城，由国家文物行政管理部门会同建设部门报国务院核定公布；②省（自治区、直辖市）历史文化名城，由省、自治区、直辖市人民政府审定公布。

中国历史文化名城保护规划以《中华人民共和国文物保护法》（1982）和《中华人民共和国城市规划法》（1989）等为法律依据，在城市总体规划基础上，根据城市的历史价值、地理条件、民族特征、布局现状、建设需要和发展限度而作出的带有综合性的专题规划。

划分整个城市为不同的环境风貌分区并确定分区的基调，这是保护历史老区和建设新区、有机结合、协调发展、对比统一、在规划上“分而治之”的首要准则和手法。环境风貌和基调是社会生活的集中反映。历史文化名城的这种反映，主要包括在两类风貌分区和相应的两大基调之中。一是来自城市历史舞台的遗存和记忆，即反映历史文化基调的历史保护区，如历史分区或历史风貌分区；二是来自城市现代生活，以反映当代建设和发展为基调的新建区，或新建分区。国家历史文化名城的韩城、平遥、潮州是体现风貌分区规划，“分而治之”经验突出的佳例。其中，历史分区的历史文化传统特色浓厚，个性突出，在老城保护与建设中，失控甚少。同时，新建分区则表现为一片新的环境风貌。二者有明确的风貌分区界限，有完全不同的风貌基调。但是在城市整体生活方面，在市政建设的道路交通、水、电设施等方面，二者却是不可分割的统一体。

历史分区拥有较多有价值的文物古迹、风景名胜。这类风貌分区应当最富有历史文化特色，最能显示有保护价值的老城传统格局、建筑、街衢、群体环境、民族特色和地方风格。另外，这类分区有的仅仅是一片地下埋藏的古城或宫殿建筑、墓葬等的重要遗址，如河南省安阳定为国家历史文化名城，就是因为它有举世著名的3000多年前的殷墟文化遗址。

新建分区泛指老城、老镇等历史分区以外，新建、扩建、改建地区和卫星城镇的一种风貌区。这类风貌分区，有的等于白纸画画、平地起家；有的属于老区扩建或改建，但是这些老区基本上不存在什么必须保留的历史价值，同时也不须承受历史风貌分区基调的遥控。但其间如分布有文物保护单位，就要依法把文物保护单位及其保护范围纳入规划，予以个别保护。对于极少数有特殊“窗口”性质的小环境，比如城市的主要出入口大门——国际机场、铁路客站、公路客站、港口码头客站的小环境风貌，不论它们位于新建分区和历史分区，都应强调突出中国特色，体现时代感和民族风格与地方个性的有机融合，给人以到了中国某地某历史文化名城的大门，而不是别处。

有的历史文化名城，可以在历史分区与新建分区之间留有风貌分隔空地或绿地。这种属于分隔、过渡性质的空间，最宜结合利用自然地形。如韩城的新建分区，就位于老城历史分区之北的60m高的台地上；美国威廉斯堡，在历史分区与新建分区之间留有1.6km宽的平面分隔空地、绿地。

中国的历史文化名城按照各个城市的特点主要分为七类：

1. 古都型

以都城时代的历史遗存物、古都的风貌为特点，如西安、洛阳、北京等。

2. 传统风貌型

保留一个或几个历史时期积淀的有完整建筑群的城市，如平遥、韩城等。

3. 风景名胜型

由建筑与山水环境的叠加而显示出鲜明个性特征的城市，如桂林、苏州等。

4. 地方及民族特色型

由地域特色或独自的个性特征、民族风情、地方文化构成城市风貌主体的城市，如丽江、拉萨等。

5. 近现代史迹型

反映历史上某一事件或某个阶段的建筑物或建筑群为其显著特色的城市，如上海、哈尔滨、遵义等。

6. 特殊职能型

城市中的某种职能在历史上占有极突出的地位，如“盐城”自贡、“瓷都”景德镇等。

7. 一般史迹型

以分散在全城各处的文物古迹为历史传统体现主要方式的城市，如长沙、济南等。

三、历史文化名城规划保护

历史保护区作为一个独具特色的环境，由于自然和社会因素的变迁以及城市建设的发展，不可能绝对保持原有的地方历史风貌。保护规划在总体上要达到完美，只能是相对的，即通过基调的主导作用去体现风貌的相对和谐性或倾向性。这种体现主要反映在历史风貌保护的不同层次上。

1. 重点保护层次

指那些最能显示历史文化环境个性特征的历史街衢、地段或风貌小分区，如①北京天安门广场、景山前街、屯溪老街、上海外滩和南京东路；②北京以故宫为核心的皇城区、什刹海历史文化风景区、东交民巷使馆历史区、南京夫子庙秦淮河区；③苏州郊区的同里、周庄江南水乡古镇；④潮州、韩城、平遥的老城区；⑤安阳殷墟遗址，等等。

2. 一般保护层次

在历史文化名城保护规划中，凡是老城的历史分区，往往同时存在历史环境保护、旧城改建、新建筑建设的矛盾与统一问题。因此，保护规划、强调基调的作用至为关键。一般保护层次又可以包括两种情况：①老城区基本保存了平面的历史格局，重点突出了重要文物风景的风貌，成片成街保留了一些传统民居、传统名街和老字号等。同时从老城迁出了工厂、仓库、铁路、公路，控制了新建筑选址、建筑高度、艺术风格的协调秩序，并取缔了违章乱建。北京皇城外的老城区，苏州、扬州、济南、保定的老城区，上海、天津、武汉包括旧租界的部分老城区等均属这类一般保护层次。②老城区的平面历史格局尚存，但许多重要文物古迹遭到“文化大革命”的破坏，甚至拆光。在老城改建中没有注意保留有历史价值的城墙、城楼和成片的传统民居、街市、老字号等。

3. 历史分区的借景层次

这是保护规划应当特别重视的边缘景观和外延景观如何烘托呼应、协调一气的一个重要层次。例如，保护好北京故宫的文物环境，使之尽善尽美，就不能仅仅满足于独善其身，而要同时“巧于因借”四周的边缘外景，连成一气，统一规划。北京什刹海历史文化风景区的完美，同样离不开它的东西南北外围的借景。景宜借，而不宜夺。“巧于因借”带来的溢于境外和来自境外的协调美、呼应美，可以产生良性循环的效果。相反夺景造成的格格不入，必是一种恶性的后果。至于外延景观，主要指的是某些扼有重要部位的远处借景，如自城市中心向外引伸的城市中轴线、次轴线、中心主干道，或城市滨江大道、林荫大道、绿带等由建筑形成的夹景、对景或远景，这是保护规划中关于“视线通廊”景观风貌、协调呼应、分清主从不可忽视的重要环节。

主要内容有建筑高度控制的分布、整顿历史保护区的环境和防止“破坏性建设”。风貌分区规划的建筑高度分布，是“分而治之”的一项特别重要规定。高层建筑宜建在新区，不宜建在历史分区。这是因为历史分区的基本历史格局，都是以水平方向为基础而发展成熟的。保护这种水平格局的历史文化价值，禁止在历史名城老城新建高层建筑，已经成为很多国家保护历史文化名城的共同经验。北京、苏州等老城历史保护区，已开始控制新建筑高度并已做出城市建筑高度的分布规划。另外的例子是，高层新建筑林立在杭州湖滨，散立在桂林景区，孤立在沈阳老城区，风貌氛围极不协调。

历史保护区多属老城区，布局存在不同程度的杂乱。保护规划必须把这个问题纳入，以便着手短期或长期的整顿改造。这项整顿改造既是为了加强历史风貌的保护，又是改善老城区建设文明城市所必需。主要包括：①整顿混杂在老城区或直接在历史保护区的工厂、仓库、铁路、公路、码头，或高压电线、水塔、高烟囱，或污染环境的其他建筑、设施以及臭沟、臭河等造成的布局混乱现状。整治包括分批、分期对它们迁出、改造、拆除或根治。②有些机关、学校、研究院所或工厂、商店、仓库等占用重要文物建筑或历史遗址，甚至有的在其内乱拆、乱改、乱建，有的在文物建筑内进行生产或存放易燃物品，潜伏着火灾危险。对此也必须根据国家文物法规和保护规则进行整顿，还其本来面貌。

“破坏性建设”是指规划失控，乱选址、乱建设，造成文物、风景或历史保护地段的布局失去秩序，破坏协调。它是城市环境风貌的一大公害，对于历史保护区尤其严重。即使在新建风貌分区，“破坏性建设”也足以使新环境丑化。解决这一问题的重要途径，是严格执行城市规划法规，按批准的城市规划，有计划地进行建设。

第四节　主题公园规划

一、主题公园的概念及发展

主题公园是指人造的旅游资源，根据特定的构想，围绕一个或几个主题而创造出来的舞台化的游憩空间。

主题公园是为了满足旅游者多样化休闲娱乐需求和选择而建造的一种具有创意性游园线索和策划性活动方式的现代旅游目的地形态，是根据特定的主题创意，以虚拟态环境塑造与园林环境载体为特点的休闲娱乐活动空间。

具有主题策划的创新性、规划建设的约束性、景观环境的模拟性、主题活动的多样性、目标市场的层次性、社会效应的广泛性、投资回报的高风险性和经营管理的企业性等特点。它主要以文化复制、文化移植、文化陈列以及高新技术等手段迎合游憩者的好奇心，以主题情节贯穿各个游乐项目。

主题公园早在17世纪就萌芽于欧洲，19世纪中期传入美国，1955年7月17日在加利福尼亚州建成开业的迪斯尼乐园标志着世界上第一个具有现代概念的主题公园的诞生。其间主题公园经历了街头娱乐形式—城市花园—机械游乐园—主题公园的发展过程。迪士尼乐园的开发成功使主题公园的建设象雨后春笋一样在世界各地展开。而我国第一个主题公园———锦绣中华于1989年9月在深圳诞生。至今全国已有2500多个（包括“人造景观”“人造景区”等，因在不同时期称谓不同）。20世纪50年代受苏联文化休息公园规划的影响，结合我国的具体实际而初步形成功能分区的规划理论。这种理论强调宣传教育与游憩活动的完美结合。因此公园用地是按活动内容来进行分区规划的。通常分为6个功能区，即：体育活动设施区；文化教育设施区；公共设施区；儿童活动区；安静休息区；经营管理设施区。景色分区和功能分区这两种理论各有所长，景色分区是从艺术形式的角度来考虑公园的布局，含蓄优美，趣味无穷；功能分区上从实用的角度来安排公园的活动内容，简单明确，实用方便。一个好的公园规划应当力求达到功能与艺术这两方面的有机统一。

然而大多数经营惨淡，经济状况不佳，究其原因主要是：①主题公园所在地区的经济发展水平和客源保证度较低，贪大求多较为普遍。②主题及其支撑项目的选择缺少对客源市场和文化内涵的深入研究，盲目性较大。③主题缺乏创意，内容贫乏，格调低下，施工质量较差，模仿、雷同现象较普遍。④政府宏观调控不力，形象策划力度不够，经营管理水平不高。⑤多数主题公园仍处于以观赏为主的被动游览的初级阶段，过分依赖门票收入。因此，文章针对上述原因从规划设计的理念、思路与对策等方面来分析论证。

二、主题公园的类型

1. 按吸引力大小划分

（1）国际吸引力：如美国的迪士尼，年游客量一千万以上，初期投资15个亿，年收入6个亿；

（2）区域吸引力：年游客量400万~600万人，初期投资量5亿~6亿元、年收入额1500万~5000万元；

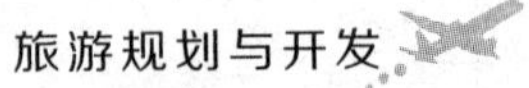

（3）地方吸引力：年游客量10万～50万人，固定员工50～100人，初期投资500万～1500万元，年收入200万～500万元。

2. 按主题类别划分

（1）民俗风情：民俗文化村（深圳、海南、云南、桂林、西安、北京）；

（2）自然生态：青青世界（深圳）、野生动物园（深圳）、水族馆（北京）、海洋公园（香港）；

（3）未来科技：未来时代（深圳）、未来世界（杭州）、天河航天奇观（广州）；

（4）历史文化：三国城、水浒城（无锡）、宋城（杭州）、太平天国城（南海）；

（5）微缩景观：锦绣中华（深圳）、世界之窗（深圳）、老北京微缩景园（北京）；

（6）康乐休闲：水上乐园（深圳）、夏宫（沈阳）、欢乐谷（深圳）。

三、主题公园的功能

（1）游乐方式：通过人造景观，使游客来到公园能够得到身心休憩。

（2）商业手段：主题公园日益成为当地政府的主要经济来源之一，商业运行手段的运用可以使主体公园成为一个重要的经济来源。

（3）文化形态——休闲文化：主题公园主要以特定人群的文化背景为线索，以文化品味和文化层次为灵魂。

（4）主题公园是一种沟通的桥梁：主题公园建立了一种加强人际交往的方式，在于加强人与人的交流。

（5）主题公园是一种特定环境的形式。

（6）主题公园提供了大量的就业机会。

四、主题公园规划的原则

（1）实体环境设计与软件环境的策划结合。

（2）优异的生态环境和特色的文化环境相结合。

（3）真实生动的客观景象与虚幻乱真的技术、艺术、意向相结合。

（4）就地拥有的旅游资源、可遗置的旅游资源与旅游市场相结合。

五、中国主题公园规划重点

（一）可行性分析

可行性分析是整个主题公园规划设计中最关键、最核心的环节之一，应采取定性与定量相结合的方法，进行开发项目的实地调查与综合分析。实地调查包括市场形势、旅游服务设施和基础设施、土地利用现状、社会经济发展模式、旅游项目开发现状、自然和文化环境特征、政府发展政策以及当地的投资能力等。从而进一步确定主题公园发展的主要机会、问题和制约条件，以及社会、经济和环境承载力等。根据市场预测、成本与效益估算，对开发项目进行财务分析，对国民经济评估、投资风险及不确定性进行研究，确定开发项目的盈利能力、负债清偿能力、投资回收期、社会效益等诸多问题。

（二）主题创意与策划

主题创意与策划要紧紧围绕“旅游者的需求”，突出“休闲娱乐的特性”，表现“旅游新形态”。为此，主题的选择应遵循：人文“关怀”、把握“文脉”、突出“形象”、体现“意境”等原则。主题创意的源泉有：历史文化原型、民俗文化原型、科幻、童话原型、游乐园原型及自然生态原型等。主题建构途径通常都是在文化无害性的基础上，从自身商业角度出发，充分考虑地域文化特色和区位条件，以本体操作（规模、投入、技术、环境、管理、营销等）为保证，最终尽量使文化、商业价值极大化。或者可通过主题复合来达到预期效果，即：①可把不同主题园集中布置，以发挥整体优势，但要注意门槛容量的最低要求。②可与原有景点结合，如改变了许多传统意义上的博物馆、展览馆、植物园、动物园的展示方式。③可淡化特定主题，并与自然、人文景观以及娱乐、休闲、度假等其他旅游项目结合，体现一种溶自然景观与人文景观于一体的边缘化或半主题化公园，也许更符合东方人的游赏心理。④可与其他功能结合，如影视制作。

（三）产品的组织优化

由于主题公园的旅游产品很多，若不对其进行组织优化，必将难以发挥其综合优势，为此，我们认为：①对旅游项目可以采用以时间为线索、以空间为线索或以时空相结合为线索的组织优化模式。②对旅游活动可以采用“景静人静、景动人静、景动人动、静动结合”的优化模式，或“人造仿景观—人造真景观—真景观与仿景观的结合”和“景观静态性展示—表演动态性娱乐—项目活动性参与”的共轭模式。③对服务接待可采用导游、餐饮、购物、表演等多种形式。

（四）游线的规划设计

旅游线路的规划设计通常包括游览方式、游览日程和游览内容，因此，在规划设计时，应综合考虑以下几个因素：①有序组织，合理分配，要能充分展示旅游线上各景点的景色风貌，做到有入景、展景，有高潮、有结尾，让人感到“余音绕梁，回味无穷”。②充分考虑游人的心理特点，使景物之间不但要具有时空连续性，而且还要具有动观效果。即可采用“蒙太奇”的设计手法，通过观赏角度的变化来获得不同的观赏效果，形成近景、远景、特景的组合，做到有扬有抑，有旷有实，高低起伏，曲曲折折，使人目不暇接，步移景异，如同“曲曲山回转，峰峰水回流”。

（五）设施的容量确定及空间布局设计

在施工建设之前，应首先根据客源市场和资源条件，研究确定各种设施的数量和接待能力，其次是进行空间布局设计，确定功能分区、设施位置、游览线路、体量组合、色彩搭配和建筑风格等。具体来讲就是：①游乐活动设施，采用集中与分散相结合的布置方式，在注重惊险性和刺激性的同时，也要考虑情节化和环境化。②住宿、餐饮、观景、商业和环境艺术设施，一般布置成一个综合服务接待区和若干个服务接待点，以突出整体优势和形成规模效益。③技术供应与后勤服务设施，主要包括给水、排水、供电、通信等各种设施，它是旅游地能正常运转的保证。一般采用集中布置的方式，但要与其他设施联系方便。

（六）形象塑造和策划

（1）理念基础（MI）：一般采用文脉协调、文脉突破和二者相结合的 3 种文脉分析方法来确定。如迪士尼乐园的理念基础就是“希望人们在这里找到快乐和知识”；深圳“锦绣中华”的理念基础是“一步迈进历史，一日畅游中国”，“让世界了解中国，让中国走向世界”。

（2）行为准则（BI）：一般包括企业内部行为准则（如真诚、自觉的服务；高效率的工作；科学的经营管理）和企业外部行为准则（如定期举办各种节庆和公益活动）。

（3）视觉识别（VI）：包括①视觉景观形象设计，如自然景观、人文景观。②视觉符号识别系统设计，如主题公园的名称、标徽、字体、纪念品、吉祥物、交通工具、户外广告等。③旅游从业人员的服务行为设计，如职业道德、文化修养、业务素质、服务意识、外语水平等。④当地政府和居民形象设计，如政府的执政水平、业绩和居民的态度等。

（4）形象的传播：可通过广告、公共关系、网络媒体等进行传播，以形成良好的形象。

（七）环境艺术设计

在主题和项目确定之后，必须把项目落实到特定的空间中，使项目和环境形成一个有机整体。环境艺术设计的优劣直接影响到主题和项目呈现的优劣。因此，第一，要整体考虑、综合设计，使环境与旅游项目甚至与路旁的座椅、路灯、指示牌以及花草树木等都要和谐统一；第二，充分利用甚至保留原有的地形地貌特征；第三，重视绿化率。

（八）旅游文化的展示和包装

一个主题公园要能开发成功、要能可持续发展的一个关键因素就是必须将旅游业与文化紧密地糅合在一起，即将文化作为旅游来经营，通过发掘和宣扬文化来综合地发展旅游；以经营旅游的方式多方位地展示文化，赋予主题公园以丰富的文化内涵，从而创造出具有鲜明特色的旅游文化。这就需要对主题公园的文化进行展示和包装。深圳华侨城在这方面就做得很好，主要包括：①把文化继承与文化创新相结合，在选择中继承，在创新中发展。②东方与西方兼容，创造颇具特色的旅游文化环境。③高雅与通俗共存，传统与现代交汇，创造深具内涵的旅游文化形式和格调，如各种节目的表演。

（九）经营管理和营销策划

虽然这一工作是在主题公园开发之后的事，但规划设计师应首先考虑到。一方面能为具体的开发操作做指导；另一方面能为开发商提供决策参考。①经营管理，包括生产技术管理、物料资源管理、生产安全管理、企业质量管理、决策技术管理、企业财务管理、人力资源管理等。②营销策划，充分利用产品质量、价位高低、销售渠道、促销手段以及公共关系等确定旅游产品的营销策略组合，以达到提高商业价值和扩大市场占有率的目的。总之，旅游产品的经营管理和营销策划不仅能主动提升其文化与商业价值，而且总体上有利于改变很多旅游地过分依赖门票收入的经营策略，延长产品生命周期。

 知识链接

《南京历史文化名城保护规划（2010—2020年）》（节选）

一、保护目标和原则

1. 保护目标

保护历史文化资源，传承优秀传统文化，完善历史文化名城保护的实施机制，协调保护与发展的关系，实现“中华文化重要枢纽、南方都城杰出代表、具有国际影响的历史文化名城”的保护目标。

2. 保护原则

（1）全面保护

（2）整体保护

(3) 积极保护

二、整体格局和风貌的保护

1. 名城山水环境的保护

(1) 山体、水体的保护

保护和彰显南京“襟江带湖、山水相依、龙盘虎踞”的地理形势。

重点保护宁镇山脉楔入城市的三支余脉。保护北支的栖霞、乌龙、幕府和狮子等山体，中支的钟山、富贵、九华、鸡鸣、鼓楼、五台和清凉等山体，南支的青龙、黄龙、雨花台、牛首和祖堂等山体。禁止任何建设活动破坏山体绿化，加强环境整治。

重点保护秦淮河、金川河、历代护城河以及玄武湖、莫愁湖、前湖、琵琶湖等水体。对水体进行清污治理，加强水体两岸的绿化和文化小品建设。

(2) 环境风貌保护区的保护

结合城市生态功能区划和绿地系统规划，对体现南京整体格局风貌的山水资源及相关的人文要素进行整体保护与展现。将历史文化内涵较为丰富的自然山水资源集中区划为环境风貌保护区。环境风貌保护区包括风景名胜区、地质公园、国家森林公园等自然山水保护范围及其周边的环境协调区。

2. 历代都城格局的保护

整体保护历代都城格局及其所依托的山水环境。重点保护六朝、南唐、明代及民国四个重要历史时期的历史遗存和重要遗址。考古、施工中发现的重要遗址遗存应当原址保护，并作为城市公共空间向公众展示。

(1) 六朝都城格局

保护六朝建康城遗址，划定六朝宫城及御道遗址区地下文物重点保护区，加强对六朝建康城都城以及东府城、西州城的考古勘探，进一步勘定六朝建康城的范围。

(2) 南唐都城格局

加强南唐都城现存城墙、城河及宫城遗址的保护控制。

1) 南唐都城城墙与城河

2) 南唐宫城遗址

重点保护南唐宫城遗址，划定南唐宫城及御道遗址区地下文物重点保护区，加强考古勘探，保护地下文物。

保护对南唐宫城位置起界定作用的秦淮河中支和内桥，在沿河绿地中通过绿化、小品、说明牌等多种方式展示南唐宫城的历史格局。

3) 南唐御道

(3) 明代都城格局

保护明代四重城郭格局。

1) 明代皇城、宫城

重点保护全国重点文物保护单位明故宫遗址，保护皇城内现存的西华门、西安门、东华门、午朝门、内外五龙桥等遗迹，保护明御河、玉带河等水系。

将明故宫宫城范围划为明故宫遗址的保护范围，区内及周边100m范围内，不得新建建筑，逐步置换用地功能，为将来明故宫遗址作为大遗址保护、整体展示留有余地。

划定明代宫城及御道遗址区地下文物重点保护区，加强考古勘探，保护地下文物。

2）明代御道

3）明代都城城墙与城河

按照“城墙、城河一体”的保护原则整体保护明代都城城墙与城河。

南京明城墙已经纳入中国世界文化遗产预备项目“中国明清城墙”，要按照《世界文化和自然遗产公约》的要求进行保护。

现存城墙及遗迹的保护范围为城墙内侧不少于15m（依附山体的段落到山体坡脚线）；城墙外侧到护城河对岸15m（无护城河的段落不少于15m）。建设控制地带为城墙内侧不少于100m，其中，30m为绿地或道路，30～50m范围内新建建筑高度不得超过12m，50m以外地区的新建建筑高度不得高于18m。

城墙遗址段上现有建（构）筑物应当逐步拆除，结合道路、河道建设明城墙绿带，宽度不得小于30m。

加强明城墙沿线绿化环境建设，形成环城公共绿带。组织明城墙内外环游览线路，增强明城墙两侧用地功能的公共性。

4）明代外郭

将明外郭本体划为保护范围，保护现存较为完好的观音门—夹岗门段的走向、断面和树木；郭墙两侧控制为公共绿地，宽度控制为50～100m。依托观音门—夹岗门段，串联沿线的历史文化资源和自然山水资源，组织明外郭历史文化之旅。通过优化周边地区道路系统和交通组织，逐步取消郭墙（今土城头路）之上机动车交通功能，合理组织游览道路。

明外郭已毁段落，应进一步加强考古论证，相关重要遗址遗迹应结合道路、绿地和开敞空间等设置标识。

（4）民国历史轴线

民国历史轴线为今中山北路—中山路—中山东路，西起中山码头，东至中山门。

（5）其他朝代重要遗存

3. 老城整体保护

明城墙、护城河（湖）围合的老城是南京历史文化的集中承载地，是古都南京的核心，南京历代都城的遗址、历史文化遗存的精华大都分布在老城内，应作为南京历史文化名城保护的重点进行整体保护。

整体保护老城“龙蟠虎踞”的山水环境、“环套并置”的历代都城城廓、历史轴线和街巷格局。控制老城景观视线走廊，划定老城高层禁建区，整体保护老城空间形态。

加强文物古迹、历史地段周边地区和明城墙护城河等格局要素所依存环境的保护。历史资源周边、涉及古城历史格局地区的城市更新，应延续传统风貌。保护大专院校、科研机构、部队等用地内的附属绿地。加强包括地下文物在内的各类历史文化资源的串联整合，建立整体彰显老城历史风貌的文化景观空间网络。

继续加快外围新区建设，合理调整老城功能，降低老城人口密度，改善老城绿化环境，完善老城交通和市政设施。

(1) 老城建筑高度的控制

严格控制老城建筑高度，保持老城现状“近墙低、远墙高；中心高、周边低；南部低、北部高”的总体空间形态。

老城为高层控制区，其建筑高度、开发强度根据老城合理容量在控制性详细规划中确定。

三片历史城区新建建筑高度一般控制在35m以下（公共建筑可以控制在40m以下）。

明城墙沿线、玄武湖周边、御道街两侧，以及建康路、升州路以南的城南历史城区为高层禁建区，新建建筑原则上不得超过18m，并符合历史风貌保护要求。其中集庆路和长乐路以南至城墙地区、越城遗址—大报恩寺遗址地区新建建筑高度控制在12m以下。

建康路、升州路以北的历史文化街区、历史风貌区内，新建建筑高度应当符合保护规划确定的控制要求。该区域周边新建建筑的，应当通过视线分析确定其建筑高度和体量。

(2) 老城景观视廊与界面的保护

1) 重要景观视廊保护

保护老城内鼓楼、北极阁、鸡鸣寺、中华门、中山门、神策门、午朝门、阅江楼等标志性历史文化景观点及其相关的9个重要景观视廊：①鼓楼—北极阁（鸡鸣寺塔）—九华山；②狮子山—石头城；③狮子山—长江大桥；④中华门—雨花台；⑤中华门—内桥；⑥午朝门—富贵山；⑦午朝门—光华门；⑧神策门—小红山；⑨神策门—北极阁（鸡鸣寺塔）。

严格控制景观视廊中的建设活动，重点控制新建建筑的高度和体量，任何新建高层建筑必须做景观影响分析。

2) 重要景观界面保护

重点保护玄武湖和紫金山之间以及老城边缘的景观界面。

控制城墙、玄武湖和紫金山之间的建筑高度，展现山水城林交融一体的景观特色。

保护老城重要的景观界面（老城南地区与城东干道、城西干道、纬七路之间的景观界面；苜蓿园大街与城墙之间的景观界面；城西干道与清凉山、石头城及城墙、狮子山阅江楼与长江大桥之间），新建建筑原则上不得超过城墙高度，必要时应做景观影响分析，并经过南京市规划委员会专家论证。

（3）老城道路街巷格局的保护

1）道路格局

2）历史街巷

历史地段内的历史街巷共计100条，原则上不得拓宽；保护历史环境要素，保持现有的空间尺度、历史风貌和环境氛围。

城南历史城区内的历史街巷共计20条，一般不宜改变现有尺度；保护历史环境要素，延续城南历史风貌和环境特色。

老城其他地区的历史街巷共计13条，要强化文化氛围。

（4）老城历史城区的保护

1）城南历史城区

城南历史城区主要指门东、门西及周边地区，北至秦淮河中支（运渎）、东西分别至外秦淮河、南至应天大街。总面积约6.9平方千米。

城南历史城区以夫子庙为核心，以秦淮河、明城墙为纽带，形成集中体现明清南京老城传统风貌的特色片区。

2）明故宫历史城区

明故宫历史城区主要指明故宫遗址及周边地区，东、北、南至明城墙、护城河，西至龙蟠中路、珠江路、黄埔路和解放路。总面积约6.5平方千米。

明故宫历史城区以全国重点文物保护单位明故宫遗址为核心，依托中山东路沿线的民国建筑，形成展现明代皇城格局、布局舒展、与钟山风景名胜区相协调的特色片区。

明故宫宫城遗址及周边100m范围内不得新建建筑，逐步置换用地功能，为将来明故宫遗址作为大遗址保护、整体展示留有余地。

重点保护明代皇城和宫城格局以及宫城城门、护城河、坛庙、衙署等遗迹遗址，保持明故宫地区大气疏朗、静谧雅致的空间氛围，突显御道街轴线，强化御道街两侧绿化空间和轴线对称的布局，保持区内高绿地率的环境特色。

3）鼓楼—清凉山历史城区

鼓楼—清凉山历史城区主要指鼓楼以西至石头城一线及周边地区，西至外秦淮河，北至模范西路、宁夏路、南秀村、北京西路，东至天津路，南至永庆巷、广州路、乌龙潭公园南侧围墙。总面积约6.2平方千米。

（5）老城整体保护措施

1）疏散老城功能

2）控制老城容量

控制老城人口容量和居住人口密度，疏散现有居住人口。控制新建住宅及开发强度，严格控制高层住宅，力争将老城居住人口逐步缩减到100万人以内。

3）优化老城交通系统

4）改善老城市政设施

5）健全老城防灾体系

三、历史地段的保护

1. 保护原则及保护等级

2. 历史文化街区

3. 历史风貌区

4. 一般历史地段

四、古镇古村的保护

1. 保护原则及保护等级

2. 历史文化名镇和历史文化名村

3. 重要古镇和重要古村

4. 一般古镇和一般古村

五、文物古迹的保护

1. 保护原则及保护等级

（1）文物古迹的保护应遵循“保护为主，抢救第一，合理利用，加强管理”的原则。

（2）文物古迹的保护包括文物保护单位、重要文物古迹（含历史建筑）、一般文物古迹以及地下文物和古树名木的保护。

2. 文物保护单位

（1）保护名录

全市现有各级文物保护单位510处，其中国家级27处81点，省级100处107点，市级260处，区县级123处。

（2）保护要求

（3）保护范围和建设控制地带

3. 重要文物古迹

（1）保护名录

将具有一定价值、保存状况较好且能够反映南京历史文化特色的文物古迹确定为重要文物古迹，实行登录保护。重要文物古迹509处，包括历史建筑314处，古墓葬、古遗址195处，由市政府分批公布。进一步推动历史建筑的普查、建档和公布。

（2）历史建筑

4. 一般文物古迹

5. 地下文物

6. 古树名木

7. 世界文化遗产

8. 大遗址

六、非物质文化遗产的保护

七、历史文化的整体彰显

八、名城保护机制保障

1. 推进法制建设

按照《南京市历史文化名城保护条例》《南京重要近现代建筑及近现代建筑风貌区保护条例》的相关规定，积极推动重要近现代建筑名录的分期分批公布，依法保护列入名录的历史文化资源。

2. 优化更新方式

历史文化街区和历史风貌区应确立“整体保护、有机更新、政府主导、慎用市场”的方针，采用小规模、渐进式、院落单元修缮的有机更新方式，不得大拆大建。积极探索鼓励居民按保护规划实施自我保护更新的方式，建立历史建筑的长期修缮机制。

鼓励组织和个人购买或租用非文保单位的老建筑，积极利用社会资金按照政府规划和管理要求投入老建筑的保护和维护。历史建筑的所有人、使用人和管理人应当按照保护要求和修缮规定使用、维修建筑。择机开放重要的民国公共建筑，鼓励发展文化、图书、展览等功能。

3. 完善制度保障

历史文化名城保护与更新应由政府给予资金补偿或政策倾斜，避免片面追求资金就地平衡或当期平衡。建立差别化考核制度、财政转移支付制度和责任追查制度，支持和鼓励各区、县加大历史文化保护力度。

成立南京历史文化名城保护专家委员会。结合南京实际，探索制定《南京历史文化街区保护实施暂行办法》。

4. 制订行动计划

市人民政府根据历史文化名城保护阶段性目标编制年度保护整治计划，并组织实施。年度保护整治计划应当明确保护整治的项目、内容、投资、进度和责任单位等。

5. 加强公众参与

历史文化保护项目实行专家领衔制度。历史文化保护更新项目的规划和详细实施方案应进行专家论证并广泛征求公众意见。批准的实施方案应进行公示，接受公众监督。

资料来源：南京市人民政府，2014 年 4 月 6 日，网址 http：//www. njghj. gov. cn/ngweb/Page/Detail. aspx？InfoGuid = 0255b34d - 54cf - 445e - 9703 - 6e9c087aa602。

1. 结合规划案例，分析一下不同的专项规划侧重各有何不同？

2. 我国作为人文旅游资源丰富的国家，如何更有效地进行旅游资源的保护？

思考题

1. 我国自然保护区的现状及规划趋势和特点有哪些？
2. 我国风景名胜区规划内容与要求有哪些？
3. 我国历史文化名城有哪些规划特点和类型？
4. 我国主题公园规划的趋势如何？

参考文献

［1］吴必虎．旅游规划原理［M］．北京：中国旅游出版社，2010.

［2］董观志．旅游学概论［M］．大连：东北财经大学出版社，2007.

［3］曹诗图．旅游规划与开发［M］．武汉：武汉大学出版社，2007.

［4］王大悟，毕吕贵．旅游规划新论［M］．合肥：黄山书社，2002.

［5］国家旅游局人事劳动教育司．旅游规划原理［M］．北京：旅游教育出版社，2001.

［6］王衍用，阴平．旅游规划与开发［M］．北京：北京大学出版社，2007.

［7］魏后凯．现代区域经济学［M］．北京：经济管理出版社，2006.

［8］郝寿义，安虎森．区域经济学［M］．2 版．北京：经济科学出版社，2004.

［9］甘枝茂．旅游资源与开发［M］．天津：南开大学出版社，2000.

［10］保继刚．旅游地理学［M］．北京：高等教育出版社，1999.

［11］扬振之．旅游资源开发与规划［M］．成都：四川大学出版社，2002.

［12］马勇，李玺．旅游景区规划与项目设计［M］．北京：中国旅游出版社，2008.

［13］张凌云．世界旅游市场分析与统计手册［M］．北京：中国旅游出版社，2008.

［14］科特勒．营销管理——分析、计划、执行和控制［M］．9 版．上海：上海人民出版社，2001.

［15］朱沁夫．旅游经济学［M］．长沙：湖南大学出版社，2005.

［16］郑四渭．旅游技术经济［M］．北京：中国环境科学出版社，2007.

［17］李庆雷，明庆忠．旅游规划——技术与方法［M］．天津：南开大学出版社，2008.

［18］洪剑明，冉东亚．生态旅游规划设计［M］．北京：中国林业出版社，2006.

［19］吴殿廷．区域分析与规划教程［M］．北京：北京师范大学出版社，2008.

［20］世界旅游组织．国家和区域旅游规划方法与案例实务分析［M］．籍琰，译．北京：电子工业出版社，2004.

［21］王衍用，宋子千．旅游景区项目策划［M］．北京：中国旅游出版社，2007.

［22］周作明，卢玉平．旅游规划学［M］．北京：旅游教育出版社，2007.

［23］谢玉萍．生态农业旅游开发知识与实例［M］．桂林：广西师范大学出版社，2008.

［24］王云才．乡村旅游规划原理与方法［M］．北京：科学出版社，2006.

［25］郑耀星．旅游景区开发与管理［M］．北京：旅游教育出版社，2010.

［26］保继刚．城市旅游：原理、案例［M］．天津：南开大学出版社，2005.

［27］李辉．旅游经济学［M］．长春：东北师范大学出版社，2006.

［28］史密斯．旅游决策分析方法［M］．李天元，等，译．天津：南开大学出版社，2007.

［29］CLARE A GUNN. Tourism Planning：Basics，Concepts，Cases［M］．3rd ed. New York：Taylor & Francis，1994.

［30］STEPHEN L J SMITH. Tourism Analysis［M］．London：Prentice Hall，1995.

阅读资料：

1. 中华人民共和国旅游法，2013 年 5 月 25 日公布，2013 年 10 月 1 日实施。

2. 中华人民共和国国家标准（GB/T 18971—2003）旅游规划通则，2003 年 2 月 24 日公布，自 2003 年 5 月 1 日起实施。

3. 中华人民共和国行业标准　旅行社安全规范，2013 年 12 月 1 日发布，自 2014 年 1 月 1 日起实施。

4. 国家旅游局，中国最佳旅游城市创建指南实施细则，2007。